本书系国家自然科学基金面上项目(71872024)、教育部人文社会科学研究青年项目(17YJC630066)、重庆市教委人文社会科学研究重点项目(21SKGH171)、重庆市教委科学技术研究青年项目(KJQN202101101)的阶段成果。

创业团队交互记忆系统研究

——模型、机制与策略

李 巍　冯珠珠　著

科学出版社

北京

内 容 简 介

创业团队对新创企业的成长及创业成败具有关键作用。从知识管理角度看，创新创业是新技术、新理念、新方法等复杂知识所蕴含的商业价值的转化过程，因而创业团队知识整合及应用水平很大程度上决定了创业质量。本书从知识管理视角系统探讨创业团队交互记忆系统议题，紧密围绕创业团队交互记忆系统的内涵结构、测量工具、形成及效用机制等研究主题开展理论和实证研究，丰富了创业团队及交互记忆系统研究的理论内涵，为创业领导者、众创空间管理者及创新创业人才培训机构提供理论启示与管理借鉴。

本书可供从事知识管理、创业管理及创业领导力、创业团队管理相关领域的研究者、产学研转化及众创空间的管理者等专业人员参考。

图书在版编目(CIP)数据

创业团队交互记忆系统研究: 模型、机制与策略 / 李巍，冯珠珠著.
—北京: 科学出版社，2022.12
ISBN 978-7-03-074534-7

Ⅰ. ①创…　Ⅱ. ①李…　②冯…　Ⅲ. ①企业管理-组织管理学-研究
Ⅳ. ①F272.9

中国版本图书馆 CIP 数据核字（2022）第 254814 号

责任编辑：陈　杰 / 责任校对：彭　映
责任印制：罗　科 / 封面设计：墨创文化

科 学 出 版 社 出版
北京东黄城根北街16号
邮政编码：100717
http://www.sciencep.com
成都锦瑞印刷有限责任公司印刷
科学出版社发行　各地新华书店经销
*
2022 年 12 月第 一 版　开本：B5（720×1000）
2022 年 12 月第一次印刷　印张：13
字数：259 000
定价：**139.00 元**
（如有印装质量问题，我社负责调换）

作者简介

李巍，教授，硕士生导师，巴渝学者；南开大学管理学博士，中国社会科学院工商管理博士后，加拿大不列颠哥伦比亚大学、英国华威大学访问学者，国家自然科学基金通信评审，国际创业教练，国家创业咨询师，重庆市高校课程思政教学名师；现任重庆理工大学 MBA 教育中心副主任、创新驱动创业协同研究中心主任，兼任重庆市企业人才发展研究会副会长、博众城市发展研究院特聘教授。

主要从事创新与创业管理领域的科研、教学和社会服务工作；已主持国家自然科学基金项目等国家及省部级项目 10 余项，发表高水平论文 50 余篇，出版专著 4 部、教材 4 部、案例集 1 部、译著 1 部；担任重庆市高校课程思政示范课程/教学团队、重庆市研究生教育优质课程、重庆市专业学位研究生教学案例库、重庆市研究生重点建设教材等教学项目负责人，重庆市巴南区"十佳科创团队"负责人。曾获"全国十佳创新创业导师""全国管理案例精英赛最佳教练奖""中国 MBA 优秀指导老师奖"等称号。

冯珠珠，四川大学商学院企业管理专业博士生；主要从事创业管理及市场营销领域的学术研究，已主持省部级科研项目 1 项，参与国家自然科学基金面上项目、教育部人文社会科学基金项目等国家及省部级科研项目 5 项；在 *Journal of Research in interactive marketing*（SSCI，Q_1）、《管理学报》等重要核心期刊发表研究论文 4 篇，3 次在 Academy of Management Annual Meeting 分论坛作报告；参与撰写学术专著 3 部、教材 1 部、译著 1 部；曾获研究生国家奖学金、一等学业奖学金、优秀毕业研究生、优秀研究生干部、优秀研究生、科技创新先进个人、"挑战杯"课外学术作品竞赛市级一等奖等称号和奖励。

前　言

作为社会经济发展及创新创造的重要引擎，新创企业的生存与发展一直备受关注。面对百年未有之大变局，在新兴技术发展与需求变迁的共同作用下，市场竞争日益加剧，使得势单力孤的新创企业深陷生存困境。相较于成熟企业，新创企业往往具有更高的"死亡率"，因而创业者们可能面临较高的创业风险。创业者们为降低创业风险、聚集资源优势，便纷纷选择团队创业。近年来，创业团队已经取代个体创业者，成为创业活动中的焦点。随着我国创业活动的蓬勃发展和创业团队的不断涌现，创业团队如何影响新创企业的生存和发展，成为创业研究中的热点话题。尽管团队创业已经成为创业活动的主体，但是对创业团队形成过程、运作机制等议题的研究仍处于初始阶段，探讨点比较零散，大量探讨议题还缺乏研究。

本书在"大众创业、万众创新"的时代背景之下，聚焦于微观层面即创业团队层面，从知识管理视角围绕创业团队交互记忆系统(transactive memory system, TMS)议题开展系列研究，主要研究目的包括：①界定创业团队交互记忆系统的内涵，并开发测量工具。新创企业的创业团队与成熟企业的高管或技术团队相比存在巨大差异，可能会导致现有交互记忆系统的内涵及维度研究并不能准确反映新创企业及其创业团队的特殊性。因此本书结合创业团队的特征，借鉴创业团队交互记忆系统的相关研究，在界定并划分创业团队交互记忆系统的内涵及类型的基础上，开发并检验符合创业团队交互记忆系统的测量工具。②构建创业团队交互记忆系统的形成机制。将交互记忆系统研究置于创业分析情境，在考虑内外部因素权变效应条件下，从团队领导视角，探究创业团队交互记忆系统的形成机制。③构建创业团队交互记忆系统形成的组态机制。引入创业导向与关系承诺两类内部因素以及竞争强度和技术动荡性两类外部因素，从团队领导的视角，运用定性比较分析方法探究领导方式与内外部因素的联动效应，发掘促进和抑制创业团队交互记忆系统形成的组态机制。④新创企业市场双元构建的组态效应研究——创业团队交互记忆系统视角。从创业团队交互记忆系统及其与内外部环境因素的匹配视角，探究新创企业市场双元构建的组态效应机制。在环境因素方面，主要从政策和技术不确定性两个层面对其进行解构；在团队因素方面，主要从团队异质性与自省性两方面进行探讨。

围绕上述研究议题，本书以新创企业创业团队为主要分析对象，以"质化+

量化"的混合研究方法设计，以四个相互关联但独立进行的系列研究为实施载体，开展创业团队交互记忆系统的理论和实证研究。

研究一：创业团队交互记忆系统的内涵及测度研究。本子研究聚焦于创业团队交互记忆系统的基本理论脉络，结合创业团队的基本特征，将创业团队交互记忆系统视为：创业团队成员相互依赖与协调，共同编码、存储、检索与交流有差别但互补知识的协作体系，是创业团队识别和利用创业机会，确保新创企业生存和发展的知识互动机制。同时，在 Lewis（2003）观点基础上，结合创业团队的独特性，将创业团队交互记忆系统划分为专长性、可信性、协调性和动态性四个维度。

研究二：团队领导对创业团队交互记忆系统的影响研究。本子研究将交互记忆系统嵌入创业情境，从团队领导视角，区分以"塑造共同价值观"为内核的变革型领导和以"明确预期回报"为特征的交易型领导，在考察团队特性和环境不确定性两类重要内外部环境变量的基础上，探究创业团队交互记忆系统的构建机制。相关结论能够帮助新创企业和创业领导者在团队特性和环境不确定性的不同状态条件下，匹配变革型或交易型团队领导方式，以实现创业团队交互记忆系统的有效构建。

研究三：创业团队交互记忆系统的组态机制研究。本子研究在引入创业导向与关系承诺两类内部环境因素，以及竞争强度和技术动荡性两类外部环境因素的基础上，从团队领导的分析视角，将团队领导区分为变革型领导和交易型领导。然后运用定性比较分析方法考察创业领导与内外部因素的联动效应，更清晰地发掘创业团队交互记忆系统形成的驱动和抑制组态机制。

研究四：新创企业市场双元构建的组态效应研究。本子研究在引入政策不确定性和技术不确定性两类环境因素，以及团队自省性和团队异质性两类组织因素的基础上，从创业团队知识管理视角，运用定性比较分析方法考察创业团队交互记忆系统与组织内外部环境的联动效应，探明新创企业市场双元构建的组态机制。

本书在创业分析情境下围绕"交互记忆系统"议题开展系统研究，一定程度上弥补了交互记忆系统研究领域中缺乏创业情境的缺憾，并将交互记忆系统、创业团队、团队领导以及市场双元等相关理论及概念有机整合，形成了涵盖创业团队交互记忆系统的概念、测量、形成及组态机制的整体研究架构，具有一定的理论新意和研究贡献，主要体现在以下几方面。

首先，深化了创业团队交互记忆系统的内涵及测量研究。有别于研发团队、高管团队和一般工作团队的分析视角，本研究从交互记忆系统的本质切入，结合创业团队的特征，将创业团队交互记忆系统划分为专长性、可信性、协调性以及动态性，在传统的"三维度"观点基础上拓展了对交互记忆系统的理论认知。进而借鉴交互记忆系统，以及创业团队动态性的测量工具，开发并检验创业团队交互记忆系统的测量工具，从实证的角度丰富了创业团队交互记忆系统类型及测度研究，并为后续研究提供了测量工具。

其次，拓展了交互记忆系统的构建机制研究。本研究旨在从团队领导视角，围绕新创企业内外部重要权变因素，探究创业团队交互记忆系统的构建机制，对团队领导、交互记忆系统以及创业团队研究具有一定的理论价值，主要体现在：第一，将交互记忆系统研究与创业情境结合，探究创业团队交互记忆系统议题，在现有的创业团队形成机制、构成特征、多样性、认知模式等研究基础上，丰富了创业团队相关研究的理论内涵。第二，将团队领导研究嵌入创业情境，聚焦创业团队的变革型和交易型领导，探讨其在不同内外部条件下对交互记忆系统的影响机制，拓展了对团队领导的分析情境，丰富了对团队领导的结果变量研究。第三，在团队领导的分析视域，重点关注内外部环境因素在创业团队交互记忆系统形成中的差异化作用，深化了对团队领导与交互记忆系统之间内在逻辑关系的理解，丰富了对创业团队交互记忆系统前置因素及作用机制的理论认知。

再次，丰富了创业团队交互记忆系统形成的组态机制研究。现有对交互记忆系统构建机制的研究大多集中于单一因素与内外部环境匹配的分析视角，缺乏对其组态效应的探究。而交互记忆系统的形成并不是单一因素驱动的结果，而是多种因素协同发力，通过不一样的路径协同驱动的结果。本书旨在从组态分析视角，运用定性比较分析方法并以组态效应形式，明确驱动创业团队交互记忆系统形成的若干组态，同时识别出抑制效应的组态，从团队领导视角丰富交互记忆系统的影响因素及实现机制研究。

最后，本书从组态分析视角，围绕交互记忆系统和新创企业内外部重要权变因素，探究高水平市场平衡与互动双元形成的组态机制，研究具有一定的理论价值，主要体现在：一方面，研究将双元理论引入新创企业市场管理研究领域，从市场探索与开发活动的平衡和互动两个方面，拓展了双元理论的解释范围，并为组织双元基本范畴注入了新的研究内涵。另一方面，研究从交互记忆系统与关键内外部环境因素匹配视角，运用模糊集定性比较分析方法，明确了构建高水平市场平衡与互动双元形成的组态机制，丰富了市场双元的前置因素研究。

同时，本书立足我国新创企业的创业实践，围绕创业团队、团队领导、市场双元等关键议题开展交互记忆系统的研究，研究结论能够为新创企业的创业团队管理实践提供启示，主要表现在以下几方面。

首先，在创业团队交互记忆系统的构建机制方面。第一，在不考虑内外部因素的前提下，以"塑造共同价值观"为内核的变革型领导和以"明确预期回报"为特征的交易型领导都是驱动创业团队交互记忆系统构建的重要组织力量。但二者仍然存在区别：变革型领导实质是对团队创业行为的战略领导，而交易型领导属于影响创业团队活动的策略领导。创业领导者需要根据自身管理理念和创业行为风格，选择合适的团队领导方式。第二，创业领导者还需要根据创业团队特性来匹配相应的团队领导方式：创业团队具有高度异质性时，应该首先选择变革型领导方式；创业团队自省性水平较高时，也应该选择变革型领导方式，但要避免使用交易型领导风格。第三，创业团队所处外部环境，也是创业领导者选择团队领导方式的重要考虑：若所在行业具有高度的政策不确定性，创业领导者应该选择变革型领导方式；而当新创企业面临高度的市场不确定性时，交易型领导则是创业团队构建交互记忆系统的首选方式。

其次，在创业团队交互记忆系统形成的组态机制方面。第一，帮助新创企业创业团队采用不同的组合策略构建交互记忆系统。根据高创业团队交互记忆系统前因条件组态路径分析可知，产生高交互记忆系统的两条路径是相似的，而且在创业团队拥有较高的创业导向和面临动荡的技术环境时，变革型领导和交易型领导都是驱动创业团队交互记忆系统构建的重要组织力量。但二者仍然存在区别：创业团队成员相互信任时，交易型领导更容易通过明确预期回报的方式赢得创业团队成员的青睐；创业团队面临较强的市场竞争环境时，变革型领导更容易通过创造和革新的方式带领创业团队走向成功。创业领导者需要根据不同的内外部权变因素，选择合适的团队领导方式。第二，帮助创业团队规避一些负面组合以防止创业团队无法形成交互记忆系统。根据研究的非高创业团队交互记忆系统前因条件组态路径分析可知，创业团队面临动荡的技术环境或高度竞争的市场环境，或创业团队内部具有很强的创业意愿时，创业团队不能没有有效的领导，否则创业团队很难形成有效的交互记忆系统。

最后，新创企业市场双元构建的组态效应研究——创业团队交互记忆系统视角方面。第一，重视创业团队交互记忆系统在构建市场双元中的基础和核心作用。研究表明，产生高水平市场平衡和互动双元的组态中，创业团队交互记忆系统虽不是单一因素，但所有组态都存在，这充分凸显团队交互记忆系统在新创企业兼顾利用现有市场和培育潜在市场中的基础地位。第二，若新创企业希望通过结构分离的方式，实现市场探索与开发活动的平衡，需要根据不同的政策与技术环境，选择"高技术不确定性+高创业团队交互记忆系统+低团队异质性"或"高政策不确定性+高创业团队交互记忆系统+高团队自省性+低技术不确定性"两条实现路径。第三，若新创企业需要通过结构交互的方式，实现市场开发与探索活动的匹配，就要重视创业团队的特性。创业团队成员具备高度异质性时，应该选择"高创业团队交互记忆系统+高团队自省性"或"高创业团队交互记忆系统+高技术不确定性+低政策不确定性"两条实现路径。

新创企业能够为社会提供新产品和新服务，促进国家创新，解决社会就业，是国民经济发展和社会繁荣的核心力量之一。但由于新创企业在市场竞争中面临着持续变化的市场环境和政策环境等因素所带来的挑战和技术开发的高风险，其成长面临着机遇与挑战并存的现实情境。新创企业通过创新实践不断地在团队间创造、分享和应用新的知识，创业团队形成交互记忆系统是新创企业在知识经济时代及不确定环境下实现持续成长的必然之道。

目　　录

第一章　绪论 …………………………………………………… 1

　第一节　研究背景 ……………………………………………… 1

　　一、现实背景 ………………………………………………… 1

　　二、理论背景 ………………………………………………… 5

　第二节　研究目的及内容 ……………………………………… 7

　　一、研究目的 ………………………………………………… 7

　　二、研究内容 ………………………………………………… 8

　第三节　研究方法及技术路线 ………………………………… 9

　　一、研究方法 ………………………………………………… 9

　　二、技术路线 ………………………………………………… 12

　　三、本书内容构架 …………………………………………… 12

第二章　理论基础与研究概述 ………………………………… 15

　第一节　理论基础 ……………………………………………… 15

　　一、知识管理理论 …………………………………………… 15

　　二、社会认知理论 …………………………………………… 21

　　三、组织学习理论 …………………………………………… 23

　　四、社会交换理论 …………………………………………… 26

　　五、社会资本理论 …………………………………………… 28

　第二节　创业团队研究综述 …………………………………… 29

　　一、新创企业的发展研究 …………………………………… 29

　　二、新创企业的相关研究 …………………………………… 35

　　三、创业团队的相关研究 …………………………………… 39

　第三节　交互记忆系统研究综述 ……………………………… 41

　　一、交互记忆系统的缘起与内涵 …………………………… 41

　　二、交互记忆系统的维度划分 ……………………………… 43

　　三、交互记忆系统的相关研究 ……………………………… 45

　　四、交互记忆系统的研究对象 ……………………………… 48

　第四节　相关研究评述 ………………………………………… 49

第三章 创业团队交互记忆系统的模型与测量 ················ 51

第一节 交互记忆系统：从个体到团队 ················ 51

一、交互记忆系统的缘起 ················ 51

二、交互记忆系统的内涵研究 ················ 52

三、交互记忆系统的构成研究 ················ 52

第二节 创业团队交互记忆系统的理论内涵 ················ 53

一、创业团队交互记忆系统概念的提出 ················ 53

二、创业团队交互记忆系统维度分析 ················ 55

第三节 测量模型构建及检验 ················ 56

一、初始量表开发 ················ 56

二、文件收集与样本情况 ················ 63

三、量表纯化与结构化 ················ 63

四、量表的结构验证 ················ 64

五、二阶验证性因子分析 ················ 65

第四章 团队领导与创业团队交互记忆系统 ················ 67

第一节 团队领导的内涵及价值 ················ 67

一、团队领导的含义 ················ 67

二、团队领导的类型 ················ 68

三、团队领导的价值 ················ 76

第二节 团队领导创业团队交互记忆系统的驱动机制 ················ 78

一、创业团队领导与交互记忆系统 ················ 78

二、团队特性的权变效应 ················ 82

三、环境不确定性的权变效应 ················ 84

四、理论模型的构建 ················ 85

第三节 变量测量与数据收集 ················ 86

一、变量测量与问卷开发 ················ 86

二、数据收集与样本情况 ················ 87

第四节 实证分析与结论 ················ 88

一、测量信效度检验 ················ 88

二、研究假设检验 ················ 91

第五节 结论讨论与管理建议 ················ 93

一、研究结论与讨论 ················ 94

二、研究价值与启示 ················ 97

三、研究局限与展望 ················ 99

第五章 创业团队交互记忆系统形成的组态机制 ················ 100

第一节　创业团队交互记忆系统形成的组态模型 ……………… 100

一、创业团队的关键价值 …………………………………… 100

二、创业团队交互记忆系统的复杂性 ……………………… 101

三、创业团队交互记忆系统的组态模型 …………………… 102

第二节　创业团队交互记忆系统形成的关键因素 …………… 103

一、创业团队领导 …………………………………………… 104

二、关键团队因素 …………………………………………… 105

三、关键环境因素 …………………………………………… 109

四、关键因素分析总结 ……………………………………… 111

第三节　数据测量、收集与分析 ……………………………… 111

一、问卷与测量 ……………………………………………… 112

二、数据收集与样本情况 …………………………………… 112

三、测量的信效度分析 ……………………………………… 113

第四节　QCA 分析及组态结论 ……………………………… 115

一、变量校准 ………………………………………………… 116

二、数据分析 ………………………………………………… 116

第五节　研究结论与管理建议 ………………………………… 121

一、研究结论与讨论 ………………………………………… 121

二、研究价值与启示 ………………………………………… 124

三、研究局限与展望 ………………………………………… 125

第六章　创业团队交互记忆系统与市场双元 ……………… 127

第一节　新创企业市场双元 …………………………………… 127

一、双元理论及其拓展 ……………………………………… 127

二、双元理论在新创企业中的应用 ………………………… 136

三、新创企业市场双元 ……………………………………… 137

四、新创企业市场双元形成的组态模型构建 ……………… 139

第二节　市场双元的关键影响因素 …………………………… 140

一、创业团队交互记忆系统 ………………………………… 140

二、环境因素 ………………………………………………… 141

三、团队因素 ………………………………………………… 142

第三节　数据测量、收集与分析 ……………………………… 143

一、问卷与测量 ……………………………………………… 144

二、数据收集与样本情况 …………………………………… 144

三、测量的信效度分析 ……………………………………… 145

第四节　QCA 分析及组态结论 ……………………………… 147

　　一、变量校准 ·· 148

　　二、数据分析 ·· 148

　第五节　研究结论与管理建议 ······················ 151

　　一、研究结论与讨论 ································· 151

　　二、研究价值与启示 ································· 153

　　三、研究局限与展望 ································· 154

参考文献 ··· 156

附录 ··· 183

　调研问卷一 ·· 183

　调研问卷二 ·· 186

　调研问卷三 ·· 189

后记 ··· 192

第一章 绪 论

创业团队决定着新创企业的生存与发展，整合和利用团队成员知识成为推动创业活动开展的重要基础；交互记忆系统作为团队成员所拥有知识存量的总和及知识领域的集体意识，对新创企业持续成长格外关键。本书基于创业情境，从交互记忆系统视角切入，探究创业团队交互记忆系统的模型、机制和策略。本章主要讨论现实及理论背景、研究目的及内容、研究方法及技术路线等关键内容。

第一节 研 究 背 景

目前，市场环境的动态性及模糊性越来越突出，特别是对于处在经济转型期的中国企业而言，其面临的环境不确定性更为严峻。这对中国情境下新创企业的生存和发展提出了更高的要求，也为经济、管理及法律等领域的理论研究带来了诸多议题和研究契机。

一、现实背景

创业是推动一国经济增长和改革发展的重要力量，李克强总理在 2014 年 9 月夏季达沃斯论坛上提出"大众创业、万众创新"的概念，同时强调要在 960 万平方公里土地上掀起"大众创业""草根创业"的新浪潮，形成"万众创新""人人创新"的新势态，希望激发民族的创业精神和创新基因。推进大众创业、万众创新，是发展的动力之源，也是富民之道、公平之计、强国之策，对于推动经济结构调整、打造发展新引擎、增强发展新动力、走创新驱动发展道路具有重要意义，是稳增长、扩就业、激发亿万群众智慧和创造力，促进社会纵向流动、公平正义的重大举措。因此，"双创"升级为我国经济继续前行的"双引擎"。

创新创业的繁荣推动了地方经济发展，全国各地涌现出了一大批双创典型代表城市。根据各地双创数据所形成的指标体系衡量，我国涌现出双创先锋城市 50 多个。排名显示，一线城市仍然是众创空间发展的"领头羊"，北京、上海、深圳为榜单前三名，二线城市与一线城市的差距正在逐渐缩小，杭州、广州、成都、重庆、天津、南京、武汉紧随其后，位居第 4～10 名，显示出了巨大的发展潜能。

当前，人类社会面临着重大转折，正在从工业化社会向以互联网为核心的智能化社会过渡。

创新驱动是国家命运所系，许多国家都已经意识到，以技术创新驱动经济社会发展，是国家发展的必然选择。创新创业同样也是我国的国家战略，国家通过《关于大力推进大众创业万众创新若干政策措施的意见》《国家创新驱动发展战略纲要》等一系列战略规划，为双创营造巨大的"蓝海"。另外，产业资本与金融资本深度结合，大量涌入创新创业领域，推动民众的创新创业热情不断高涨。从总体上看，我国已成为全球第二大创业投资聚集地；在双重动力的作用下，未来创新创业活动还将达到一个新的高度。

全球创业者目前仍处于一个最好的时代。在这个时代里，人类社会面临着重大转折，正在从工业化社会向以互联网为核心的智能化社会过渡。未来二三十年，新技术、新应用、新产品、新产业、新模式将爆发，创业活动面临巨大机遇。近年来，创业在我国得到了快速发展，全民逐渐开展创业活动。大量新创企业的产生，为我国社会经济活动注入源源不断的活力。同时，创业活动在祖国大地铺展开来，还解决了一些社会问题，具体体现在：创业支撑高质量就业的作用更加明显，创业活动既直接创造更多就业岗位，又通过带动关联产业发展增加就业岗位；创业活动推动科技创新呈现出百舸争流之势，培育壮大新动能的作用更加显现；创业平台不断健全，各地将支持创新创业的重点更多转向打造创新资源共享平台，开放型创业公共服务体系初步形成。

伴随着创业热潮而来的是众创空间的繁荣发展。科技部统计数据显示，截至2021年12月，全国有国家级科技企业孵化器1287家，国家备案众创空间2551家。截至2020年底，中央企业建设互联网"双创"平台113个，建成实体孵化器134个，总运营面积超168万平方米，入驻企业近3400家；建成各类科技产业园区84个，进驻企业近1万家，其中上市公司119家，带动新增就业超过22万人。随着我国创新创业政策的不断落实、营商环境的持续优化，以及经济贸易情况的向好，我国的国际影响力各项指数都有显著上升，《2021年全球创业生态系统指数报告》显示，我国以上升7位的增幅至全球第7名。毫无疑问，联合创业为创业配置了新的引擎。当前，创业不再是创业者孤军奋战，而是以创业团队或众创空间的形式展开创业活动，团队成员通过资源和权益置换，形成密切的创业合作伙伴关系。

在2020年新冠肺炎疫情冲击下，我国和全球经济均遭受重创，保就业压力巨大，迫切需要创业带动就业。《中国青年创业发展报告(2021)》显示，我国的创业活动整体蓬勃发展，不仅创业数量大、创投活跃，而且创业质量、创业生态也逐步向好。主要体现在以下几个方面：①创业数量：2020年新设市场主体超850万，活跃度稳定在70%左右；②创业质量：2020年我国独角兽企业数量世界第二，科创板上市企业数量增加107%；③创投机构：2019年创投机构资本近1万亿元，风险投资规模高于美国；④创服机构：2019 年孵化载体超 1.3 万家，广东孵化器数量全国第一；⑤疫情冲击：2021 年随着疫情防控常态化，我国经济逐渐恢复，中小微企业发展情况略好于 2020 年，二季度中小企业发展指数 87.2，高于 2020 年同期的 85.5，但对比一季度的 87.5 有所下滑。

在"大众创业、万众创新"的时代号召下，各级政府及社会各界的共同努力使创新创业取得较为丰硕的成果。同时，面对各种内外部挑战和压力，创新创业实践仍面临着诸多困境。与成熟企业相比，新创企业因缺乏足够资源与能力，在创立后面临巨大的生存挑战。从团队创业的视角看，当前创业领域的良好发展依赖于以下几个方面。

（一）政策是创业活动的重要支持

在以国务院《关于推动创新创业高质量发展打造"双创"升级版的意见》颁布为重要标志的"创新创业 2.0"时代，中央及地方各级政府对创新创业活动给予了更为广泛和细致的支持。同时，随着我国商事制度改革，市场准入门槛大幅降低，使我国创新创业再掀热潮。

2020 年 5 月印发国务院办公厅《关于建设第三批大众创业万众创新示范基地的通知》（以下简称《通知》），部署开展第三批大众创业万众创新示范基地建设工作。《通知》明确要求，在部分地区、企业、高校和科研院所建设第三批共 92 个双创示范基地，其中创业就业方向 25 个、融通创新方向 27 个、精益创业方向 32 个、全球化创业方向 8 个。《通知》还强调，双创示范基地建设要以习近平新时代中国特色社会主义思想为指导，深入贯彻党的十九大和十九届二中、三中、四中、五中全会精神，认真落实党中央、国务院决策部署，坚持问题导向、目标导向，围绕做好"六稳"工作、落实"六保"任务，深入实施创新驱动发展战略，支持创新创业主体积极应对疫情影响，强化功能定位，更好发挥示范带动作用，助力经济高质量发展。

2021 年 6 月召开的国务院常务会议部署"十四五"时期纵深推进大众创业万众创新的三方面举措，更加激发市场活力，促发展、扩就业、惠民生。会议提出，培育更多充满活力、持续稳定经营的市场主体，特别是促进高校毕业生、农民工等重点群体多渠道创业就业，增强中小微企业吸纳就业的能力。2021 年 1～4 月，全国净增加个体工商户 292.9 万户，带动就业的水平更加明显。统计部门调查显示，2021 年 1～4 月个体工商户户均带动就业 2～3 人，预计个体工商户以及各类灵活就业人员的就业总数在 2 亿左右。

（二）团队是创业活动的核心基础

科技部火炬高技术产业开发中心发布的《中国创业孵化发展报告(2020)》显示，截至 2019 年底，全国在孵企业和团队数量达 65.8 万个，获得投融资 1418 亿元。在孵企业拥有有效知识产权 90.6 万件，其中发明专利 16.0 万件，创新能力不断提升。在新创企业，无论多优秀的个体，必须融入一个适合的创业团队，才能发挥最大价值；无论存在多少个优秀的个体，必须同方向、有共识、懂协同，打磨成一支强有力的团队，才有机会成大事。

创业活动很难通过单人完成，绝大多数创业活动都是以团队方式，而非个体展开的；创业活动已从"孤独英雄"的经济战斗转变为"杰出团队"的智慧搏击（Kier and McMullen，2018）。无论是过去的携程"四君子"、阿里巴巴"十八罗汉"、腾讯"五兄弟"，还是新近的饿了么"四人组"、美团"八大金刚"，都表明成功的创业活动离不开出色的创业团队。瞬息万变的市场环境给创业活动带来极大风险，创业者纷纷通过组建创业团队提高新创企业市场竞争力（杨青和王玉，2019）。

一个好的创业团队对新创企业的成功起着举足轻重的作用。新创企业可以打破创始人的自有资源限制，从私人投资者和风险资本手中吸引资本。一个喜欢独立奋斗的创业者固然可以谋生，然而一个团队的营造者却能够创建出一个组织或一个企业，而且是一个能够创造重要价值并有收益选择权的企业。创业团队的凝聚力、合作精神、立足长远目标的敬业精神会帮助新创企业渡过危难时刻，加快成长步伐。另外，团队成员之间的互补、协调以及与创业者之间的补充和平衡，对新创企业起到了降低管理风险、提高管理水平的作用。因而创业团队对新创企业的建立、生存和发展具有关键价值，影响甚至决定创业成败。

(三) 知识是创业活动的关键要素

创业可以视为关键技术及市场知识的商业化应用及价值创造过程，这就要求创业团队必须具备技术、运营、营销、财务和政策法律等方面的知识。团队成员要有互补的专长和知识，即团队成员的每一种专长和知识都是完成团队目标所必需的、能互济余缺的。同时，团队成员能相互信任，愿意将自己的专长和知识分享给团队中其他成员。此外，创业团队成员需要把个人的专长与知识与提高创业团队绩效联系起来，推动工作问题的解决，通过互相的合作达成彼此的协调和理解，建立统一的知识管理体系。

从知识管理视角看，创业可以被视为团队整合，并应用各类知识进行机会获取和价值创造的创新活动，各类知识在创业团队内部交叉、扩散和融合的水平，直接影响创业活动实施及新创企业成长（Rauter et al.，2018）。优秀的创业团队成员具有高度的能动性，能够在不断变化的环境中主动适应局势的变动，充分利用创业环境知识和资源，从而实现成功创业。

事实上，根据本研究团队对重庆地区新创企业(如江小白、颇闻科技、马上消费金融、忽米网等)创业团队的调研，创业者们表示"创业团队在企业生存和发展中扮演关键角色""充分发挥团队成员特长很关键""团队协作和碰撞对把握创业机会十分重要""发挥创业团队优势是确保企业各项工作切实落实的关键"。总之，激发创业团队成员激情、利用团队成员专长，有效聚合和扩散团队成员知识是驱动新创企业发展的关键因素之一。

二、理论背景

随着创新创业领域在我国的快速发展及在社会经济生活各个方面产生重大影响，有关团队创业的理论研究也逐步展开。但是，在"双创时代"，大量新创企业不断涌现，很多新创企业的生存和发展境况并不乐观，而探讨新创企业成长之道成为兼具现实和理论价值的重要议题。创业团队影响甚至决定着新创企业生存与发展，整合和利用团队成员知识成为推动创业活动开展的重要基础；交互记忆系统作为团队成员所拥有知识存量的总和及知识领域的集体意识，对新创企业持续成长格外重要。目前对创业团队与交互记忆系统的理论研究在以下几个方面还有待深化。

(一)交互记忆系统的构建机制研究和应用策略研究情境性不足

作为团队知识管理领域的一个全新研究视角，自 Wegner 等(1985)提出交互记忆系统的概念以来，交互记忆系统开始受到国内外研究学者的关注，他们逐渐意识到交互记忆系统对于团队间的知识传递和知识共享的重要性(Hollingshead，1998；吕逸婧等，2018)。交互记忆系统作为团队成员学习、记忆和沟通相关知识的集体劳动分工，体现团队拥有知识存量的总和及知识领域的集体意识，在引发创新及创造活动、提升团队和组织绩效等方面扮演着重要角色(Lewis，2003)。由于交互记忆系统在引发组织创新及创造方面的特殊价值，对其构建机制及应用策略的研究在持续增加。影响交互记忆系统的主要因素包括沟通频率、先前学习、相似性、社会网络联结等(Lewis and Herndon，2011)。同时，交互记忆系统对组织绩效的积极影响也得到了很多学者的证实(曲刚等，2020)。

对于交互记忆系统的构建机制而言，选择团队领导作为交互记忆系统的前置因素。然而，尽管团队领导与交互记忆系统的积极关联也得到了研究证实(Bachrach et al.，2019)，但相关研究仍然存在诸多不足。另外，大多数研究忽视了领导行为发生的情境，一些重要的环境变量，如组织属性、工作职能、外部环境因素等没有得到研究的重视(Geier，2016)。例如，Bachrach 等(2019)认为，团队领导驱动团队交互记忆系统的形成，可能还依赖于团队特性和组织环境等情境因素，而目前对这些影响团队领导效力的权变因素的探讨还不够深入。同时，在研究选择市场双元作为交互记忆系统的结果变量方面，现有交互记忆系统与市场双元之间的研究对情境性的考察也存在不足(Dai et al.，2017)。因此，在交互记忆系统的研究中考虑情境性至关重要。

(二) 创业团队交互记忆系统的研究还不足

现有交互记忆系统研究均是基于成熟企业的一般团队、项目团队、高管团队或是研发团队 (林筠和王蒙，2014；Huang and Chen，2018)，还缺乏将交互记忆系统嵌入创业情境，体现创业特征的系统研究，难以有效指导创业团队交互记忆系统构建及应用。

事实上，新创企业的创业团队与成熟企业的高管或研发团队相比存在重要差异，例如，由于吸纳成员加入创业团队是整合创业资源的重要手段，因而相较于高管团队与研究团队，创业团队成员的流动性可能更高；"从不确定性中获益"是创业的重要特征，因而在面对高度的环境不确定性时，创业团队成员在创业活动中的互动性和冲突性可能比一般的研发团队更高 (李巍等，2020)。在现有团队交互记忆系统的研究中，对上述创业情境的嵌入和探讨还不足，可能会导致现有交互记忆系统的研究并不能准确反映新创企业及其创业团队的特殊性。

(三) 创业团队交互记忆系统缺乏测量工具

交互记忆系统体现团队如何分化和整合其拥有的知识 (Liao et al.，2015)，它作为共享系统使团队成员相互依赖与协调，编码、存储、检索与交流有差别但互补的知识，以完成集体任务 (Lewis and Herndon，2011；林筠等，2017)。自 Lewis (2003) 对交互记忆系统进行内涵界定与量表开发以来，后续相关研究 (特别是实证研究) 大都继承交互记忆系统的"三维度"观点，从专长性、可信性和协调性三个方面对其进行维度探讨和实证测量 (Lewis，2003；陈晓刚等，2014；林筠等，2017)。

事实上，目前关于交互记忆系统内涵的界定及测量 (量表)，均是继承或借鉴 Austin (2003)、Lewis (2003)，以及 Brandon 和 Hollingshead (2004) 的研究。但是，现有交互记忆系统的研究主要集中在一般工作团队领域 (吕逸婧等，2018)，同时，针对高管团队和研发团队交互记忆系统的研究已经成为新近发展方向。但无论是针对高管团队还是一般团队的研究，对交互记忆系统结构维度的界定均没有显著差异。因此，针对特定团队，例如创业团队进行交互记忆系统内涵维度的针对性研究就显得非常有必要。

Lewis (2003) 将交互记忆系统的维度划分为专长性、可信性和协调性三方面，并得到大量后续研究支持。除了缺少体现创业团队特征的动态性之外，基本包含了交互记忆系统所有的内容，而随着新创企业面临的环境越来越复杂，创业团队面临的不确定因素增加，团队动态性是使创业团队面临不确定因素的关键。在创业情境下，创业团队内部矛盾是必不可少的社会过程 (Chen et al.，2017)，内部矛盾是创业团队动态性的特征表现。因此，创业团队需要一种力量来营造一种更加和谐的氛围，从而提高团队凝聚力。当新创企业创业团队有效地共享和整合成员内部知识时，就拥有了明显的团队凝聚力和竞争优势 (葛宝山和生帆，2019)。目前尚无研究从创业团队的动态性这一维度对交互记忆系统进行探究。因此，本书试图在明晰创业团队交互记忆系统概念的基础上，把体现创业团队情境特征的动态性这一因素纳入交互记忆系统的维度中，并构建具有创业团队特色的交互记忆系统量表。本研究既能丰富对创业团队交互记忆系统概念的理解，又能以创业团队交互记忆系统量表开发为基础，为后续实证研究提供工具支持，从而推动交互记忆系统嵌入创业情境研究的深入发展。

第二节　研究目的及内容

本节从研究目的和研究内容两方面进行论述。首先详细阐述本书需要达到的多重目的；然后围绕研究目的构建本书的基本理论模型，并对理论模型涵盖的各项研究内容进行论述；最后构建本书的基本内容框架。

一、研究目的

创业领域正在我国蓬勃发展，而相关的理论研究也在不断深化。因此，本书试图在我国创业领域发展的现实情境之下，将研究问题聚焦于团队层面，探究创业团队交互记忆系统的相关议题，主要研究目的包括以下五个方面。

第一，界定创业团队交互记忆系统的内涵，并开发测量工具。结合我国新创企业创业团队的实践现状，借鉴交互记忆系统理论，以及新创企业和创业团队的相关研究观点和实证工具，在界定并划分创业团队交互记忆系统的内涵及维度的基础上，开发并检验符合创业团队特性的交互记忆系统测量工具，为后续实证研究提供工具基础。

第二，构建创业团队交互记忆系统的构建机制。从团队领导视角，区分以"塑造共同价值观"为内核的变革型领导和以"明确预期回报"为特征的交易型领导，在考虑团队特性(团队自省性、团队异质性)与环境不确定性(政策不确定性、市场不确定性)两类重要内外部环境变量的基础上，对创业团队交互记忆系统的构建机制进行研究，为新创企业的发展提供对策建议。

第三，构建创业团队交互记忆系统形成的组态机制。从团队领导与内外部因素匹配的视角，分析促进与抑制创业团队交互记忆系统的组态效应。根据识别出的若干组态，创业团队应根据不同内外部环境条件，有针对性地匹配变革型与交易型领导，以促进创业团队交互记忆系统形成，同时规避抑制创业团队交互记忆系统的组态条件。

第四，构建创业团队交互记忆系统影响市场双元的组态机制。基于创业团队交互记忆系统与内外部因素匹配的视角，分析促进高市场平衡双元和高市场互动双元的组态效应。根据分析的组态路径，创业团队交互记忆系统应匹配不同的内外部环境条件，以促进新创企业高市场平衡双元和高市场互动双元的形成。

第五，提出有关创业团队交互记忆系统的管理建议。在理论研究及结论的基础上，基于创业团队交互记忆系统研究，为新创企业创业团队研究提供一种新的理论视角，研究结论可为新创企业的成长和发展提供理论指导和策略建议。

二、研究内容

本书以创业领域为基本研究背景，以成渝地区新创企业创业团队为主要分析对象，深入探讨创业团队交互记忆系统概念的内涵及测度，构建其开发和应用策略，最后提出相关管理建议。依据对研究问题的界定以及上述研究构想形成了本书的基本理论模型，而理论模型充分阐明了本书所要探讨的主要内容。从研究内容上看，本书在理论架构层面上可以分为四个基本模块。

模块一：创业团队交互记忆系统内涵及量表开发研究。

本研究模块将现有的（高管团队或研发团队）交互记忆系统研究观点与结论（Lewis and Herndon，2011；林筠等，2017）嵌入创业情境中，并结合新创企业发展特征，运用混合研究方法（质化+量化研究），对创业团队交互记忆系统进行内涵维度界定，并开发相应测量工具，既从创业视角深化和丰富交互记忆系统的理论认知，又为后续实证研究提供理论及工具基础。

模块二：团队领导视角下的创业团队交互记忆系统的构建机制研究。

本研究模块基于领导理论，从团队领导和交互记忆系统视角，遵循"领导匹配内外部环境因素"的分析框架，探究创业团队交互记忆系统的构建机制。首先区分变革型领导和交易型领导，然后区分团队特性（团队自省性和团队异质性）以及环境不确定性（政策不确定性和市场不确定性），最后研究在不同的内外部环境因素下，创业团队交互记忆系统的不同构建机制。

模块三：创业团队交互记忆系统形成的组态效应研究。

本研究模块试图在创业情境下重构交互记忆系统的内涵及维度，引入创业导向与关系承诺两类内部因素以及竞争强度和技术动荡性两类外部因素，从团队领导的视角，运用定性比较分析方法探究领导方式与内外部因素的联动效应，发掘促进和抑制创业团队交互记忆系统形成的组态机制。

模块四：新创企业市场双元构建的组态效应研究。

本研究模块试图基于市场双元理论，引入团队自省性与团队异质性两类内部因素以及政策不确定性和技术不确定性两类外部因素，从创业团队交互记忆系统视角，运用定性比较分析方法探究创业团队交互记忆系统与内外部因素的联动效应，发掘促进高市场平衡双元和高市场互动双元的组态机制。

<h1 style="text-align:center">第二节　研究方法及技术路线</h1>

研究目的及内容决定了研究方法的选择和技术路线的设计。在明确本研究的目的及内容后，根据研究的核心问题、主要概念和理论模型，选择适合的研究方法和技术路线。考虑到本研究内容的复合性，选择混合研究方法的设计并以此构建技术路线。

一、研究方法

决定采用何种研究方法的第一个条件（也是最重要的条件），就是厘清研究要回答何种类型的问题。本书聚焦于探索创业团队交互记忆系统的内涵及测度、构建和作用机制，属于"如何形成"和"如何发挥作用"的探索性研究议题。因此，在综合分析以上研究方法特征的基础上，根据主要研究内容，以及创业团队交互记忆系统概念的复杂性和多维性，本书将文献研究与实证研究（量化与质化研究）相结合，运用混合研究方法（定量方法与定性方法相结合）的设计探讨和分析所提出的问题。在研究的不同环节和阶段综合运用不同研究方法，以期更有效地实现研究目标。

（一）文献分析法

文献分析法（literature analysis）主要指收集、鉴别、整理文献，并通过对文献的研究，形成对事实科学认识的方法。对核心研究概念的确定是文献分析的基本前提和首要步骤，通过界定研究所涉及的关键概念可以划定基础文献的分析范围和重点。基于此，交互记忆系统是本书的核心概念，围绕这一核心概念，本书涉及新创企业、创业团队以及交互记忆系统等方面的相关文献。确保创业团队交互记忆系统概念的内涵界定、类型划分，以及测量工具开发是建立在对现有研究文献系统整理和全面分析的基础之上。

在确定文献范围后，便进行文献搜索。本书利用的资源包括中国期刊全文数据库（CNKI）、维普数据库（VIP），EBSCO、SpringerLink、JSTOR、PQDD、Elsevier、Emerald 等中外文期刊数据库，重点从我国中文社会科学引文索引（CSSCI）来源期刊，特别是国家自然科学基金委员会指定的重要管理学期刊，以及国外 SMJ（*Strategic Management Journal*）、ASQ（*Administrative Science Quarterly*）、AMR（*Acadamy of Management Review*）、JIBS（*Journal of International Business Studies*）、JOM（*Journal of Management*）、JM（*Journal of Marketing*）、JMR（*Journal of Management Reviews*）和 JIM（*Journal of Interactive*

Marketing)等管理学和营销学期刊中,使用"交互记忆系统"、"团队领导"、"团队自省性"、"高管团队"、"团队异质性"、"关系承诺"、"创业导向"及"竞争强度"等中英文关键词搜索相关文献,并将所收集的文献按照主题进行归类和编号。

针对基础文献,本书运用定性的综合分析方法(相对于元分析等定量的文献综合分析方法)对相关文献进行梳理和归类,主要依据以下标准整理:①将基础理论相同的文献进行梳理和归类。对运用相同理论基础的文献,例如交互记忆系统等研究文献进行统一归类和整理。②将相同主题的研究文献按照特定的指标进行归类整理。以交互记忆系统研究主题的相关文献为例,将有关交互记忆系统按照内涵、结构维度、前置影响因素、结果变量等标准进行分类整理。通过全面和系统的文献梳理寻找理论空白点和研究结合点,并逐步进行研究构思,确定研究议题和分析框架。

(二)问卷调查法

问卷调查法(questionnaire survey)也称问卷法,它是研究者运用统一设计的问卷(或量表)向通过抽样方法选取的被研究对象了解情况或征询意见的调查方法。研究者将所要研究的问题编制成问题表格,以邮寄、面对面或者追踪访问的方式传递给被调查者,从而了解被调查者对某一现象或问题的看法和意见。进行问卷调查的关键在于调查问卷的编制、被调查对象的甄选以及调研数据的检验与分析。

在调查问卷的编制方面,本书所进行的工作主要包括:①通过专家小组讨论、企业管理者访谈等手段,向理论界和实践界的各类专家进行探测性访谈和调研活动,就相关议题征求意见,进一步明晰研究议题和分析框架。②根据研究框架和核心概念,挖掘和分析后续测量工具,建立对本书核心概念进行测量的问项库;然后依据对关键概念的概念化设计测量所用问项,并形成调查问卷初稿;通过向专家和企业管理者征求意见,最终形成预调研问卷。③通过发放预调研问卷进行预调研,并根据预调研的过程反馈和结果分析修正预调研问卷,最终形成研究所用的正式调研问卷。

在调研问卷所获得的研究数据分析方面,主要运用探索性因子分析(exploratory factor analysis,EFA)、验证性因子分析(confirmatory factor analysis,CFA)、多元线性回归分析(multiple linear regression,MLR)和结构方程模型(structural equation model,SEM)等分析工具对研究数据的信效度、核心概念的结构模型以及若干研究假设进行实证检验。

(三)专家访谈与焦点小组访谈法

在专家访谈法(expert interview method)中,对不同行业、区域和发展阶段的企业负责人、各级政府分管部门(中小企业局、工商联、经信委等)负责人、不同行业专家等进行结构化和非结构化深度访谈,掌握有关创业团队、业务运营、市场开发及管理等方面的信息和资料。访谈依据被访者要求,综合使用面访、电话采访和网络会议等多种形式。

在焦点小组(focus groups)访谈法方面,本书无论是研究框架的搭建,还是对相关概念的测量,以及对创业团队交互记忆系统内涵及类型的探索,都基于翔实、科学的文献分析,并且以项目组成员为主体,邀请与本书研究领域相关的外部专家(企业管理者、专业研究者、行业管理者等)组成焦点小组进行研讨,以确保研究框架、分析路径的科学性和可行性。

(四)定性比较分析方法

定性比较分析(qualitative comparative analysis,QCA)方法是社会科学领域中一种新兴的研究方法,产生于 20 世纪 80 年代,起源于比较宏观社会学和比较政治学交叉领域。根据变量类型形成了清晰集定性比较分析(crisp set QCA,csQCA)方法、多值集定性比较分析(multi value QCA,mvQCA)方法与模糊集定性比较分析方法(fuzzy set ACQ,fsQCA)三项主要分析技术。QCA 综合了定量研究与定性研究两种主流研究方法的优势来处理社会现象中普遍存在的因果复杂问题,大大提升了理论的实践切题性,使组态比较分析在社会学、政治学、管理学、传播学、营销学等社会科学研究领域具有广泛的应用前景。此外,药学等领域也开始应用QCA。管理学研究已逐渐成为 QCA 应用最多的专业领域。

QCA 的工具箱已经得到扩展并且变得越来越复杂了。主要体现在:①根据经验案例数和条件数之间的最佳比例来定义“阈值”;②程序的发展有利于开展有意义的集合隶属度“校准”(根据案例和理论知识设定阈值);③使用 QCA 开发“多方法”设计的进展,特别是使用 QCA 进行深入的单案例时序分析;④必要性/充分性和集合关系更加精细的观点发展,包括 QCA 程序中的新系数和新步骤;⑤测试更复杂模型的可能性,特别是考虑到“多层次”或嵌套现象。

总的来说,QCA 是一种以案例研究为导向的理论集合研究方法。QCA 主要研究两类问题,一是研究必要条件和瓶颈效应,二是研究组态问题。QCA 能够探查组合方式,即前因条件构型的共同影响,它并不简单关注单一因素的影响效应,而是关注多个影响因素如何共同发挥作用。QCA 整合了案例研究与变量研究的优势,并通过集合分析发现要素组态与结果的集合关系,有助于回答多重并发的因果关系、因果非对称性和多种方案等因果复杂性问题,是管理学研究的一条新道路(Fiss,2011;杜运周和贾良定,2017),是近年在管理学研究中兴起的新兴质化研究方法。

本书 QCA 的应用策略借鉴杜运周和贾良定(2017)、杜运周等(2021)、张明和杜运周(2019)、程建青等(2019)对 QCA 方法的梳理和相关观点。

　　综上所述，本书试图通过混合研究方法(量化研究＋质化研究)深化对互联网金融企业商业模式创新形成与作用机制的理解；同时，使研究问题与研究方法相匹配，增强本书最终模型的解释力、科学性和普适度。

二、技术路线

　　科学、合理的技术路线是研究方法得以有效发挥作用的基础保障。技术路线是指研究者为探索研究问题，并实现最终研究目的而准备采取的基本研究路径。它具体包括研究方法、实现步骤，以及解决关键问题的具体方法与技术等。根据上述研究内容的界定和主要研究方法的选择，本书设计了包含五个基本步骤的技术路线。这五个步骤是研究主题凝练、分析单元界定、研究工具设计、研究数据收集和研究数据分析，每个步骤中所要开展的具体工作和所运用的研究方法或分析技术如图1-1所示。

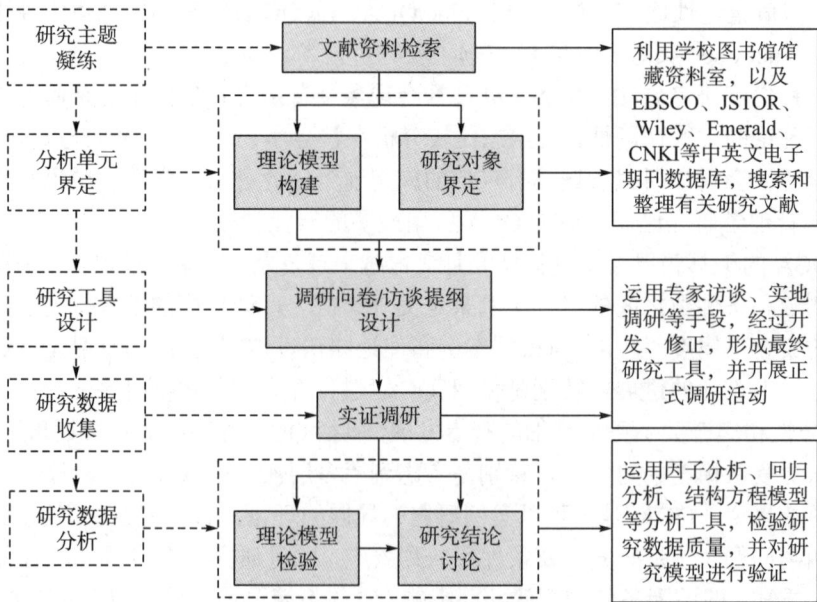

图 1-1　本书的技术路线

三、本书内容构架

　　根据上述理论研究目的及研究内容，以及本书涉及的方法和技术路线，本书的基本结构安排如图1-2所示。

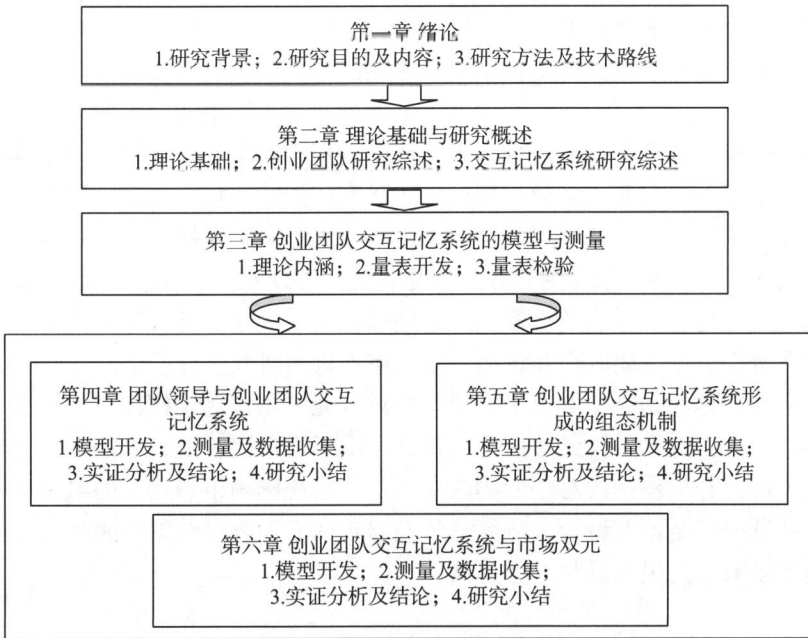

图 1-2　本书的结构框架图

第一章，绪论。本章首先从现实和理论两个层面对本书的研究背景进行阐述；然后对研究问题进行界定，并分析对这些问题进行深入研究的目的与意义；随后依据研究问题，对研究的主要内容进行阐述；最后介绍研究所用方法及技术路线，以及本书的基本框架。

第二章，理论基础与研究概述。本章以本书主题所涉及的基本理论方向为指引，从三个方面进行相关研究概述：一是对新创企业的相关研究进行概述；二是对创业团队的相关研究文献进行综述；三是对交互记忆系统的现有研究进行回顾和总结。在研究概述中，重点对相关文献进行评述，详细阐述现有理论观点与研究结论对本书内容的启示。

第三章，创业团队交互记忆系统的模型与测量。本章主要从概念内涵与测量工具两方面入手，探讨从交互记忆系统到创业团队交互记忆系统的议题，旨在深化对创业团队交互记忆系统的理论解释，并为实证研究提供工具基础。

第四章，团队领导与创业团队交互记忆系统。本章内容包括：基于团队领导、交互记忆系统、团队特性和环境不确定性的相关研究观点和结论，构建本子研究的理论模型；基于理论模型开展系统的研究假设发展；梳理和整理本子研究所涉及的核心概念的测量工具，开发并修正本书所使用的调查问卷，完成数据收集；运用大样本数据对本子研究概念测量的信效度水平，以及相关研究假设进行检验，确认研究假设的证实和证伪情况；从结论及讨论、研究价值及启示两方面分别对创业团队交互记忆系统的形成机制研究进行总结。

第五章，创业团队交互记忆系统形成的组态机制。本章内容包括：基于交互记忆系统、变革型领导、交易型领导、创业导向、关系承诺、市场动荡性和竞争强度的相关研究观点和结论，构建本子研究的理论模型；基于理论模型推演条件变量与结果变量的关系；梳理和整理本子研究所涉及的核心概念的测量工具，开发并修正本书所使用的调查问卷，完成数据收集；运用大样本数据对本子研究概念测量的信效度水平，以及通过模糊集定性比较方法(fsQCA)进行组态效应检验，确认创业团队交互记忆系统形成的组态路径；从研究结论及讨论、研究价值及启示两方面分别对创业团队交互记忆系统的组态机制研究进行总结。

第六章，创业团队交互记忆系统与市场双元。本章运用模糊集定性比较方法(fsQCA)，基于创业团队交互记忆系统、环境不确定性和团队特征等构建形成市场双元的组态分析框架，对创业团队交互记忆系统影响市场双元的组态机制进行研究，并从研究结论及讨论、研究价值及启示两方面分别对创业团队交互记忆系统影响市场双元的组态机制进行总结。

第二章　理论基础与研究概述

本章围绕创业团队以及交互记忆系统两部分进行文献梳理和总结，以期为研究提供基本的理论支持和必要的文献基础。在创业团队方面，遵循从企业到团队的分析逻辑，分别对新创企业及创业团队的相关研究进行综述；在交互记忆系统方面，分别从理论渊源、内涵、构成维度、前置因素研究和结果变量研究五方面进行综述。

第一节　理　论　基　础

自 Wegner(1985)提出交互记忆系统的概念以来，交互记忆系统就开始被应用于知识管理、战略管理等领域。目前，学术界对交互记忆系统的研究主要依赖于知识管理理论、社会认知理论、组织学习理论、社会交换理论和社会资本理论等。

一、知识管理理论

(一)知识的基本概念

知识在创业研究领域中占据了重要位置，是企业竞争优势持续的重要来源(Barney，1991)。知识是各领域学者广泛研究的对象，对其内涵、本质、传播规律等问题的探讨在知识经济时代更富有意义(孟彬等，2006)。对于知识是什么的讨论也一直是学术界的热点话题，相关的文献直接或间接地给出了许多不同的理解。然而，迄今为止却尚未形成一个公认的定义。根据国内外相关文献的记载，本书列出一些具有代表性的知识定义。

Nonaka(1994)认为知识是一种被确认的信念，通过知识持有者和接受者的信念模式和约束来创造、组织和传递，在传递知识的同时也在传递着一整套文化系统和相关的背景系统。Hyman(1999)认为知识可以被定义为基于事实做事、不做事、相信或怀疑某事的能力。Allee(2009)认为知识是一种需要适当环境的创造性现象。换句话说，它是一种复杂的、自组织的系统。Grant(1996)将知识视为经验、认知、价值观和信息等要素的综合体，并将其动态组合作为促进个体和组织获取、评估和吸收新信息的动力和框架。Dew 等(2004)则将知识视为有价值的可信信息的积累，在认知过程中起到重要作用。Tywoniak(2007)认为，知识是一种通过思想和实际之间的联系减少环境不确定性的规则，它存在于个体、社会和文化经验中，对人的行为起到约束的作用，受到人们主观能动性的影响。Earl(2001)强调知识是社交媒体的关键技术和知识时代的关键资源。Zagzebski(2017)认为知识是一种个体与现实进行认知接触的状态。

(二)知识的分类

知识是一个复杂的概念，对知识的研究首先必须回答的关键问题除了"知识是什么"，还要回答"它们在哪里"，这就涉及知识的分类及分布问题。从现有研究看，不同的学者从不同角度提出了不同的知识分类方法。以下是本书对知识主要划分方式的梳理。

1. 依据知识用于经济分析的用途不同，可以将知识划分为事实知识等四种类型

经济合作与发展组织(Organization for Economic Co-operation and Development，OECD)发布的《以知识为基础的经济》(1996)报告指出，为了促进经济分析，在以知识为基础的经济中，知识可以分为事实知识(know-what)、原理知识(know-why)、技能知识(know-how)和人力知识(know-who)四类(表 2-1)。其中，事实知识和原理知识的整合近似于信息的概念，可以通过书本等方式获取和掌握，而技能知识和人力知识的整合则是更加隐性的知识，通常根植于实践经验中(肖久灵，2007)。对知识分类的主要观点见表 2-1。

表 2-1　OECD 的知识分类

类别	描述
事实知识	指有关事实的知识，接近于通常所说的信息，在复杂的专业领域，专家需要大量此类知识以满足工作需求
原理知识	指有关自然法则和规律的科学知识，是多数产业技术发展、工艺进步的基础，多产生于科研机构和大学等组织
技能知识	指做某些事的技能，是一种典型的在企业内部发展和保留的知识
人力知识	指有关谁知道什么和谁知道如何做某事的知识，涉及使专家有效利用他们知识的特定社会关系，此类知识对于组织和管理者来说更为重要

2. 依据知识获取和传递的难易程度的不同，可以将知识划分为隐性知识和显性知识

20 世纪 60 年代以来，各国学者对知识问题进行了广泛研究。知识划分是学者们研究的重点，而在众多的知识划分方式中，按照知识的获取和传递的难易程度，将知识划分为隐性知识(tacit knowledge)和显性知识(explicit knowledge)(周城雄，2004)。Polanyi(1966)率先将知识划分为隐性知识和显性知识，他认为组织内能够以文字和数字表示的知识，可以通过正式的、系统化的语言传播，是"显性"知识。而那些深植于行动、责任和特殊情境中的富有个人特质的知识则难以正式表达和交流，是"隐性"知识。具体而言，隐性知识是指高度个体化的、难以形式化或沟通的、难以与他人共享的知识，通常以个人经验、印象、感悟、团队的默契、技术诀窍、组织文化、风俗等形式存在，难以用文字、语言、图像等形式表达清楚；而显性知识则是指能够以一种系统的方法表达的、正式而规范的知识。显性知识是客观的、有形的知识，通常以语言、文字等结构化形式存储，并且表现为产品外观、文件、数据库、说明书、公式和计算机程序等形式(洪晓楠，2001)。显性知识和隐性知识既有区别也有联系，两类知识的比较如表 2-2 所示。

表 2-2 显性知识和隐性知识的比较(陈文华，2010)

	显性知识	隐性知识
定义	能够明确表达出来，容易交流和共享，并且可以通过编码方式传播转移	个人或组织经过长期的实践积累而获得的知识，是高度个性和难于格式化的知识
特点	存在于文档中	存在于人脑中
	易于用文字的形式记录	难以用文字的形式记录
	可编码	不可编码
	可以言传	可以意会
	易于学习、转移	难于学习、转移

　　隐性知识与显性知识的划分突破了以往大众对知识的认识，对还未经系统化处理的经验类知识予以承认。如果说显性知识是露出水面的"冰山的尖端"，那么隐性知识则是隐藏在水面以下的大部分，它们虽然比显性知识更难以发觉，但却是社会财富的最主要源泉(Polanyi，1966)。对此，Nonaka(1994)进一步研究指出，显性知识与隐性知识并非完全不相容，而是可以通过隐性度来进行刻画，知识可以从低隐性度到高隐性度来进行描述。此外，Nonaka 和 Takeuchi(1995)构建了社会化(socialization)、外部化(externalization)、组合化(combination)、内部化(internalization)模型，即 SECI 模型，指出知识创造是通过隐性知识与显性知识持续不断的转换过程实现的社会化、外部化、组合化和内部化过程的交互运作，它使隐性知识与显性知识不断地转换与重组，使知识得到更新，组织的竞争能力也能得到加强(图 2-1)。

	隐性知识	显性知识
隐性知识	社会化	外部化
显性知识	内部化	组合化

图 2-1　知识创造模式(Nonaka and Takeuchi，1995)

根据图 2-1 可以发现，SECI 模型深刻地揭示了知识创造的基本过程：①社会化过程，即通过人际交流的形式，使存储在个人头脑中的隐性知识深入交换，形成隐性知识与隐性知识的转换。②外部化过程，即通过语言、文字等有形的形式将隐性知识显性化，如形成可读的企业文件、标准、多媒体等。③组合化过程，是显性知识和显性知识之间的转化，是一个建立重复利用知识体系的过程，通过建立联结而形成系统化的知识，提升知识价值以便更好地使用，如建立知识库对企业显性知识进行内容管理。④内部化过程，即经过上述三个步骤整理得到的显性知识，意味着新创造的显性知识又转化为组织中其他成员的隐性知识，这是一个将知识从个体外部转移到内部的有效方式。

3. 依据知识主体的不同，可以将知识划分为个人知识和组织知识

就知识在组织中的分布而言，可以将知识大体划分为个人知识和组织知识。知识起源于个体，个体知识就是个体所拥有的工作技能、经验、诀窍、直觉、价值观、个人发明等。个人知识是存在于个人头脑中的，或表现为个人技能方面的知识，它为个人所拥有，可以独立应用于特定任务或问题的解决，并随个体的转移而转移(耿新和彭留英，2004)。当个人将个人的知识和经验与组织中其他成员交流和分享时，个人知识就转化为组织成员的共同知识，成为组织有价值的组织知识(陈文华，2010)，将个人知识转化为组织知识是组织知识管理的核心活动。组织知识是在组织成员中分布和共享的知识，它依存于组织的个体成员，代表着组织的记忆，储存在组织的规则、程序、惯例和共同的行为准则中，并随着组织成员的交互而处于流动状态(耿新和彭留英，2004)。

4. 依据知识来源的不同，将知识划分为内部知识和外部知识

随着技术迅速发展，创新变得越来越复杂，企业不仅要维持和更新组织内部知识，还要获取组织外部的新知识和新想法(Du et al.，2014)。内部知识是组织内部形成的知识，包括组织成员所具有的个体知识以及组织知识等，一般通过企业的研发投入或"干中学"所形成。企业成员通过识别、获取、整合以及应用组织内部的知识可以产生新知识，内部知识的获取和应用是企业成员主动学习、吸收知识并解决问题的重要途径(王巍等，2017)。然而，企业内部能够用于发展的知识有限，企业通常会搜寻和获取外部知识，以获得异质性知识(Shi et al.，2019)。

外部知识包括网络知识和集群知识(高茜，2007)。企业成员可以从组织外部识别、获取、整合以及利用外部异质性知识，企业识别、吸收和应用有价值的、外部异质性知识影响着企业创新和发展水平(王巍等，2017)。

(三)知识管理理论的产生与发展

知识管理的研究可以追溯到 20 世纪中期，而其实际应用于描述和研究企业知识活动是始于 Drucker(1988)的研究，他认为随着信息技术的发展，处在知识经济时代的企业应当重视知识和知识型专家的作用，从命令-支配型企业向信息型组织的新形态进行转变，是企业发展的趋势。也就是说，经济和市场全球化、知识密集型产品、服务以及信息技术的快速发展，推动了知识管理的发展。知识管理的概念在 20 世纪 90 年代被正式提出，自此以后，知识管理开始被用于经济、管理科学、计算机和知识社会学等多种学科领域(Sousa and Rocha，2019)。对企业而言，知识管理系统的创建和有效应用可以让企业和员工获益。而如何对企业的知识进行管理，使其更好地服务于企业的生存与发展对企业来说愈发重要。因此，知识管理逐渐被用于解决管理学中的一些现实问题，也受到越来越多管理学者的关注。

大多数对知识管理概念的界定都是围绕知识管理过程展开的。知识管理的过程是利用组织所掌握的无形资产创造价值的过程。关于知识管理的内涵，学者们在研究中形成了各自的理解。Alavi 和 Leidner(2001)提出知识管理包括知识的创建、知识的存储检索、知识的转移和知识应用。Demarest(1997)认为知识管理涉及知识的识别、储存、传播与利用。Zahra 等(1999)将知识的开发过程划分为知识的获取、整合与利用。Lin(2014)认为知识管理包括知识的产生、获取、促进、整合、嵌入、应用、转移和保护等多个阶段。Castañeda 和 Ignacio(2015)指出知识管理包括知识的创建、获取、记录、存储、电子传输、面对面共享以及利用和再利用等几个过程。俞兆渊等(2020)将知识管理分为内部和外部知识管理两个层面，包括知识创造、知识转化、知识创新、知识吸收、知识连接和知识解吸能力六个维度，进而帮助企业探究知识管理的结构。

尽管不同学者对知识管理过程的理解不同，但知识的获取、共享、整合和利用基本上是知识管理的核心或基础过程。其中，知识获取主要涉及获取和吸收企业内外部的知识(Zahra et al.，1999；郭润萍，2016)，知识共享主要涉及知识在企业成员间传播和扩散(Lepik and Krigul，2014)，知识整合涉及企业将所获取的知识以及企业所拥有的知识整合为企业可利用知识的过程(Enberg，2012；周琰喆等，2016)，知识利用则涉及企业将整合的知识用于提升企业综合能力、竞争优势和企业绩效(Zahra et al.，1999)。企业的知识管理就是在组织中建构一个人文与技术兼备的知识系统，使组织中的信息与知识，通过获取、创造、转移、整合、记录、存取、更新等过程，促成企业达到不断创新知识的最终目的，并回馈到知识系统内，从而使个人与组织的知识得以永不间断地累积，有助于企业做出正确的决策，以应对市场的变迁(许运娜，2003)。综上，本研究整理的知识管理的主要内容见表 2-3。

表 2-3　知识管理的主要内容

名称	含义	示例
知识获取	企业将外部环境中的知识转换到企业内部，能够为企业所用的管理过程	聘请专家顾问、教育培训、引进技术等
知识转移	员工彼此之间相互交流知识，使知识由个人的经验扩散到组织的层面。这样在组织内部，员工可以通过查询组织知识获得解决问题的方法和工具。反过来，员工好的方法和工具通过反馈系统可以扩散到组织知识里，让更多的员工来使用，从而提高组织的效率	培训、知识讨论会、学习活动、人员流动等
知识整合	运用科学的方法对不同来源、不同层次、不同结构、不同内容的知识进行综合和集成，实施再建构，使单一知识、零散知识、新旧知识经过整合提升形成新的知识体系	知识库的使用、人员的交流和沟通等
知识应用	将知识作用于企业经营管理实践，增强企业核心能力的过程	知识成果商业化、根据客户数据库提供个性化服务等

(四)知识管理学派

由于知识管理所涉及的内容复杂，学者们在研究知识管理时通常会基于不同的研究方法和视角。为了使知识管理的理论体系更为清晰，一些学者在梳理前人研究的基础之上将这些研究划分为不同的研究学派(生帆，2019)。如Earl(2001)在研究中将知识管理划分为技术学派、经济学派和行为学派，而这三大学派又可以进一步划分为系统学派、制图学派等 7 个学派，同时分析了每个学派的特征(表 2-4)。其中，技术学派的研究以信息或管理技术为基础，支持并决定员工的日常任务；经济学派研究的知识管理以商业为导向，追求挖掘知识和智力资本并创造收入；行为学派关注的知识管理是通过刺激和精心安排管理者，从而使知识资源被组织积极地创造、共享和利用。

表 2-4　Earl(2001)的知识管理研究学派划分

	学派	焦点	目标	范畴	关键成功因素	管理哲学
技术学派	系统学派	技术	知识库	领域	内容效度、对提供内容的奖励	编码
	制图学派	地图	知识目录	企业	分享知识的文化/奖励、交流网络	连通性
	工程学派	流行	知识流	行为	知识与信息自由扩散	能力
经济学派	商业学派	收入	知识资产	技能知识	专家团队发展、智力资本管理制度化	商业化
行为学派	组织学派	网络	知识社群	社群	善交际性文化、知识媒介	协同
	空间学派	空间	知识交流	地点	旨在自发学习和创造的设计、鼓励和合法性	联系
	战略学派	思维模式	知识能力	业务	展现公司使命的修辞、使知识可操纵化的手段	意识

同时，Shin 等(2001)认为，知识管理的研究主要分为信念学派、流程学派和客体学派这三个学派，不同学派关注的内容存在显著区别，对知识内涵及应用方式的理解也存在明显差异(表 2-5)。

表 2-5　Shin 等(2001)的知识管理研究学派划分

学派	描述
信念学派	主要关注使个体能够获取知识和信息的基础。这里的基础包括组织文化和信息技术，而信息技术只为现存信息的获取提供支持
流程学派	主要关注有效的知识创造和扩散过程的发展。将资源和知识接受者联系在一起，支持对战略性技能知识的有效理解，同时需要一定的系统和技术支持
客体学派	主要关注如何获取和运用知识。有效的编码、储存和检索知识需要一定的系统或技术支持

此外，一些国内学者也对知识管理的学派进行了研究。蒋日富等(2006)在国内外学者对知识管理学派划分的基础之上总结和归纳了知识管理学派的主要内容，认为当前知识管理的研究可以根据对知识管理的理解和研究焦点划分为五个学派(表 2-6)。

表 2-6　蒋日富等(2006)的知识管理研究学派划分

学派	对知识管理的理解	研究焦点
学习学派	组织的学习过程	个体、团队和组织的学习与知识创造活动
过程学派	对知识流的管理	知识生命周期和知识流动过程
技术学派	信息技术的应用	知识管理系统
智力资本学派	对智力资本的管理	智力资本的定量分析
战略学派	提升组织核心竞争力的战略	整合业务战略与知识战略

由于知识管理领域的研究涉及广泛，不同学者对知识管理的理解存在差异，因而在学术界形成了关于知识管理领域的不同研究。因此，梳理知识管理领域的研究学派和理论体系对于知识管理的研究具有重要意义。尽管学者们基于不同的视角和不同的学派对知识管理进行了研究，但这些不同的研究流派划分的研究成果也存在着很多内在联系和共通之处，使得这些研究成果之间在一定程度上能够相互印证和补充，有利于知识管理领域研究的综合发展。

二、社会认知理论

(一)社会认知的概念

社会认知是心理学的前沿领域，自 20 世纪 90 年代以来受到学术界的广泛关注，着力探讨个体如何理解自我和他人的心智状态（包括信念、欲望、意图和情绪等）（文旭，2019）。通过梳理社会认知相关的研究可以发现，社会认知研究已经成为社会心理学中的重要研究领域，其所涉广泛，哲学、社会学、管理学、教育学等众多领域的学者都对其有所关注。

尽管学者们从不同的学科视角对社会认知进行研究，但是社会认知的本质内涵无多大差异。Hamilton 和 Harper（1994）认为社会认知主要集中研究社会现象的认知基础。Myers（1997）认为社会认知就是个体解释、分析和记忆有关社会世界中信息的方式。该定义强调三个认知过程：首先，个体所接收到的关于他人和自我的信息，都是经过解释的，换句话说，这些信息的意义通常是由社会环境、先前的经验、文化价值等来决定的；其次，社会信息是被分析过的，这意味着，个体最初所获得的解释有可能被调节、改变、修正甚至拒绝；最后，社会信息是储存在记忆中的，可以被回忆或提取。

社会认知研究的主要内容包括个人层面和群体及人际层面（Brewer and Hewstone，2004）。个体层面：社会认知在个体层面可以说就是一个心理"过滤器"，每个人通过这个过滤器去主观地表征和记忆客观事件和经验。群体及人际层面：社会认知不仅仅局限于对个体行为的理解，也可以拓展到人际关系、群体过程和群际行为，即个体认知、人际关系和社会群体会影响其在具体关系中、特殊社会群体或全体成员面前的行为。

（二）社会认知理论的主要内容

社会认知理论起源于 Bruner 和 Postman（1949）的研究，美国心理学家Bandura（1977）在社会学习理论与行为主义理论的基础上提出了社会认知理论。社会认知理论的基本出发点是，人类活动是由行为、认知及其他特征、所处外部环境这三种因素交互决定的（熊家阔等，2022）。其中，个体的认知受到外部环境的影响，但是这种影响也会因个体的其他特征而产生差异，即外部环境与个体的其他特征产生交互作用，共同影响个体的认知。传统的社会认知理论基于个体主义的方法论，以"计算-表征"为研究范式，主张个体主要依赖大脑内部的读心机制来建构关于他人的心智模型（何静，2021）。此外，社会认知理论在承认个体具有主观能动性的基础上，从个体认知出发系统地揭示个体行为的产生过程（Bandura，1999）。

社会认知理论主要涵盖三元交互决定论、观察学习和自我效能三个方面（Bandura，1999）。三元交互决定论打破了传统行为主义，显示出认知心理学的特征，它强调认知因素在个体行为中所起到的作用，认为人们的个体因素、行为与环境因素持续地相互联系和相互作用，三者彼此之间存在相互作用关系（殷融，2022）。Bandura（1999）从主体因素、行为和环境"三元交互"的视角来解释人类行为和机能，这与行为主义秉持的"刺激-反应"模式有根本区别。

　　观察学习也是社会认知理论的重要组成部分。观察学习是在观察者接触示范事件的过程之中，通过认知加工而发生的学习现象，本质上是一个信息加工的认知过程（杨嵩，2021）。Bandura（1999）将这个过程划分为注意过程、保持过程、动作再现过程和动机过程四个子过程。其中，注意过程是观察者只有在唤醒或自觉的注意状态下，全神贯注于某示范事件的过程，才有可能受到事件的影响，进而发生观察学习的可能，这个过程即为注意过程；保持过程是在观察学习之中，观察者采集示范者的行为信息，以某种信息形式将其储存在大脑之中，以便于后续指导操作的过程；动作再现过程是在前期观察与信息存储的基础上，观察者将大脑中所存储的符号信息再次转变成物理形式，并外显为实践活动的过程；动机过程是在特定情境下，由于某种诱因的作用使观察者的示范行为予以显现的过程。行为的获得是观察者的认知过程，而行为的表现则是观察者的动机过程。

　　自我效能感由 Bandura（1977）提出，他认为个体的自我效能感指个体对自身与所处环境之间相互作用的自我判断。Bandura（2015）发展了自我效能感的概念，将自我效能感定义为个体对自我的主观评价，是一种组织成员通过内在激励提高主动性、努力完成任务的信念。自我效能感的提出是社会认知理论的主要贡献之一（吕霄等，2020），它反映个体对掌控自身行为的能力认知（Bandura，2001），受到个体特征及外部环境的影响（Gist and Mitchell，1992）。个体以往的成功经验、自身生理和情感状态、观察他人经历以及他人劝说是影响自我效能感的前置因素。自我效能感随着个体知识、技能及经验的提升而增加（王石磊和彭正龙，2013）。自我效能感通过个体认知、动机、情感和决策过程影响个体行为（Bandura，2012）。个体的自我效能感越高，其越乐意迎接挑战，即使在遇到挫折的时候也会迎难而上（Bandura，2012）。

　　综上可以看出，个体根据其自身直觉与思维形成认知结构框架，并借此来识别和判断自己与他人心理和行为。其所采取的行为方式也是基于其最终的判断结果，这体现出个体认知过程与行为之间的因果逻辑，也将个体的行为与内外部因素联系在一起，形成了对个体社会行为的解释。

三、组织学习理论

　　在当前竞争激烈的时代，人们已经进入了知识型世界，学习成了人们生活的关键部分。对于企业而言，在不确定的环境下组织学习显得尤为重要。组织学习被视为企业在不确定的技术和市场环境中寻求、保持和提高竞争能力、生产率和创新能力的重要手段（Dodgson，1993）。Cyert 和 March（1963）最早提出组织学习的概念，认为组织学习是一种以经验为基础的适应过程。随后，Cangelosi 和 Dill（1965）正式对组织学习的概念进行了界定，并首次开展组织学习的实证研究，从此组织学习开始受到理论界的重视。

(一)组织学习理论的起源

组织学习理论是一个方兴未艾的领域,早期理论研究主要集中于理论体系框架的探讨和规范(郭小兵等,2003)。在早期研究中,学习是个体行为,暂时或永久性改变个体的认知或行为(谭凌峰,2016)。随着管理研究的深入,越来越多的学者开始关注组织中是否也存在学习行为、它与个体行为有什么差异。组织学习的概念最早由 Cyert 和 March(1963)提出,直到 Argyris 和 Schon(1978)对组织学习进行全面阐述与说明后,组织学习才开始得到大量的关注。

(二)组织学习理论的主要内容

早期对学习行为的研究主要侧重于对个体学习行为的研究,现有研究大多区分个体学习与组织学习,然后阐明两者间的关系(谭凌峰,2016)。组织学习是一种组织行为,它与个体学习存在以下联系:首先,个人学习是组织学习的基础,要提升组织学习能力,首先必须提升组织中每一个成员的学习能力;其次,组织学习的成效并非组织中个人学习成效的加总,它可以远远超越个人学习成效加总的效果,但也可能大大低于后者,因而组织管理及协同在组织学习中扮演重要角色;最后,组织学习包括个人、团队、组织和组织间学习等多种类型,但它更注重组织层面的学习(王伟,2005)。

因此,尽管学习理论最早针对个体,但组织也存在学习行为,个体作为组织成员,其学习行为是组织学习发生的重要保障与前提,但组织学习又不同于个体学习行为的简单累积,它是建立于个体学习行为基础上的集体行为(谭凌峰,2016)。

1. 组织学习理论的内涵

不同研究由于探讨领域的差异,对组织学习本质的认识也会因分析视角、研究情景的差异而有所区别。目前国内外学者对组织学习概念的理解在本质上基本是一致的,但也存在着表述上的差异性。通过梳理组织学习的相关研究发现,有关组织学习概念的论述,事实上从不同侧面、不同层次、或多或少、或深或浅地触及组织学习多方面的本质属性,其中较为集中的是以下这些观点:①组织学习是一种活动。所谓活动一般是指为达到某种目的而采取的行动,它是一种由主体积极主动参与的运动形式。②组织学习是一种过程。过程是指事情进行或事物发展所经过的程序。这种定义方式强调组织学习是一个较为长期的发展历程,它有一系列有效的活动程序,不是一蹴而就的。③组织学习是一种系统。组织学习往往要受到组织的结构、流程、文化和技术等子系统的制约。也就是说,要更好地推动组织学习的进行,必须从上述各个方面全面地对组织进行变革,从而为组织创造一个有利于成员学习的内部环境。④组织学习是一种能力。能力一般指顺利完成某项活动的主观条件。⑤组织学习是一种结果，是事物发展所达到的最后状态(王伟，2005)。

综上所述，目前对组织学习的研究主要将组织学习定义为活动、过程、系统、能力和结果。具体而言，不同学者基于不同视角对组织学习定义，但仍然有一些观点具有代表性，得到后续研究的广泛引用和支持。例如，March(1991)认为组织学习包括利用性学习和探索性学习两种维度类型，前者强调"经验、提炼、效率、选择"等，表现为组织对现有知识、技巧、技术与能力等的进一步提炼和逐步完善；后者强调的是"尝试，冒险与创新"，具体表现为组织对新信息、新知识、新技术与新技巧等的探寻和发现。Senge(1994)认为组织学习是为了达到目标，成员间持续提升自身能力的过程。郭小兵等(2003)认为组织学习是一个持续演进的过程，这一过程会导致知识改进和扩张，这些知识只有在参与成员中相互交换和被大家所接受时，才能被称为组织的知识。王伟(2005)认为组织学习是一个通过获取和应用知识而获得组织行为的持续改进的过程。叶传盛和陈传明(2019)认为组织学习的核心是创造和利用知识，与环境互动紧密，是组织适应环境的一种行为机制，也与竞争优势密切相关，是组织核心竞争力的关键资源。李梅和陈鹿(2021)指出组织学习是企业获取、消化和应用外部新知识的过程。

2. 组织学习理论内涵分析的不同视角

通过对相关定义的梳理可以看出，尽管对组织学习的定义很多，视角也各不相同，但组织学习仍然有以下共同点。

(1)组织学习具有层级性，分为个体学习、团体学习以及组织学习三个层次，这三个学习层次间可以传递知识。例如，Sherman 和 Torbert(2000)强调，个体层面行为的整合可以协调组织层面的各项活动，最终帮助企业建立组织能力。Senge(1994)提出，当个体对学习有一致认同感时，会形成学习的共同体，将影响组织的创新能力以及沟通效率。王伟(2005)指出，组织学习的基本过程在组织特定结构与关系中的个人之间发生，因此组织学习的过程远比个人的学习过程复杂。组织不只是被动地接受个人学习的影响，它还可以主动地影响其成员的学习(谭凌峰，2016)。

(2)组织学习是一系列活动的集合，是一个过程。Huber(1991)提出组织学习由知识获取、信息交流、信息解释、组织记忆四个过程构成。Nevis 等(1995)认为组织学习包括知识获取、知识共享及知识应用三个步骤。王伟(2005)认为组织学习是一种在由组织制度形成的社会关系中进行学习的社会过程，它是一个包含学习和组织两个概念的隐喻，它俨然是一个能够学习、处理信息、反思经历，拥有大量知识、技能和专长的主体。

(3)组织学习是企业与经营环境之间的互动过程。不同的环境以及不同的组织现状对学习内容以及学习方式提出不一样的要求。在组织层面上，组织文化、组织结构、组织领导、组织战略等都会对组织学习产生一定影响。因此，组织学习的适应性显得非常重要，这就要求组织主动构建好的环境以匹配组织的学习需求。

四、社会交换理论

社会交换理论(social exchange theory，SET)是用来解释人的社会性行为的，与其他行为理论不同，社会交换理论的主要特点在于分析两个主体或多个主体相互之间的行为互动，表象体现为行为的交换性，这种交换包括情感、报酬、资源、公正性等(冯小东，2014)。社会交换理论由美国社会学家霍曼斯(Homans)于1958年提出，他认为人类的一切行为都受到某种能带来奖励和报酬的交换活动的支配。在此之后，布劳(Blau，1968)对社会交换理论进行了修改和补充，从社会结构视角出发进一步发展了该理论。社会交换理论自提出以来发展已经较为成熟，其研究和应用已涉及社会的很多领域(王文韬等，2020)，它用经济学、社会学和心理学的理论从微观角度研究人类行为(Homans，1958)。社会交换理论是在巴甫洛夫(Pavlov)的条件反射理论和斯金纳(Skinner)的操作反射理论基础上发展起来的，主要的代表理论包括以下三个。

(一)Homans 的社会交换理论

Homans(1961)认为社会学的主要研究对象是人，而非社会角色或社会结构。他指出社会学中的制度、组织以及社会都可以认为是人的行动，经济理性中的利己主义、趋利避害是人类行为的基本原则，因此人与人之间的互动本质上是一种交换过程，这种交换既包含物质性资源也包含非物质性资源。

Homans(1961)还将人际交换行为的原理用命题形式予以论述，这些命题包括：①成功命题。某人的行动越是能够经常得到酬赏，他就越有可能进行这种行动。②刺激命题。如果以前某一特定或一系列刺激的出现都使某人得到酬赏，则目前的刺激与该刺激越相似，他就越有可能采取这种行动或相似的行动。③价值命题。对个体来说，其行动的结果越有价值，他就越有可能采取这项行动。④剥夺与满足命题。某人最近越是经常得到一种特定的酬赏，则对他而言，这种酬赏的增加就越没有价值。⑤攻击与赞同命题。当一个人的行为没有得到所期待的酬赏，或者得到意料之外的惩罚时，他就会非常愤怒并有可能做出攻击性行为，而这种行为的结果对他就更有价值；当一个人的行为得到了预期的酬赏，或者没有得到预期的惩罚时，他就会很高兴，并更有可能认可他人，这种结果对他更有价值。⑥理性命题。在两种行动之间进行选择时，人们会根据当时的认识，选择那种随着获利可能性的增强，其结果的总价值也会增大的行为。⑦公平原则。这是社会交换的基本原则。人们在社会交换中，都要对成本与报酬、投资与利润的具体分配比例做出判断，或者说要算计成本与报酬的比率，都希望得到的报酬或利润与付出的成本或投资成正比，谁也不会自愿地、长久地进行"赔本"交换。

(二)Blau 的社会交换理论

社会交换理论指出，当雇主关心、照顾员工时，员工会以更加积极的工作态度和工作行为报答组织(Blau，1968)，这种产生义务感的互动使得员工与组织之间形成社会交换关系(Cropanzano et al.，2001)。美国社会学家 Blau(1968)对 Homans 的研究进行了突破，一是从研究交换中的个体转向研究交换的双方，二是研究不满足公平原则的交换活动。

Blau(1968)认为，社会交换是指人们期望从别人那里得到回报并且确实也从别人那里得到了回报所激励的自愿行动。因此，社会交换基于交换双方的共同利益，是一种期待回报与获得回报的行为。社会交换过程中需遵循一些原则，其中最主要的是互惠原则和理性原则。互惠原则是指在交换过程中，接受报酬的一方需履行回报义务，若互惠规范被破坏，交换行为就会停止。也就是说，在组织生活中人与人的交往本质上是一系列基于"互惠原则"的交换(Cropanzano and Mitchell，2005)。这意味着，当一方提供另一方需要的资源时，另一方会投桃报李地提供对方需要的资源(邹文篪等，2012)；当一方资源受到损害的时候，其会通过报复对方来达到平衡(王琼等，2021)。在回报的时候，互惠原则表现在三个方面：①回报具有及时性，即在某段可以测量的时间内，被帮助者应当完成回报；②回报具有等同性，即回报与给予具有等价性；③回报的物品或者服务必须具有保障性，确保能够实现这种社会交换(杨帆和曾艳春，2019)。

此外，Blau(1968)从微观到宏观层次系统性论述了社会交换的形成、发展过程及其影响，试图说明社会交换是如何从人际关系的日常互动演变为支配社会复杂结构的过程。他将这种过程大致分为"吸引—交换—竞争—分化"四个阶段，指出人们参与社会交换是利益与报酬的吸引，然而交换过程中随着报酬的增加，行动者之间充满竞争，在竞争中有些人逐渐积累起比其他人价值更大的资源，并占据了较高地位，可以自由选择交换对象。其他缺乏资源的成员则处于较低地位，当社会地位差别较大的双方进行交换时，交换中的一方会以依从作为回报形式，另一方则从交换中获得了权力等级，因此交换结构的分化导致了权力的分化，最终导致社会的分化(吴川徽等，2020)。

(三)埃默森(Emerson)的社会交换理论

20 世纪 60 年代，美国社会学家 Emerson 寻求基本交换过程，探讨个人与集体之间的各种交换能否以同样的原则来理解(Emerson，1962)。Emerson(1981)指出，社会交换过程可以分为交易交换和生产性交换。交易交换强调双方的交易关系，取决于交易时双方所处的地位和能力。生产性交换是指双方进行合作，在合作过程中产生利益。只有在充分合作的情况下才能取得双赢，任何一方都不可能在损害对方利益的情况下获得单方面收益，因而社会交换过程具有高度的风险和不确定性。

社会交换的本质是能够产生回报责任的社会行为之间互动(Emerson，1976)，其理论目标是要寻找有助于说明特定的交换关系模式的规律，与 Homans 的观点相比，Emerson 的研究工作所要解释的是社会结构，研究基础是个人的行为倾向。Emerson 强调交换关系的结构，而不是行动者的特征，因此交换关系中的依赖、权力和平衡就成为交换关系的核心概念。Emerson 研究框架中的主要问题就是交换关系中的依赖、权力和平衡如何有效解释复杂社会模式的运行。同时，Emerson 的研究中行动者既可以是个人也可以是集体。同一交换过程可以应用于个体，也可应用于集体，因此消除了很多社会学理论概括中微观与宏观相分裂的问题。当注意力从行动者的品质转向行动者交换关系的形式时，社会交换就是可能的(冯小东，2014)。

因此，Emerson 的理论重点由行动者的价值观及其他认知特性转为交换关系的结构，他把资源在交换者之间的流动作为已知项加以接受，于是理论的关注点就在于交换关系的结构特性，以及现存交换关系结构形式的维持过程或变迁过程。

五、社会资本理论

社会资本理论(social capital theory)是在经济学的资本概念基础上演化而来的。在社会学领域，首次提出社会资本概念的是法国社会学家布迪厄(Bourdieu)。而真正使社会资本理论受到关注并成为学术界讨论热点和前沿问题的是哈佛大学教授帕特南(Putnam)。Putnam(1993)认为社会资本是"社会组织的某种特征，诸如信任、规范和网络，它们为了促进共同利益而进行协同合作、降低交易成本，通过协调社会互动提高社会效率。"

当然，社会资本理论的核心思想是社会关系可以成为有用的资源，这种资源既有显性的存在，也有隐性的存在，与个体社会地位及社会关系有关。Bourdieu(1992)把社会资本定义为"实际或潜在资源的集合，这些资源与相互默认或承认的关系所组成的持久网络有关"。可见，社会资本作为一种关系型资源，建立在个体与个体、个体与组织、组织与组织的互动关系之中(陶成武等，2020)。自 Putnam 的研究之后，社会学、经济学、政治学、管理学乃至历史学等诸多学科开始对社会资本进行广泛讨论，使其成为人类社会试图走出发展困境，找到探索治理之道的一种具有高度概括力的理论解释范式(王磊，2021)。

Burt(1995)指出，社会资本主要涵盖结构资本、认知资本与关系资本。其中，结构资本指社会关系中成员社会互动产生的结构联系，强调成员间联系的模式。认知资本是指人们共享的语言、规则以及陈述方式(Robert et al.，2008；Sun et al.，2012)。共享语言是一种重要的认知资本，是指人们在沟通过程中使用的术语、沟通方式以及叙事形式等(Sun et al.，2012)。关系资本指社会内部网络关系中的资产，如信任、互惠、尊重等(Ali-Hassan et al.，2015)。也有研究认为社会资本可以包括经济资本、文化资本和社交资本，而且三种类型的资本间是可以相互转化的(闫小红，2020)。Chow 和 Chan(2008)对社会资本维度的划分观点则强调，可以从结构维度、关系维度和认知维度对社会资本进行划分。

统观国内外研究，对社会资本的界定主要有四种典型的视角：关系及关系网络说、资源说、能力说和社会结构特征说(孙丽军和石磊，2003)。尽管不同研究对社会资本的界定存在差异，但其基本的内涵和指向大体是一致的，即把社会资本定义为一种与物质资本、人力资本相区别的，嵌入于社会结构中的，以信任、规范、契约、团结、价值观或准则为主要特征的，能够在有目的的行动中获取或动员的结构性资源，是一种潜在的、普遍主义的、公益性的、具有正外部效应的资本形态(付宜强，2018)。

第二节　创业团队研究综述

本节从企业与团队两个层面，对新创企业及创业团队的相关文献进行梳理，掌握创业团队研究的基本现状，明确关键概念的核心内涵，为创业团队交互记忆系统的后续理论探讨和实证研究提供方向指引和文献基础。

一、新创企业的发展研究

随着各地创业热情的不断高涨，新创企业也如同雨后春笋般涌现。新创企业是创业者利用创业机会通过整合资源所创建的一个新的具有法人资格的实体，它能够提供产品或服务，以获利和成长为目标，并能创造价值。然而，新创企业面临着资源和能力的约束，很多创业者试图通过挖掘创业机会来开展创业活动，不幸的是，很多尝试以失败告终。因此，在"创新创业"成为中国社会经济热潮后，理解新创企业的发展、特点以及所面临的风险对新创企业发展至关重要。

(一)新创企业的特点

新创企业是处于发展早期阶段的企业。全球创业观察(global entrepreneurship monitor，GEM)报告中的新创企业指成立时间在 42 个月以内的企业。通常这类企业成立时间不长，处于创立期或成长期。新创企业在最初几年一般利润较低，增长较慢。下一阶段利润迅速上升，随后企业利润和增长速度开始趋于稳定。此后的公司情况有赖于企业维持销售水平的能力，并开始新一轮的循环。新创企业的特点主要体现在以下几个方面。

(1)新创企业是成熟企业的一个必经阶段。新创企业处于企业商业模式的摸索阶段，在此阶段中我们着重探讨的是可持续发展的商业模式。一个新创企业无论在融资还是企业文化或是企业发展愿景等方面，经常会被领导者所影响或改变。新创企业的摸索阶段决定了企业以后的发展前景。

(2)新创企业内部的管理模式一般不够成熟，无论是内部部门的设立还是职位的分配，都存在这样或是那样的不均衡。对于一个健康的企业管理阶层，要形成自己独特的内部管理模式，并且这个模式是不可复制、不可模仿的。比如新创企业初期对于员工绩效方面的问题不会考虑太多，多数是按劳按职位来分配。而当企业具备一定的规模后，就要形成一套内部的绩效管理流程，这有助于提高员工的积极性与专注度。

(3)对新创企业而言，一般没有固定流程管理时效与管理分工节点说明，也很少有企业手册出现。这些都是成熟企业经过不断的探索得出来的，企业是否有一套合理的、成熟的管理流程是衡量企业是否成功的一个关键因素。

(二)新创企业的发展

对于新创企业，前行路上步步惊险，有生死存亡的压力，有竞争对手的压力，有员工团队的压力，还有自身能力的局限，只有持续地更新，与时俱进，持续地提升自己方能在竞争中立于不败之地。

无论是大型办公室的研究助理，还是复杂医疗过程中的声控小助手，人工智能(artificial intelligence，AI)都在融进我们的生活，并且能够实现科技的生态融合。AI会成为我们解决重大问题的绝佳帮手。近年来，新创企业正在着手将人工智能提升到一个新高度，他们运筹帷幄，推动了整个科技领域的生态发展，而人工智能为新创企业开辟了新道路。例如，有新创企业使用ROSS人工智能平台，开发出了一个全自动化的人工智能律师，可以为各大律师事务所提供许多法律研究文件，该新创企业也最终凭此成功地吸引了许多客户。

据Bloomberg平台统计报道，2014年新创企业在人工智能方面的投资超过了3亿美元。截至2020年，人工智能已具有200亿美元的商业价值，包括跨平台搜索、语音助手和自动化支持。Gartner平台则预计新创企业85%的客户服务类的工作将由机器取代。当人们开始观察从人工智能行业衍生出来的这些颠覆性科技的时候，就会发现这些惊人的科技将会以一种全新的集中的方式从某些小众平台中诞生。新创企业有可能会超越大型企业占领AI市场。例如，新创企业给予保险公司一定的技术支持，从而让保险公司在条款制定上更加积极主动。如果该科技可以用来优化速率，那么AI会计和其他金融服务也毫无疑问将会被积极采用。目前，即使是食品供应链也要通过人工智能来管理。在美国有接近40%的食物被浪费了，而新创企业可以利用人工智能预测技术，为其提供一个终端对终端的食品方案。

同样，新创企业也给农业带来很多的影响。比如"生菜机器人"，它是由某个新创企业研发的一款能够除杂草的人工智能程序，有了它，不再需要用除草剂喷满整个区域，该机器可以先识别出杂草的生长位置，然后再精确地铲除。比起手动除草，这不仅仅节省了时间，同样也增加了作物产量。通过使用该技术，农民们不必再为了弥补杂草造成的生菜产量低而过度播种了。可见，人工智能为新创企业的发展做出了很大的贡献。

(三)新创企业的财务风险

大量新创企业的产生，为我国社会经济活动注入了源源不断的活力。然而，许多新创企业在创立以后却面临巨大的生存困境。由腾讯研究院等提供大数据支持的《2017中国创新创业报告》显示，2017年约有100万家中小企业倒闭，平均每分钟就有2家企业倒闭，其中，经营时间最长的为19年(搜狐社区)，最短的仅为2个月(优库速购)。通过对150家"死亡"样本企业的统计表明，成立时间在6年以内(2012年以后成立)的新创企业"死亡"比例高达82.67%。由此可见，如今正处在一个全球创业的兴盛时代，但是机遇中暗藏风险。新创企业面临的风险主要是财务风险，体现在以下几个方面。

1. 财务控制被忽视

许多新创企业经营管理者习惯于根据自己的喜好来制定财务控制制度，且无法形成稳定的制度，经常更换财务管理规则，因此企业的财务管理比较随意和盲目。据研究者调查，新创企业财务控制制度不健全，没有形成完善的财务清查收支审批制度和成本核算制度，虽然建立了几项财务控制制度，但流于形式，在实际工作中并未得到执行。众多的新创企业忽视财务控制，没有认真执行账实、账证和账账核对等会计核算流程，从而导致会计资料不真、不可靠，使得管理者无法真正把握企业的资金流向。

2. 银行贷款成本高

由于许多新创企业的财务管理制度与财务报告制度不完善，审计部门无法得到真实的财务报表，经营业绩不好，财务资料不完整、不准确，因此银行不容易收集到借款企业完整而准确的财务信息，或者需要消耗更大的成本去收集、鉴别企业的财务信息。银行审查新创企业财务信息面临很大的难度，使得银行借贷风险较大，同时管理新创企业贷款的成本也会相对增加。银行缺乏足够信息去评估新创企业能否成功地发展下去，因此许多银行不愿意为新创小企业提供贷款。另外，大多数新创企业将与成熟企业竞争，将面临巨大的经营风险，被市场竞争所淘汰的概率比较大，银行融资面临的风险也会增大，获得的投资回报不高，同时新创企业也不能依照银行的规定提供相关财务信息，从而导致银行无法承受新创企业的信贷。

3. 财务风险管理缺乏

由于创业环境不明朗、管理者经验不足、企业员工对工作不熟悉、投资者能力不强等一系列因素，使得新创企业将面临各种风险。其中最大的风险是财务风险，但是新创企业的管理者很少会事前科学估计和分析将要面临的财务风险，而是主要关注企业经营和生产，没有多少精力来检查财务管理工作，在资金管理、信息获得、资源控制、管理能力等方面都存在缺陷。新创企业由于欠缺抵御风险的能力，无法成功规避各种风险，最终导致企业倒闭。

4. 流动资金不足

许多有经验的企业管理者都认为新创企业想生存与发展必须要有足够的现金。现金储备不足会对新创企业的盈利和偿债能力产生巨大的负面影响，进而破坏新创企业的市场信誉，使企业资金无法周转，甚至造成资不抵债而使企业破产。新创企业在其产品和服务在受到购买者们广泛认可并开始盈利之前，对现金的依赖程度大，此时新创企业保持足够的现金储备至关重要。因为新创企业的销售暂不稳定，企业无法持续盈利，而各项成本花费必须要支出，面临的风险又很多，此时企业如果出现资金短缺，又无法筹集资金保证企业正常运转，将会导致企业最终破产。然而许多新创企业的管理者对现金短缺而造成的风险不够重视，他们过分关注企业的销售增长和盈利状况，忽视企业的现金储备，盲目扩大规模而造成固定资产增加，使企业现金储备不足，缺乏资金预算。

5. 投融资决策不科学

很多新创企业的管理者片面地认为企业健康发展下去的关键在于充分利用机会扩大企业规模，只要将企业规模扩大，企业就能在激烈的市场竞争中脱颖而出。但是如果没有理性且科学的财务管理措施和避免风险的措施，企业就会面临巨大的财务风险甚至资金短缺，使企业破产的风险增大。在我国资本市场上，不是所有的企业都能够通过发行股票来进行集资和分担风险，新创企业无法满足股票发行的条件，因而无法公开向市场发行债券和股票来进行融资。目前我国许多新创企业的流动资金主要依靠银行贷款，但是由于新创企业的相关风险信息搜集困难，银行的贷款规则又比较严格，这增加了新创企业融资困难，同时也增加了新创企业财务风险。

(四) 新创企业创业管理的五个要求

德鲁克(Drucker)说，对于现有企业，创业管理的核心是创业；对于新创企业(new venture)而言，创业管理的核心则是管理。在现有企业中，管理的存在是创业的障碍；而在新创企业中，管理的不足是创业的主要障碍。

新创企业源自一个伟大的构想，可能有产品或服务，还有销售部门，可能有收入、成本和利润，但是如果它不是一个真正的"受管理的企业"，就不一定是一个真正的企业。因此，无论创业愿景有多宏大，不管市场有多大，如果新创企业不是"受管理的企业"，其存在都是暂时的，不可能持续生存下去。以下是对新创企业进行创业管理的五个要求。

1. 市场方面：以市场为中心

不以市场为中心是新创企业所存在的最典型和最严重的问题，会给企业成长带来永久性障碍。跨越不了这个障碍，新创企业走不到下一个阶段。因此，新创企业必须注意以下三点。

(1)将意料之外的成功视为机会。新创企业必须从这样的假设出发：自己的产品或服务可能在一个谁都没有想到的市场找到顾客，具有一个谁都没有想到的用途，销售给一些闻所未闻的顾客。

(2)产品或服务不是由新创企业自身定义的，而是由顾客定义的，要不断质疑产品或服务，给顾客提供效用和价值。不断审视顾客是谁、顾客在哪、顾客看重的价值是什么、非顾客的需求是什么。

(3)创业者要把主要精力放在企业的外部，直接去倾听、接触顾客和市场，而不是按照企业的思路去猜测顾客的需求。

2. 财务方面：财务预见性尤其是现金流和所需资金的良好规划

对财务不重视以及财务政策不当是新创企业进入下一个成长阶段面临的重要威胁之一。目前，新创企业面临的财务问题主要体现在：①现金短缺；②难以筹集扩张所需资金；③成本、存货和应收账款失控。这三种财务问题有可能并发，任何一种财务问题都足以摧毁新创企业。因此，新创企业要想应对以上财务问题，必须做好财务规划。

(1)创始人应关注现金流而不是关注利润。利润是平衡账簿的一项记录，不应该被新创企业首先关注，而应该是在维持新创企业生存和发展的前提下，再被关注。新创企业成长最需要的是收获更多的现金而不是收获更多的利润。新创企业的成长速度越快，越需要现金流的支持，而很多企业过于重视利润的快速增长，这往往会让企业遇到很多挑战和麻烦。因此，新创企业必须做好现金流分析、预测和管理，这对新创企业而言是非常重要的，而大多数新创企业却忽略了现金流分析与管理。

(2)资本结构优化。新创企业快速成长，私人资金通常满足不了企业的需要，必然需要企业扩大融资渠道，这就会引起原有的资本结构变化。有的新创企业尤其是互联网新商业模式的新创企业，引入了资本的杠杆，进行资源的整合，构建新的资源配置方式。最终导致不是资本绑架了新创企业，就是新创企业绑架了资本。

(3)构建适合的财务控制体系。无数的新创企业都一度拥有出色的产品、有利的市场地位、美好的成长前景，可是突然之间失控——应收账款、存货、制造成本、管理费用、服务、分销成本等，问题不是成堆的，而是成系统方式呈现的。

3. 高管团队——领导事业的核心力量

创建高管团队是新创企业进行创业管理最重要的一步。很多新创企业成功地拥有市场、产品、技术，拥有完善的财务结构和财务体系，但仍然会面临没有合格高管团队的危机。合格的高管团队需要提前培育，而创始人承担着培育合格高管团队的责任，内容包括创始人的个人权威、制度理性权威。创始人不仅要学会成为一个团队很好的领导者，也要学会培育合格的高管团队，这就需要做到以下几点。

(1)确定关键活动。新创企业必须确定企业活动的关键领域，有的是顾客服务，有的是运营，有的是人力管理和资金管理，这些都是新创企业确定关键活动需要着重考虑的方面。

(2)确定高管团队的长处。创始人在反思自己的长处时，也要接受外部的独立意见，在这个过程中一定要确定什么是企业客观需要的。随着时间的推移，逐步将自身长处以"传帮带"的形式，传递给后继高管团队，以便让这种长处给组织带来价值。

(3)分配关键活动给有相应长处的高管并作为其首要职责。这是新创企业所面临的最大挑战，因为创始人大都还没有意识到"后退"，所以大部分企业都是因创始人成功而成功，因创始人退休而衰落。每一项关键活动必须由一个优秀的关键人物来负责，创始人也是根据其长处负责相应的关键活动，而不是事事必须得到创始人的"认可和确定"。当然，创始人一直要对企业经营活动的结果负主要责任。因此，培育高管团队是新创企业成长的关键，也是新创企业面临的挑战之一。

(4)为每项关键活动设定目标和目标值。每项关键活动的负责人都必须回答几个问题：企业对你有什么期望？应该让你对什么负责？你要努力完成的任务是什么？完成期限是多久？只有确定了这些目标，新创企业经营活动才会有序进行。

4. 创始人工作范围、职责、角色的定位和改变

随着新创企业规模的不断扩大及其组织结构复杂性增加，创始人的角色及其关系必然会发生变化，如果创始人拒绝接受这一现象，就会妨碍新创企业成长。当前大多数新创企业创始人未能正确对待自己的角色变化，阻碍了新创企业后继接班人团队的培育，进而成为影响新创企业后续发展的最大原因之一。创始人通常思考的问题是"我想做的事情是什么"或"我适合哪个位置"，而这对于新创企业而言并不是正确的问题。正确的问题主要体现在以下几个方面。

（1）创始人一开始往往是做销售或技术的人员，就是因为比别人更早地抓住了机会，做出了满足一个细分市场需要的产品。随着新创企业规模和复杂性的增加，创始人不能兼顾大量的管理事项时，必须要思考一个问题：管理企业的客观需要是什么？

（2）在思考和回答了第一个问题后，创始人进行反思，思考"我的长处是什么？有哪些资源我能提供且能够出色地提供？"等问题。

（3）在思考了以上两个问题后，创始人必须接着思考"我真正想做的事情是什么？应该做的事情是什么？我愿意花费毕生精力的事情是什么？这是企业真正需要的吗？这是不可缺少的贡献吗？"等问题。

综上所述，企业需要什么？创始人擅长什么？创始人真正想做的事情是什么？回答出这三个问题，创始人就能针对自己的职责、角色重新定位和调整。如宝丽来的创始人在企业创业成功后，回归科学研究而离开高管团队；麦当劳创始人克罗克（Kroc）担任"营销良知"的角色，而把日常管理交给高管团队。"创始人属于什么地方"这个问题，只要新创企业开始看到成功迹象，创始人自己就应该坦然面对且考虑清楚。如本田公司的创始人本田宗一郎在二战后决定创办一家小公司，但是一直按兵不动，直到碰到擅长管理、财务和分销的合作伙伴藤泽武夫才开始创业，因为本田一开始就把自己定位在工程和技术领域。

5. 外部独立建议

针对新创企业外部独立的需要，本研究提出以下建议：

（1）新创企业的创业者需要一个与其讨论基本决策，能给自己提出建议的人；

（2）能够质疑创始人对"企业的客观需要""创始人的长处"所做的判断；

（3）置身事外提出问题、评审决策，更加重要的是，不断推动新创企业具备满足长期生存的条件，即明确市场重点、提供财务规划以及创建高管团队。

新创企业苦于企业内部没有全方位的人才，可以采取"私董会"的形式，聘请了解本行业、信得过的顾问。新创企业只有把创业管理融入自己的政策和方法，才可能成长为一个大企业。

二、新创企业的相关研究

新创企业是指创业者利用商业机会通过整合资源所创建的一个新的具有法人资格的实体，它能够提供产品或服务，以获利和成长为目标，并能创造价值。新创企业是处于发展早期阶段的企业。随着学者们对新创企业议题的研究，宏观层面的研究主要围绕新创企业区位选择、时空分异、区域经济发展、双重劣势、制度拼凑和合法性等方面展开（苏郁锋等，2020；陈肖飞等，2021）；同时，在微观层面，新创企业研究主要围绕创业绩效、新创企业成长以及新创企业数字化转型等方面进行探讨(刘刚和孔文彬，2021；李翔龙等，2021；潘宏亮，2021)。当然，学者们对新创企业的研究主要集中于微观层面，具体体现在以下几个方面。

(一)新创企业绩效的研究

在新创企业绩效研究方面，实践界和理论界大多从新创企业财务绩效、非财务绩效、资金绩效、人才绩效、创新绩效、顾客绩效和成长绩效等方面入手(王海花等，2020；王钰等，2021；张秀娥和张坤，2021)。大多数研究集中在新创企业绩效的提升路径上，主要研究观点包括以下方面。

王钰等(2021)指出，尽管知识产权保护对新创企业创新绩效具有抑制作用，但独立董事社会网络关系能够显著削弱这种负向影响；进一步验证了独立董事社会网络能够作为一种有效的调节治理机制，缓解知识产权保护的负外部性效应。张秀娥和张坤(2021)从吸收能力的视角，基于战略导向—企业能力—绩效的逻辑关系，探索学习导向对新创企业绩效的作用机制。王海花等(2020)从创业生态系统视角出发，探讨众创空间创业环境对新创企业绩效(资金绩效、人才绩效、创新绩效)的影响机制，强调众创空间是支持创新创业的重要载体，众创空间的创业环境是影响新创企业绩效的重要因素。

李巍等(2021)的研究中提到，市场探索与开发是新创企业有效响应现实与潜在市场的组织行为，但二者联结机理及其对创业绩效(投资绩效、顾客绩效、成长绩效)的影响研究还有待深化。在引入效率型与新颖型商业模式创新的基础上，探索新创企业市场双元驱动创业绩效的作用机制。刘刚和孔文彬(2021)通过整合价值创造的资源基础观和外部网络理论，将商业模式执行分为以内部资源协调为基础的执行和以外部网络协调为基础的执行，研究了环境动态性下的商业模式执行与新创企业绩效的关系，结果表明：环境动态性越高，以内部资源协调为基础的商业模式执行产生的创业绩效越低，而以外部网络协调为基础的商业模式执行产生的创业绩效越高。研究结论为快速多变环境下新创企业利用商业模式执行以获得可持续的绩效优势提供了新的解释及启示。

(二)新创企业成长的研究

随着一批批掌握新技术、新工具的新生代创业者登上商业舞台，以及创业投资机构和创业环境的日益成熟，营造了一个生机勃勃、充满活力的创业生态。新创企业的成长在创业生态的良好发展方面扮演着重要角色。因此，大量研究着力探讨何种因素如何影响新创企业成长，重要的研究观点如下。

李翔龙等(2021)对军民融合的研究中指出，军民融合新创企业是推动我国国防建设和社会经济融合发展的重要力量，军民融合社会关系网络具有丰富的异质性资源，可以有效促进军民融合新创企业成长。王国红和黄昊(2021)以资源编排为视角，运用扎根分析深入探究科技新创企业在协同价值创造中实现成长的内在机理。科技新创企业成长需要以资源编排为基础，资源构建、资源转化与资源协调所激发出的传递效应、组合效应与匹配效应构成了束集效应的内涵，并成为驱动新创企业成长的关键环节。

张秀娥和张坤(2021)指出，随着创业活动在全国范围内的广泛开展，新创企业的成长面临诸多问题，许多新创企业在早期成长阶段便会夭折，因此探讨如何促进新创企业成长极为必要。研究发现：创业学习对新创企业成长具有正向影响，能够帮助新创企业在更新知识的基础上形成竞争优势，为新创企业成长奠定基础。新创企业要积极通过多种渠道进行创业学习，为识别创业机会和创新商业模式奠定基础，进而实现快速成长。徐放达和王增涛(2021)基于互联网新创企业的面板数据，考察高智力劳动力、知识扩散绩效对新创企业成长的影响机理时发现，高智力劳动力与知识扩散绩效对新创企业成长产生影响的同时，均存在显著的边际效益递减趋势。

(三)新创企业的合法性相关的研究

新创企业的成长问题是创业研究的重点之一。由于新创企业的先天性劣势使其"死亡"率远高于老企业，其中的一个重要原因就是缺乏组织的合法性。合法性来源于社会化的制度结构，是一种能够帮助新创企业接近和动员所需其他资源的资源。新创企业要想快速地成长，就必须拥有足够数量的资源；要想拥有所需的资源，就必须具备足够的合法性(曾楚宏等，2009)。现有新创企业合法性的研究大多基于新创企业合法性的门槛、新创企业合法的关系以及新创企业合法性如何获取。总体而言，新创企业合法性如何获取的研究相对较多。对新创企业合法性门槛、合法性的关系以及合法性如何获取的研究观点主要包括以下几个方面。

项国鹏等(2020)运用事件系统理论，以滴滴出行和 OfO 小黄车为例，从事件时空和强度的角度构建分析框架，研究新创企业合法性门槛跨越机制。研究发现，新创企业在合法化过程中存在多重合法性门槛；外部评价者身份的多样性和判断模式的转变，通过影响关键事件的强度引起合法性门槛的周期变化。同时，研究揭示了新创企业合法性门槛跨越机制，发现合法性门槛跨越机制具有迭起性，企业在一次次合法性门槛跨越中，实现合法性水平的动态积累与显著提升；关键事件的时间、空间、强度属性，充分显示了新创企业合法性门槛跨越机制的具体内容。

杨栩等(2020)基于外部组织场域视角，引入利益相关者关系嵌入性和利益相关者环保导向两个变量，分别作为中介变量和调节变量，构建了一个被调节的中介效应模型；从内部组织行为视角，引入资源拼凑作为调节变量，揭示了生态创新对新创企业合法性的作用机制。结果显示：生态创新对组织合法性产生显著影响；利益相关者关系嵌入性在生态创新与组织合法性之间起部分中介作用；利益相关者环保导向在生态创新与利益相关者关系嵌入性的关系中起正向调节作用，利益相关者环保导向还正向调节利益相关者关系嵌入性对生态创新与组织合法性关系的中介效应；资源拼凑正向调节生态创新与组织合法性的关系。

何霞和苏晓华（2015）指出，战略联盟是新创企业克服新生弱性、应对市场竞争与制度空缺并存的新兴经济环境、获取组织合法性的重要策略，同时探索式和开发式组织学习方式与新创企业战略联盟形式的匹配关系有助于新创企业获取组织合法性。林枫等（2017）梳理并比较了不同视角下新创企业合法性获取机制的基本观点，认为获取合法性是新创企业谋求生存与开展经营活动的重要前提。基于合法性获取理论，构建了新创企业合法性管理框架，以加深对新创企业以及组织如何实现合法性与获取资源的理解。

（四）新创企业发展阶段的研究

生命周期理论认为，企业的发展也会经过一系列的发展阶段（Reynolds and Miller，1992）。因此，只有认清企业当前所处的阶段，才能做出更精准的发展决策。新创企业一般是指处于发现商业机会、形成实体组织阶段的企业。李宏贵等（2017）将创立年限在 8 年以下的企业看作新创企业。在对新创企业的研究中，不同学者对新创企业阶段的划分拥有不一样的观点。Lewis（2003）提出了适合小企业的发展阶段划分方法，即形成阶段、生存阶段、成功阶段、起飞阶段、资源成熟阶段。蔡莉和朱秀梅（2005）将新创企业的发展阶段划分为孕育阶段、初创阶段和早期成长阶段。又因为在孕育时期企业还没有成立，企业成立阶段以及早期发展阶段成为新创企业研究的重点。Coviello（2006）认为创业机会识别阶段、机会开发阶段以及成长阶段是新创企业创业研究的重点，新创企业进入稳定期后，不再属于创业研究范畴。蔡莉和单标安（2010）提出，创业年龄低于 8 年的企业都属于新创企业的范畴，并提出新创企业发展三阶段，即创建阶段、存活阶段以及成长阶段。Littunen（2000）认为创业年限在 1～3 年的企业属于创建阶段，4～6 年处于生存阶段，7～8 年属于成长阶段。

然而，有学者认为单以年限来划分企业发展阶段已经不能适应现代企业的多样性。Greiner（1997）根据企业年龄等特征，将新创企业发展分为创建、存活、发展、扩张和成熟五个阶段。李宏贵等（2017）在 Greiner（1997）划分的基础上，将新创企业发展划分为创建阶段、生存阶段和成长阶段。在创建阶段，新创企业的主要任务是识别创业机会，将创意转化为新产品，尽可能用最小的投入获得最大的产出，研发出具有自身核心价值的产品或服务，成立新的企业，然后尽快进入市场，通过一系列细微的创新，不断更新，使新产品或服务得到市场认可；在生存阶段，新创企业的主要任务是对经过市场检验的产品或服务进行精准投放，实时了解客户需求，做到有的放矢，在市场中争得一隅之地，以最少的付出赢得最有价值的认知；在成长阶段，新创企业开始盈利，此时的主要任务是进一步巩固和提高市场地位，对产品缺陷和不良的客户服务体验采取零容忍策略，目标由销售导向转为利润导向，通过不断创新加强企业核心竞争力，促进企业长远发展。

三、创业团队的相关研究

(一)创业团队概念的研究

创业是当今社会经济发展的基础,是促进国家和区域发展的重要力量(Aldrich and Martinez，2007)。随着市场竞争日益激烈，新的科学技术开始不断涌现，创业领域中出现了团队创业新浪潮(吕途等，2020)。团队创业成为创业者开展创业活动的主要方式。资源基础理论认为，创业活动所需资源有限，创业团队成员具有不同的知识、技能和专长，更能高效整合成员间的知识，同时也能有效利用资源。因此，与个体创业者相比，创业团队更容易实现创业成功(程婷婷，2011)。

创业团队的概念是在团队概念的基础上发展起来的。Shonk(1982)较早把团队定义为两个或两个以上为完成共同任务而协调行动的个体所构成的群体。Quick(1992)则认为，团队最显著的特征就是其成员都能把实现团队的目标放在首位,团队成员都拥有各自的专业技能,并且能够相互沟通、支持和合作。Katzenbach 和 Smith(1993)认为，团队是才能互补，根据共同的目标设定绩效标准，依靠互相信任来完成目标的群体。这些团队概念都没有涉及创业要素。在团队概念的基础上，多位学者从不同角度对创业团队给出了自己的定义。

学术界首先对创业团队进行概念界定的是 Kamm 等(1990)，他们在研究新创企业有效性时提出了创业团队的概念，指出创业团队至少由两人参与，同时要投入必要资金；强调创业团队成员人数、新创企业类型、家庭成员的存在与否、促使新创企业存在的本质以及成员加入团队的时间等维度。Kamm 等(1990)对创业团队的概念界定得到了后续学者的广泛支持和认可。在此基础上，很多学者对创业团队的概念进行了延伸。例如，Vyakarnam 等(1999)从职能特征视角来定义创业团队，认为创业团队是新创企业创业初期，由两个及以上成员组成，通过团结协作和资金投资实现创业目标的团体。Schjoedt 和 Kraus(2009)指出，创业团队是由两个及以上对新创企业作出承诺，同时能从财务或其他方面获利的成员组成，是有共同追求的目标、对团队和企业负责的团队。这一概念从团队规模、目标、合作方式等方面对创业团队进行较为全面的界定，体现了创业团队同传统成熟企业的高管团队的差异(张银普等，2020)。

(二)创业团队异质性的研究

创业无疑是一国经济发展中最具活力的部分，而创业团队又是创业活动的基本载体，创业活动的复杂性决定了创业团队需具备多样化的知识、技能和关系网络，以便能克服自身"新生弱性"并在动态多变的环境中做出更优决策(任迎伟等，2019)。因此，随着团队创业成为主要创业形式，创业团队异质性对创业绩效的影响成为创业研究中的重要问题。

杨俊等(2010)整合社会认知学派与社会过程学派的研究框架，考察创业团队先前经验异质性与进入战略创新性的逻辑关系，并探索了团队冲突特征对该作用过程的影响。程江(2017)在对创业团队异质性进行综述的基础上，将创业绩效分为融资、创新和成长性三个方面，围绕创业团队异质性对三者的影响这一主题，对相关文献进行了梳理，分析了创业团队异质性影响创业绩效背后的理论逻辑，并指出未来研究应进一步深化对创业团队异质性的理解，重视创业团队区别于高管团队的特性以及由此产生的影响。李利和陈进(2020)的研究表明，创业团队年龄异质性对企业创新绩效无影响，而创业团队的行业经验、教育水平、职能背景对科技型企业创新绩效有积极作用，风险投资对创业团队异质性和科技型企业创新绩效之间的关系有积极的作用。

曾楚宏和李敏瑜(2022)借鉴"结构-行为-绩效"模型，构建"创业团队异质性-团队治理-创业绩效"的研究框架，从人力资本理论、交易费用理论视角对三者之间的作用机理进行探讨和检验。同时指出，在组建创业团队时要有意识地保持成员在知识技能、专业职能等经验方面的多样化和互补性，从而获得成长所需人力资本和社会资本。同时，需要在团队运作过程中采取与之相适应的治理模式，以制约由此产生的行为不一致甚至冲突，节约沟通协调成本，提高创业企业绩效。

(三)创业团队冲突的研究

创业团队成员在人口特征、教育背景、技能、经验、认知观念、价值观等方面存在差异。有效的冲突有助于创业绩效的提升，而过度的冲突或不当的冲突对创业团队的发展有可能造成致命的打击。因此，学者们基于不同的研究视角对创业团队冲突展开研究，主要的研究观点如下。

孙卫等(2014)将团队冲突管理与团队自省性引入创业研究领域，分析了国内107家科技型创业企业创业团队冲突管理、自省性与创业绩效的关系。研究表明，创业团队应更多地采用合作性冲突管理，避免回避性冲突管理对团队自省性的负面影响；同时，努力提高团队自省性水平，尤其是行动/调适的水平，这对提高创业绩效有重要的作用。吴静和周嘉南(2020)在对创业团队的冲突研究中指出，创始人之间的利益纷争是引发创业团队冲突的必要条件，而其主要来源于创始人之间的关系冲突即个体特质差异和情感问题，沟通和信任在关系冲突演化阶段起着关键的缓冲或加剧的作用。

孙继伟和邓莉华(2021)认为创业活动是输入部分，创业环境、创业团队冲突、冲突管理共同构成转化机制，创业失败是输出部分；构建了"输入-转化-输出"模型，在该理论模型框架下，深入挖掘创业团队冲突导致创业失败的演化路径，识别出创业活动"三阶段"和进行有效冲突管理的"两节点",提出防范控制权争夺、减少决策分歧等一系列针对性建议。傅慧等(2021)基于团队过程和创业团队关系治理的视角,运用自我决定理论,以191位团队创业者为研究对象,剖析创业团队认知冲突、情绪冲突对团队成员幸福感的影响,结果发现,认知冲突通过自我效能感的改善正向影响团队成员幸福感,情绪冲突负面影响团队成员的幸福感。

第三节　交互记忆系统研究综述

本节从交互记忆系统的起源,以及交互记忆系统的概念和内涵结构方面对交互记忆系统研究进行理论综述,并对相关研究进行总结和评价,以构建本研究的文献基础和理论基础,并为本研究形成具有创新性和前沿性的理论切入点。

一、交互记忆系统的缘起与内涵

认知心理学将人脑对信息进行编码、存储和检索的过程称为"记忆"(Lewis and Herndon,2011)。个体记忆是关于个人经历、人际关系、责任感和自我想象的内容,是自我身份构建的"关键资源"。作为一个开放的信息系统,个体记忆受很多环境因素的影响(尤其是人为因素)。因此,个体记忆所拥有的信息量不仅取决于自身信息容量,还包括能够获取的他人记忆系统中的信息;当个体理解他人的信息,并利用其发展和形成不同但互补的知识时,便构成交互记忆(Lewis,2003)。"交互记忆"概念首先是由Wegner(1987)通过观察个体利用他人知识的能力时提出的,并将其界定为"对来自不同知识领域的个体信息进行编码、储存、检索和交流的共享认知"。而后,也有学者在Wegner(1987)等的基础上界定"交互记忆"的概念,如Huang和Chen(2018)认为当个体了解团队中其他成员所具备的专长知识时,就会让最合适的专业人员去承担获取和检索相关专业知识的责任,这便是交互记忆。事实上,交互记忆的本质是一种"外援记忆",即个体通过各种外部援助来补充自身记忆容量,是对个体记忆的拓展和延伸(Bachrach and Mullins,2019)。

交互记忆强调的是个体层面的知识和记忆,是个体在追求自身效用最大化的前提下对知识的检索和获取,从而实现自身目标。当个体拥有交互记忆时,个体也就拥有了交互记忆能力,它可以帮助个体了解自己交际范围内的知识分布,从而获得他人所掌握的专业知识、技能和信息(Lewis and Herndon,2011)。但与交互记忆不同的是,交互记忆系统强调的是集体记忆。"交互记忆系统"概念是在

"交互记忆"的基础上提出的。交互记忆系统描述了团队层面成员如何积极地利用他们的交互记忆来编码、存储和检索信息，进而形成一个团队知识管理系统(李巍等，2020)。

　　"交互记忆系统"的概念最早是在实验室研究中被提出的，研究者观察到亲密的夫妻或二人组合可以通过交互记忆系统记起更多的单词(Jackson et al.，2003)。之后，交互记忆系统逐渐引起学术界和业界的关注，并在长期的人际关系基础上发展起来，用以解释个体利用外部援助拓展信息的实现机制，是团队层面的不同领域知识和信息进行共享的系统(Lewis，2003)。由此，交互记忆系统既是整合团队知识的重要机制(Bachrach et al.，2019)，又是协调团队成员认知的分工系统，它反映团队成员之间形成的、彼此依赖的，用以获取、存储、应用不同领域知识的合作分工体系(Huang and Chen，2018)。可见，交互记忆系统在团队知识编码、存储、协调和共享中扮演重要角色，对团队知识管理的发展有重要意义。对交互记忆系统概念的界定主要包括表 2-7 所示的观点。

表 2-7　交互记忆系统概念表

研究者(年份)	概念界定	理论视角
Wegner 等 (1985)	交互记忆系统是与个体间的沟通相结合的个体记忆系统的集合	团队认知视角
Wegner(1987)	交互记忆系统是团队中每个团队成员所拥有知识的总和，以及关于"谁知道什么"的集体意识	团队认知视角
Wegner 等 (1991)	交互记忆系统是编码、储存和检索信息的共享系统	团队行为视角
Wegner(1995)	交互记忆系统是相互联系的个体记忆系统及个体之间知识转移的网络	团队网络视角
Hollingshead (1998)	交互记忆系统是对来自不同领域的相关信息进行编码、储存和检索的合作性劳动分工	群体认知视角
Hollingshead (2001)	交互记忆系统是团队成员之间形成的用以编码、储存、检索和交流来自不同领域的信息的合作性认知分工系统	团队认知视角
Lewis(2003)	交互记忆系统指由两个及以上个体主动通过交互式记忆一起来存储、检索和交换信息的系统	团队认知视角
曲刚和李伯森 (2011)	交互记忆系统是软件团队知识转移的一种有效模式	团队知识转移视角
Zheng 和 Mai(2013)	交互记忆系统是一张关于团队成员中私人或隐性知识的地图，而其中有些知识是无法从外部获得的	社会认知理论
Dai 等(2017)	交互记忆系统是一个团队层面的认知机制，可以促进新创企业的发展	知识和认知视角
张鸿萍和赵惠 (2017)	交互记忆系统是通过对各领域的分类知识进行编码、存储和检索而实现的一种专门的分工合作系统	知识管理视角
Bachrach 等 (2019)	交互记忆系统是对知识的整合和协调	集体认知视角

从知识管理视角看，创业是创业者或创业团队集合和应用专业知识，以识别和利用市场机会的价值创造活动；知识在创业团队中进行分化、整合及应用的质量水平直接影响创业活动和新创企业的发展。交互记忆系统作为创业团队成员所拥有知识存量的总和，以及知识领域的集体意识，在推动新创企业适应动态环境、实现产品创新、构建战略联盟及拓展市场空间等方面扮演着重要角色(Dai et al., 2017)。

二、交互记忆系统的维度划分

早期对交互记忆的研究很少关注其内在结构和维度划分，主要是集中在交互记忆的形成和作用机理研究上(Liang et al., 1995)。相对于交互记忆，交互记忆系统的早期研究却体现了其维度划分和内在结构。以下是有关交互记忆系统的维度划分演化过程和阶段。

(一)第一阶段：维度划分的初期

此阶段交互记忆系统的维度划分并未成形，对交互记忆系统的研究只是体现了其内在结构和维度。Wegner 等(1985)的早期研究发现，交互记忆系统的形成包括三个过程：目录更新、信息分配和检索协调。通过目录更新行为，团队成员能够准确定位团队中其他成员精通的知识领域；通过信息分配行为，团队成员间可以产生合理的分工协作，将不同类型的工作合理分配给最适合的成员；通过检索协调行为，团队成员向团队中精通特定领域知识的专家进行学习，从而有效地共享、协调和利用团队中不同成员所具有的专长知识(王端旭和武朝艳，2011)。Liang等(1995)在实验的基础上提出交互记忆系统的三个要素：记忆区分、任务协调和任务信任。其中记忆区分是团队成员在合作过程中进行专业化分工，任务协调是团队成员之间有效合作的能力水平，任务信任是团队成员信任其他成员专业知识的程度(Moreland and Myaskovsky，2000)。由此可见，早期学者基于交互记忆系统的形成过程和条件对其进行结构分析。

(二)第二阶段：维度划分的形成时期

此阶段交互记忆系统的维度划分已经基本成形，对交互记忆系统的划分和内部结构有了明确的说明。Moreland 和 Myaskovsky(2000)用"专门化"体现知识分工的有效性，用"可信性"说明个体对群体知识分布的认知与共享知识的程度，用"协调性"解释交互检索过程的成效。Lewis(2003)在 Moreland 和 Myaskovsky(2000)的基础上，将交互记忆系统的研究从实验室研究延伸到现场研究并开发出交互记忆系统的测量量表，同时指出交互记忆系统包含专长性、可信性和协调性。Lewis(2003)认为专长性是指团队成员在知识处理过程中具有专门化和差异化的知识，可以提高信息检索效率和准确度；可信性是指团队成员在工作中愿意共享自身知识，同时也信任团队中其他成员提供的知识；协调性是指团队成员在工作中有效整合和利用彼此的知识和专长。Lewis(2003)的维度划分、量表开发和对各维度概念的界定对交互记忆系统的研究提供了重要的理论和工具指导，此研究得到了后续研究者的支持。Kanawattanachai 和 Yoo(2007)在此基础上进一步细化了交互记忆系统三个方面的特征，包括专长定位、认知信任和任务的知识协调。其中专长定位既包括团队成员各自拥有的专长知识，也包括对彼此擅长领域的了解程度；认知信任是指团队成员对彼此完成任务的能力和可靠性的信任；任务的知识协调即指团队成员充分整合并利用彼此的专长和知识的程度(黄昱方和耿叶盈，2016)。因此，专长性、可信性和协调性是交互记忆系统的基本结构和维度。

(三)第三阶段：维度划分的延伸时期

此阶段是在对交互记忆系统的维度划分已经基本成形的基础上，后来的学者对交互记忆系统的维度划分进行扩展和延伸。Austin(2003)从知识分工、共享与应用的概念逻辑，认为交互记忆系统包括知识储备、知识专门化、交互记忆一致性和交互记忆精确性四个维度。Brandon 和 Hollingshead(2004)则将交互记忆系统划分为精确性、共享性和有效性三个维度。陈晓刚等(2014)基于团队认知视角，认为交互记忆系统主要包含三个维度：知识区别、知识位置和知识信任。知识区别是指团队成员各自所拥有的专业知识的异质性或差异程度；知识位置是指团队成员对于团队内部知识分布的掌握程度；知识信任是指团队成员对其他成员所具备知识的专业性和可靠性的信任程度。这些维度可以使得团队成员之间形成合作默契(Espinosaa et al.，2007)，从而使他们有效共享知识(Lewis，2004)。对交互记忆系统维度划分的主要观点见表 2-8。

表 2-8　交互记忆系统维度表

研究者(年份)	维度	理论视角
Moreland 和 Myaskovsky(2000)	准确性 一致性 复杂性	—
Lewis(2003)	专长性 可信性 协调性	团队认知理论
Austin(2003)	知识储备 知识专门化 交互记忆一致性 交互记忆精确性	—
Brandon 和 Hollingshead(2004)	精确性 共享性 有效性	群体认知

续表

研究者(年份)	维度	理论视角
张钢和熊立(2009)	专长性 可信性 协调性	—
陈晓刚等(2014)	知识区别 知识位置 知识信任	团队认知视角
Bachrach 等(2019)	专长性 可信性 协调性	集体认知视角

三、交互记忆系统的相关研究

目前对于交互记忆系统的研究主要集中于前置变量和结果变量两个方面。如今组织的竞争已经逐渐转向知识和信息的竞争，团队成员有效检索知识和信息，并能及时共享知识和信息对组织发展至关重要。因此，理解和明晰交互记忆系统的前置变量和结果变量可以为企业的发展提供有力的指导。

（一）交互记忆系统的前置变量研究

交互记忆系统的前置变量主要包括沟通、信任和团队领导等方面。Hollingshead(1998)在对学习期间进行沟通的实验室研究中发现，通过持续的交流和沟通，群体成员之间会形成较为一致的记忆，并且群体成员以这种记忆为基础分享知识和信息。与沟通类似，信任对交互记忆系统形成有重要影响。信任是一个多维度概念，可以从认知因素和感情因素两个方面进行探究。已有研究表明，具有良好交互记忆系统的团队，成员对彼此的知识和完成任务的能力存在高度的信任(黄海艳和李乾文，2011)。例如，Kanawattanachai 和 Yoo(2007)强调团队成员间基于知识和能力的信任，是形成交互记忆系统的前提，同时也是整合成员交互记忆的关键因素。近几年有学者基于团队领导视角来解读交互记忆系统的构建机制。

王端旭和武朝艳(2011)指出变革型领导不仅影响团队成员间的知识交流和人际互动，而且影响团队成员获取和共享知识的能力，对交互记忆系统的形成起着重要引导作用。解志韬和王辰轩(2020)从团队层面探索中国情景下科研团队授权型领导对交互记忆系统的影响机制，研究发现授权型领导对交互记忆系统产生积极影响。相关结论拓展和丰富了现有研究成果，为科研团队管理实践提供了参考。林晓敏等(2014)从团队认知视角来探讨授权型领导如何影响交互记忆系统的形成进而实现团队绩效。结果显示，交互记忆系统完全中介了授权型领导对团队绩效的影响，为组织有效管理工作团队进而形成交互记忆系统以及实现团队绩效提供了实践参考。

除此之外，也有学者从机会识别能力、先前共享经验、组织氛围以及任务相互依赖性等方面对交互记忆系统的构建机制进行探讨(Zheng，2012；Hammedi et al.，2013；Martin and Bachrach，2018)。例如，Martin 和 Bachrach(2018)在对动态管理能力和交互记忆系统的研究中发现，具有较强机会识别能力的团队，会通过持续的学习获得丰富的知识储备，并且团队成员愿意将自己所学的知识共享给其他成员。可见，机会识别能力对交互记忆系统的形成有积极促进作用。

当然，也有学者从阻碍交互记忆系统形成的因素进行研究，进而建议规避相关的因素，能更有效保证交互记忆系统的形成。例如，李浩和黄剑(2018)指出，团队知识隐藏会对交互记忆系统产生不利影响，是交互记忆系统一个重要的阻碍因素。为了揭示团队知识隐藏对交互记忆系统尤其对其行为要素的影响机理，他们整合了交互记忆系统理论和知识分享理论，以交互记忆系统为因变量，团队知识隐藏为自变量，团队情感信任为中介变量，提出假设并检验假设得出结论。研究发现，团队知识隐藏是交互记忆系统的阻碍因素，削弱了交互记忆系统的功能，并且不利于团队成员间的信任关系。

(二)交互记忆系统的结果变量研究

交互记忆系统的结果变量主要包括团队绩效、团队创造力和双元创新等方面。具体的理论观点如下。

交互记忆系统对团队绩效的影响仍然是交互记忆系统结果研究的主要方面。Bachrach 等(2019)对销售团队的研究中发现，交互记忆系统显著正向影响团队绩效。王传征和葛玉辉(2021)基于高阶理论和社会资本理论，从认知过程视角提出了高管团队内部社会资本、交互记忆系统和决策绩效关系间的理论模型，研究表明，高管团队积极影响决策绩效。曲刚等(2020)指出，交互记忆系统有利于团队成员形成对团队知识分布的有效认知，在提升团队绩效的过程中发挥着重要的作用。通过对现有文献的阅读，梳理了团队交互记忆系统对团队绩效的影响研究概况，见表 2-9。

表 2-9   团队交互记忆系统对团队绩效的影响研究(王端旭和武朝艳，2010)

研究者(年份)	研究方法	研究样本
Liang 等(1995)	实验室研究(组装收音机)	美国某大学 30 支三人学生团队
Moreland 和 Myaskovsky(2000)	实验室研究(组装收音机)	美国某大学 63 支三人学生团队
Hollingshead(2001)	实验室研究(记忆单词)	美国某大学 116 名学生团队
Austin(2003)	实地研究	美国某服装和体育用品公司 27 支工作团队
Lewis(2003，2004)	实验室研究(电子装配) 实地研究	美国某大学 124 支三人学生团队 美国某大学 64 支 MBA 学生管理咨询团队 美国 11 家高科技公司的 27 支工作团队

续表

研究者(年份)	研究方法	研究样本
Lewis 等(2005)	实验室研究(电子装配)	美国某大学 100 支三人学生团队
Ren 等(2006)	计算机模拟研究 实验室研究(组装收音机)	美国 60 支三人团队
张志学等(2006)	实地研究	中国 100 家高新技术企业的 190 支工作团队
Lewis 等(2007)	实验室研究(电话装配)	美国某大学 90 支三人学生团队
Sharma 和 Ghosh(2007)	实地研究	印度多家 IT 公司的 55 支工作团队
Zhang 等(2007)	实地研究	中国 104 家高科技公司的 104 支工作团队(其中 20 支营销或销售团队,58 支研发团队,11 支产品或质量控制团队,15 支其他团队)
Littlepage 等(2008)	实地研究	美国某大学 18 对主管和秘书
张钢和熊立(2009)	实地研究	中国 32 家企业的 41 支工作团队
Huang(2009)	实地研究	中国台湾省某研究所的 60 支技术研发团队
Michinov 和 Michinov(2009)	实地研究	法国某大学 45 支学生团队
莫申江和谢小云 (2009)	实地研究	中国某大学 55 支学生创业计划竞赛团队
吴江等(2009)	计算机模拟研究	计算机模拟数据
DeChurch 和 Mesmer-Magnus(2010)	元分析	58 篇文献中的 3738 支团队
Gino 等(2010)	实验室研究	美国多所大学 89 支学生团队
Pearsall 等(2010)	实验室研究(决策模拟)	美国某大学 60 支四人学生团队
刘帮成等(2010)	实地研究	中国某大学 18 支课程学习小组
Zheng(2012)	实地研究	中国 100 家新创企业数据
Hammedi 等(2013)	实地研究	欧洲、美洲和亚洲的高科技公司的 550 名高管
Chiang 等(2014)	实地研究	中国台湾省电气及电子产品制造公司的 76 支新产品研发团队
Chung 等(2015)	实地研究	309 名在社交媒体上分享旅游信息的韩国用户
Heavey 和 Simsek(2017)	实地研究	99 家公司的高管团队
Wang 等(2018)	实地研究	中国 43 个公司的 72 个团队
Lee 等(2020)	实地研究	中国台湾省排名前 100 企业的 102 个软件团队

屈晓倩和刘新梅(2016)基于知识管理理论,在对信息型团队进行研究的过程中指出,交互记忆系统能够有效促进团队动态能力的形成,也就是团队通过持续改进、整合、有效配置其核心知识和团队竞争力,在外部不确定环境中感知和搜寻新知识、新信息的能力。同时指出具有较好交互记忆系统的团队具有更高的创造力。王端旭和武朝艳(2011)探讨了交互记忆系统对团队创造力的影响及其作用

机制。实证研究结果表明，交互记忆系统的专门化和协调性维度对团队创造力存在积极影响。张鸿萍和赵惠(2017)认为，当团队逐渐成为组织的主要工作方式时，交互记忆系统、团队学习、知识分享等因素都会对团队的创造力和绩效水平产生影响。他们基于团队管理与知识管理的视角，首先探讨了交互记忆系统对团队创造力的主效应，通过对 42 个工作团队的实证研究发现，交互记忆系统对团队创造力的主效应和团队学习、知识分享的中介效应显著。

林筠等(2017)利用 270 份科技型企业问卷，检验专才与通才、交互记忆系统与双元创新的关系。结果表明，交互记忆系统在人力资本影响双元创新过程中有部分中介作用，"专长性"只有与"可信性""协调性"结合才能更好发挥作用。Dai 等(2017)的研究表明创业团队的交互记忆系统有助于新创企业双元。于晓宇等(2019)认为，受制于资源约束，多数创业企业举步维艰；既有关于交互记忆系统与产品创新性的相关研究忽视了对资源约束前提的思考，为弥补这一研究空白，基于创业拼凑理论，探索创业拼凑在交互记忆系统与产品创新性之间的中介作用；使用来自 289 家高新技术行业的创业企业经验数据，结果发现，交互记忆系统对产品创新性有正向影响，创业拼凑中介了交互记忆系统与产品创新性之间的关系。

四、交互记忆系统的研究对象

早期学者对交互记忆系统的研究主要集中在关系亲密(如夫妻)的二人群体之间，通过认知理论(Hollingshead，1998)，解释具有亲密关系的二人群体之间如何合作记住重要信息并共同解决问题(王端旭和武朝艳，2010)。后来学者在研究交互记忆系统时指出，交互记忆系统也存在于团队成员之间，它是团队中每个成员所拥有知识的总和，以及关于"谁知道什么"的集体意识(王端旭和武朝艳，2011)。然而，交互记忆系统研究的早期没有测量的工具，因此，大部分学者主要基于具有亲密关系(如夫妻)的二人群体进行研究，鲜有学者基于团队层面来对交互记忆系统展开相关研究。在 Lewis(2003)开发了交互记忆系统的测量工具并对交互记忆系统进行维度细分后，很多学者将交互记忆系统理论嵌入到团队研究中。现有研究主要基于高管团队(吕逸婧等，2018)、一般工作团队(Lewis，2004)和科研团队(蔡俊亚和党兴华，2015)等层面来对交互记忆系统展开系列研究。

将交互记忆系统嵌入高管团队也是交互记忆系统研究的重要方面。荣鹏飞等(2013)在文献回顾的基础上提出研究假设，构建了高管团队交互记忆系统、自反性对战略一致性的影响研究模型，面向企业高管团队通过问卷调查的方式收集数据，以 389 份有效问卷为样本进行实证研究。结果表明，高管团队交互记忆系统中的团队专长对团队自反性具有正向促进作用；团队自反性一方面对战略认知一致性具有正向促进作用，另一方面对战略目标一致性的达成也能够产生积极影响；高管团队交互记忆系统中的团队专长对战略一致性具有正向促进作用，团队信任和团队协调则分别对战略认知一致性和战略目标一致性具有积极影响。吕逸婧等(2018)基于高阶理论，以 148 个企业的高管团队为研究对象，探讨高管团队交互记忆系统对组织绩效的影响，并揭示了战略柔性的中介作用。

张谦等(2015)基于社会网络视角，采用问卷调查法，以 124 个工作团队为研究对象，对团队网络结构、交互记忆系统与团队绩效的关系进行了探讨。实证研究结果表明，团队工具性网络强度与情感性网络强度对交互记忆系统有显著的正向影响；团队网络的非中心度对交互记忆系统有积极影响；交互记忆系统与团队绩效有显著的正向关系，并受到任务不确定性的调节作用。马长龙和于淼(2019)指出，自交互记忆系统与共享心智模型的构念被提出以来，两个领域的研究便近乎平行发展，针对共享认知的两个构念间的复杂关系及其对团队的影响进行研究，以 34 个科研团队为样本的问卷调查数据分析表明：交互记忆系统、团队心智模型和任务心智模型分别正向影响团队绩效。

第四节 相关研究评述

创业团队及交互记忆系统的研究已经取得了丰富成果，为本书的研究提供了坚实的理论和文献基础。通过对新创企业、创业团队和交互记忆系统相关文献进行系统梳理，仍然可以发现在理论框架、研究内涵、分析主体、关系机制等方面还有进一步完善和丰富的空间，主要表现在以下四个方面。

(1)创业团队作为创新创业活动的发起者与执行者已受到学术界的广泛关注，但针对创业团队的研究议题还需要拓展。目前，针对创业团队的构成、领导以及演化机制的研究已经比较丰富，而针对团队成员间的知识分享及应用的研究还需要拓展。创业团队作为知识创造和创新的主体，其成员在不同领域都有独特的专业基础，成员的知识存在着显著差异，只有当团队成员之间能够实现团队知识的共享和不同专有知识的整合时，才能完成团队知识创造和创新。然而，现有交互记忆系统研究均是基于成熟企业的一般团队，或高管及研发团队，很少有研究将交互记忆系统嵌入创业团队的研究中，比较缺乏对嵌入创业情境、体现创业特征的交互记忆系统的探讨。因此，本书以新创企业创业团队为研究对象，探究创业团队交互记忆系统的构建机制和应用策略，有效助力新创企业创业活动。

(2)团队交互记忆系统在承担不同任务、面对不同环境的功能团队中应该有所差异，但现有研究针对性还非常不足。尤其在充满不确定性的创业情境下，一般团队交互记忆系统不能反映创业团队的特性，交互记忆系统在创业情境下有新的特征或表现。因此，对创业团队结构维度的解构，不能遵循交互记忆系统的既有观点。Lewis(2003)对交互记忆系统的维度划分和开发的量表在交互记忆系统的相

关研究中是应用较为广泛的，但针对性还显得不足。本书研究将借鉴 Lewis(2003)
的观点，将创业团队交互记忆系统视为创业团队成员相互依赖与协调，共同编码、
存储、检索与交流有差别但互补知识的协作体系，是创业团队识别和利用创业机
会，确保新创企业生存和发展的知识互动机制。同时，本书研究认为，相较于传
统团队，交互记忆系统创业团队交互记忆系统应该具有特殊性或差异性。

（3）交互记忆系统的重要性已经得到广泛证实，但对如何形成和管理团队交互
记忆系统的探讨还存在不足。组织学习、团队文化、工作任务、成员异质性等因
素已经被认为是驱动团队交互记忆系统形成的重要前置因素，但在创业情境下，
对契合创业特征的交互记忆系统研究还不足。通过文献梳理已发现团队领导是影
响交互记忆系统形成的重要因素，但对其内在作用机理的认知比较缺乏。本书选
择团队领导作为交互记忆系统的前置变量，试图通过探究以"塑造共同价值观"
为内核的变革型领导和以"明确预期回报"为特征的交易型领导对创业团队知识
和信息的影响，进而探究团队领导对创业团队交互记忆系统的影响作用及实现机
理，从而丰富创业团队交互记忆系统的形成机制研究。

（4）创业团队交互记忆系统的效用机制研究仍有待深化。通过对交互记忆系统
结果变量的系统梳理，交互记忆系统作为知识管理系统和知识互动机制，对团队
绩效等方面的影响已经得到了大量学者的证实。但关于创业团队与市场绩效的链
接还缺乏清晰的理论认识，而已有研究发现，创业团队交互记忆系统也会影响新
创企业的市场探索与开发行为，以及企业如何平衡相互竞争的资源开发和利用活
动。因此，本书基于探索与开发的市场双元性，选择新创企业市场双元作为创业
团队交互记忆系统的结果变量，探究交互记忆系统如何与内外部因素进行组态匹
配，以驱动新创企业市场双元的形成。

第三章　创业团队交互记忆系统的模型与测量

在新创企业中，作为新创企业重要力量的创业团队在团队成员知识共享的过程中体现什么样的特征？交互记忆系统在创业分析情境下的特殊应用，应该如何界定其内涵和结构维度？创业团队交互记忆系统与高管团队以及研发团队等类型的团队的交互记忆系统有何异同？创业团队交互记忆系统应该如何进行理论认知和科学测量？本章立足现有理论观点，聚焦以上关键议题，结合创业情境对创业团队交互记忆系统进行概念界定与量表开发。

第一节　交互记忆系统：从个体到团队

本节基于交互记忆系统主导逻辑分析，从交互记忆系统的研究对象入手，从个体与团队的分析层面，将交互记忆系统的理解从个体研究上升到团队研究，进而加深对交互记忆系统研究对象的理解，为后续的研究提供理论指导。

一、交互记忆系统的缘起

交互记忆系统来源于社会心理学的研究发现，自 20 世纪 80 年代 Wegner 等 (1985)通过心理学实验提出交互记忆系统的概念后，交互记忆系统一直是组织管理、社会心理学、传播学、信息系统等研究领域的重要方面。从最初对亲密关系组合的研究，到现在对组织的研究，交互记忆系统都在其中扮演着重要的角色(朱哲慧和袁勤俭，2018)。随着探索分工与协作的思想逐渐嵌入团队中，很多团队已经具备交互记忆系统的形成条件。以往对团队的研究中，学者们较为关注团队成员之间共享知识的团队认知概念，比如团队共享心智模型。与此不同的是，交互记忆系统更能有效解释团队成员共享知识、转移知识和创造行为的内在动机(张谦等，2015)。此外，交互记忆系统也用于组织层面的研究，Peltokorpi(2008)认为组织中的个体接受编码、存储和检索与其专业领域相关的信息时，可以形成交互记忆系统。因此，Wegner 等(1985)有关心理学的研究实验对后来学者研究交互记忆系统具有奠基作用。

二、交互记忆系统的内涵研究

交互记忆来源于"外援记忆",是指具有亲密关系的人对不同专业领域的信息进行"编码、储存、检索"和交流、共享的认知劳动分工(Wegner,1987)。在具有亲密关系的小群体中,当一个个体通过某种方式获取到另一个个体拥有的知识时,这两个个体就有可能共享记忆细节,此时交互记忆便会产生(严亚兰等,2019)。而交互记忆系统是交互记忆概念在团队层面的延伸(Wegner,1987;王凌剑等,2013),当成员间互动和共享记忆的过程在团队范围内不断重复时,交互记忆系统就形成了(Wegner,1987)。拥有交互记忆系统的团队,成员所拥有的信息存量不仅取决于成员自身的记忆容量,也包括所能获取的其他成员记忆系统中的信息,即个体成员所能利用的信息大于其本身的记忆能力(林筠和王蒙,2014)。

交互记忆系统是团队成员的知识总和,是关于"谁知道什么,谁专攻什么知识"的集体意识(Wegner,1987;于晓宇等,2019)。Wegner(1987)首先提出了交互记忆系统理论,他认为团队成员基于合作经历和以往经验能够了解到团队内其他成员掌握了哪些知识(葛宝山和生帆,2019)。基于此,团队成员可以通过分工协作减轻个人工作负担,使不同领域知识的记忆、利用由团队内不同专家完成,即交互记忆系统是指编码、储存、检索和交流不同领域知识、共享认知的分工合作,使团队成员形成对其他成员和自身所具备知识的有效认知,从而形成充分获取和利用不同领域知识的合作性分工系统。而后,国内外研究交互记忆系统的学者在 Wegner(1987)的基础上对交互记忆系统的概念进行了扩展。Peltokorpi(2008)认为交互记忆系统是一种集体知识的集合,存在于有交互记忆的个体之间。王端旭和武朝艳(2011)认为,交互记忆系统是把握团队成员知识资源的有效工具。由此可见,交互记忆系统既是个体知识系统的集合,又是协调团队成员认知的分工系统(Huang and Chen,2018)。

学者们对交互记忆系统的内涵认识本质上没有差异,同时目前对交互记忆系统的研究主要集中在团队层面,鲜有学者基于创业团队层面来研究交互记忆系统,在国家大力倡导"创新创业"的今天,创业团队利用交互记忆系统获取和整合团队知识对新创企业的生存和发展至关重要。交互记忆系统的研究对象应该包含创业团队,将交互记忆系统理论视角拓展到创业团队的研究领域。

三、交互记忆系统的构成研究

交互记忆系统往往涉及多个领域的专业知识,如果一个团队内的成员拥有不同的专业知识,那么这个团队就容易形成交互记忆系统(Lewis,2004)。当一个团队成员需要的知识超出自己专业领域时,他会向那些拥有这些知识的成员请求检索，从而节省自我搜索的时间(生帆，2019)。交互记忆系统理论解释了在相互依赖的关系中，跨学科群体如何获取、存储、组合和利用他们的知识来解决复杂的问题(Hammedi et al.，2013；张勇，2020)。

在交互记忆系统的测量和维度划分方面，Lewis(2003)开发了包含 15 个测量项的交互记忆系统量表，在该量表中交互记忆系统由专长性、可信性和协调性三个维度进行测量。专长指的是团队成员所掌握的专业领域知识的专业化程度，专长降低了群体成员的认知负荷，因为每个成员都可以专注于自己的知识领域(Ali et al.，2019)。可信指的是团体成员对其他成员知识的信任，是一种基于认知的信任。协调指的是在系统内讨论、分享和检索知识的一种顺利的、系统的和有效的方式(Ali et al.，2019)。这三个维度在理论上是有区别的，即专长和可靠是认知方面的，协调则是行为方面的(Lin et al.，2012；张勇，2020)。此后，Lewis(2003)的三维度观点得到了大多数学者的认可。

除此之外，还有学者通过不同的方式对交互记忆系统的维度进行划分。例如，Austin(2003)认为交互记忆系统包含知识储备、知识专门化、交互记忆一致性和交互记忆精确性四个维度；Brandon 和 Hollingshead(2004)从准确性、共享性和有效性三个方面对交互记忆系统进行划分；陈晓刚等(2014)从团队认知视角，认为交互记忆系统包含知识区别、知识位置和知识信任三个方面。由此可见，根据分析情境和研究对象的不同，交互记忆系统在不同的研究中被赋予不同的内涵和相异的结构维度。

第二节　创业团队交互记忆系统的理论内涵

在新创企业的创业环境中，创业团队交互记忆系统具有哪些显著特征？创业团队交互记忆系统与其他团队交互记忆系统有何异同？应该如何进行理论认知和科学测量？本节聚焦于以上关键议题，围绕创业团队交互记忆系统的内涵及测度进行系统研究，旨在深化对创业团队交互记忆系统的理论解释，并为实证研究提供工具基础。

一、创业团队交互记忆系统概念的提出

过去 30 年间学者们对交互记忆系统的研究主要致力于高管团队(Huang and Chen，2018)、研发团队(Akgun et al.，2005)、一般工作团队(林筠和王蒙，2014；Bachrach and Mullins，2019)等分析主体，很少有研究将交互记忆系统嵌入创业情境。事实上，缺乏对创业团队交互记忆系统的系统探讨，这很大程度上受限于现有

交互记忆系统测量工具很难体现创业团队特征。另外，由于决定创业团队绩效的知识往往是隐性的，创业团队在运作过程中有效地共享知识存在着较大困难(李莹杰等，2015)。除此之外，创业团队在成长和发展过程中离不开"创业机会的识别"，识别创业机会正是激励创业团队成员并驱动创业成功的关键力量，现有交互记忆系统的内涵难以体现创业团队交互记忆系统的核心要义。然而，随着创新创业逐渐成为我国经济发展的新浪潮，特别是"大众创业、万众创新"战略的提出，新创企业创业团队通过共享和整合自身知识(Akgun et al.，2005)，增强成员对外部知识的理解，进而识别潜在市场机会，这成为助力国家创新创业战略的新方向(Brockman and Morgan，2003)。同时随着组织复杂性的提高，创业团队受制于不确定性因素，若创业团队交互记忆系统水平较高，成员间的频繁互动会让团队成员意识到自身不足，从而促使团队成员主动学习和吸收新知识，并将其应用到新创企业的创新发展中，使得创业团队在不确定性环境下增加成功的可能性(Schmickl and Kieser，2008；于晓宇等，2019)。无论是国家层面创新创业战略的有效实施，还是团队层面创业团队的良好发展，均可表明创业团队交互记忆系统越来越重要。

随着创业团队日常事务的日益紧迫，交互记忆系统将成为提高创业团队知识管理效率、促进创业团队学习和提高学习有效性的重要方式(Lewis，2003)。目前学者们对交互记忆系统概念的认识没有本质差别，而 Lewis(2003)对交互记忆系统维度的划分和量表的开发是交互记忆系统理论研究中较为主流的观点，他将维度划分为专长性、可信性和协调性。然而新创企业的创业团队与成熟企业的高管或技术团队相比存在重要差异，可能会导致现有交互记忆系统的内涵及维度研究并不能准确反映新创企业及其创业团队的特殊性。与成熟企业高管团队或其他专业团队不同，新创企业创业团队在成长的过程中，一些原有投资者和创业伙伴也会因各种原因(如风险规避、目标冲突、变现离场等)退出创业团队，使新创企业创业团队的构成和规模随着新创企业的成长而持续变化(Dai et al.，2017)。因此，动态性可能是新创企业创业团队交互记忆系统的重要构成维度。本书以Lewis(2003)的维度划分和量表开发为基础，确定了创业团队交互记忆系统的测量维度，并结合已有国内外学者开发的交互记忆系统量表题项，初步确定了本研究交互记忆系统各维度下的测量题项。进一步通过问卷调查和对新创企业创业团队访谈的方式检验本研究开发量表的信度和效度，剔除不符合统计标准的题项，并从理论和实践的角度进行深入讨论。最后形成本研究所开发的创业团队交互记忆系统的测量量表和维度(齐丽云等，2017)。同时，基于创业团队的特性，对创业团队交互记忆系统进行概念界定。

知识管理理论认为，具有良好交互记忆系统的团队可以整合不同团队成员的专业知识，从而扩展团队成员搜索信息的深度和宽度，并能从不同的视角对这些所搜索到的信息进行解读，进而有助于团队成员识别外部机会(Brandon and Hollingshead，2004；Mell et al.，2014)。创业团队交互记忆系统作为交互记忆系统在创业情境分析中的特殊应用则更加聚焦于对团队内部知识的共享和整合，不仅可以提高创业团队成员解读信息的能力和速度，同时使得创业团队成员更有效识别创业机会。

基于以上分析，本研究认为创业团队交互记忆系统是创业团队成员相互依赖与协调，共同编码、存储、检索与交流有差别但互补知识的协作体系，是创业团队识别和利用创业机会，确保新创企业生存和发展的知识互动机制。首先，创业团队交互记忆系统是一个知识协作体系，有助于创业团队成员间的知识共享和协作。这就体现了 Engelmann 和 Hesse(2010)的观点，他们认为交互记忆系统指明信息所在位置，改变了人们的行为、交流和协作模式，拥有交互记忆系统的团队能够更快地获得信息，并且知识协作更为有效(朱哲慧和袁勤俭，2018)。另外，这也继承了 Kanawattanachai 和 Yoo(2007)认为交互记忆系统的高级形态表现为团队成员知识的有效协调的观点。其次，创业团队交互记忆系统是一个知识互动机制。这既符合朱哲慧和袁勤俭(2018)强调交互记忆系统通过实现团队成员之间的知识分工和成员互动，助力团队知识利用与团队绩效提升，是团队的知识处理机制的理念，同时也顺应了 Wang 等(2018)认为交互记忆系统是协调相互依赖的专长知识互动的有效机制的思想。最后，创业团队交互记忆系统的核心观念是促进团队知识整合(Hong and Zhang, 2017)、增强团队知识应用能力(Choi et al., 2010)；聚焦知识应用能力的创业团队交互记忆系统是创业团队整合知识的前提条件，是交互记忆系统嵌入创业情境的特殊应用。

二、创业团队交互记忆系统维度分析

目前，国内外研究者对交互记忆系统的内涵认识虽没有本质差异，但对其维度划分却存在不同观点："四维度"观点认为交互记忆系统是由知识储备和专门化，以及交互记忆精确性和一致性四个维度构成(Austin，2003)；"三维度"观点认为交互记忆系统包括分为记忆区分、任务协调和任务信任三个方面(Liang et al.,1995)，或被分为专长性、可信性和协调性三个基本维度(Lewis，2003)；"二维度"观点认为交互记忆系统包括结构要素和过程要素两个方面(Wegner，1987)。从现有研究看，Lewis(2003)对交互记忆系统的维度划分及量表开发在相关研究中应用较为广泛。交互记忆系统涵盖专长性、可信性和协调性三维度能较好地反映知识整合及共享的特性。

通过观察 Lewis(2003)对交互记忆系统的维度划分可以发现：专长性、可信性和协调性除了缺少体现创业团队特征的动态性之外，基本包含了交互记忆系统所有的内容，而随着新创企业面临的环境越来越复杂，创业团队面临的不确定因素增加，团队动态性是创业团队面临的关键不确定因素。在创业情境下，创业团队内部矛盾是必不可少的社会过程(Chen et al.，2017)，它是创业团队动态性的特征表现。因此，创业团队需要一种力量来营造一种更加和谐的氛围，从而提高团队凝聚力。当新创企业创业团队有效地共享和整合成员内部知识时，就拥有明显的团队凝聚力和竞争优势（葛宝山和王照锐，2019）。目前尚无研究从创业团队的动态性这一维度对交互记忆系统进行探究。因此，本研究在 Lewis（2003）"三维度"观点基础上，将创业团队所具备的高度互动，甚至高频冲突的特征纳入交互记忆系统的分析维度，整合创业团队动态性相关研究观点（Chen et al.，2017），将创业团队交互记忆系统划分为四个维度：①专长性，即创业团队成员的知识分工成效；②可信性，即创业团队成员对团队知识分布的认识及知识共享程度；③协调性，即创业团队成员知识交互检索过程的有效性；④动态性，即创业团队共享知识时的互动程度及质量水平。可以看出，本研究试图在明晰创业团队交互记忆系统概念的基础上，把体现创业团队情境特征的动态性这一因素纳入交互记忆系统的维度中，并构建具有创业团队特色的交互记忆系统量表。本研究既能丰富对创业团队交互记忆系统概念的理解，更能以创业团队交互记忆系统量表开发为基础，为后续实证研究提供工具支持，从而推动交互记忆系统嵌入创业情境研究的深入发展。

为了更准确地检查创业团队交互记忆系统的内涵与基本维度，首先必须从企业中获取第一手情景性资料，然后再从这些资料中发掘创业团队交互记忆系统的基本维度。研究运用半结构化深度访谈法获取有关创业团队交互记忆系统维度的基本资料，然后再运用内容分析技术分析资料，离析出创业团队交互记忆系统维度的基本类别与条目。

第三节　测量模型构建及检验

本节结合创业团队所具备的动态性特征，将交互记忆系统嵌入创业情境，从专长性、可信性、协调性和动态性四个方面对创业团队交互记忆系统进行探讨，为科学测量提供理论基础和现实可行性。在明确创业团队交互记忆系统的基本内涵和类型后，通过科学、严谨的量表开发流程，开发并检验创业团队交互记忆系统的测量工具。

一、初始量表开发

本研究通过借鉴和改编已有关于交互记忆系统的相关测量问项，以形成对创业团队交互记忆系统的测量工具。一方面，借鉴已有成熟量表可以确保测量问项的来源有迹可循，为保障测量工具的效度水平奠定基础，使测量具备科学性和普适性；另一方面，结合分析情境和预调研反馈对测量工具进行改编，保证对核心概念的测量能很好地契合研究问题，使测量具有针对性和可操作性。

　　交互记忆系统对于旨在利用成员专业知识的团队来说尤其重要，但实证研究一直滞后，其背后的原因是没有测量工具。Lewis(2003)首次通过实验室研究，将交互记忆系统划分为专长性、可信性和协调性三个维度，并开发了一个包含15个问项的测量量表(表3-1)，同时也通过实证手段检验了该量表的内部一致性，进而被后续研究引用。

表 3-1　Lewis(2003)对交互记忆系统的测量问项

序号	维度	问项	Cronbach's α
1		每个团队成员都在我们任务的某些方面有专业的知识	
2		我知道这个任务中其他成员不知道的方面	
3	专长性	不同的团队成员负责不同领域的专业知识	0.76
4		为了完成任务，需要团队成员不同的专业知识	
5		我知道哪些团队成员在特定的领域有专业知识	
6		我很乐意接受其他团队成员的建议	
7		我相信其他成员对该任务是非常了解的	
8	可信性	我信任并依赖其他团队成员参与讨论的信息	0.79
9		当其他成员提供信息时，我一般不会再检查一遍	
10		我对其他成员的专业知识非常有信心	
11		我们的团队通常以一种协调良好的方式进行合作	
12		我们的团队对接下来要完成的任务达成共识	
13	协调性	我们的团队很少重新开始一些任务	0.82
14		我们顺利而高效地完成了这项任务	
15		关于我们将如何完成这项任务，人们不会感到很多困惑	

　　Choi等(2010)在研究交互记忆系统如何影响知识共享和知识应用，进而影响团队绩效的过程中，借鉴了Lewis(2003)开发的工具测量交互记忆系统，共6个测量问项(表3-2)。

表 3-2　Choi等(2010)对交互记忆系统的测量问项

构念		问项
	TMS1	团队成员在我们任务的某些方面有专业的知识
	TMS2	我们的团队成员很乐意接受其他成员的程序性建议
交互记忆系统(TMS)	TMS3	我们的团队成员相信其他成员对该项目的知识是可信的
	TMS4	我们的团队成员有信心依赖其他成员讨论时提出的信息
	TMS5	我们的团队成员彼此了解，并有能力以一种良好的协调的方式一起工作
	TMS6	我们的团队成员有能力顺利、有效地应对与任务相关的问题

曲刚和李伯森(2011)根据软件外包的具体情境，为探明项目复杂性与交互记忆系统的交互作用对知识转移绩效的影响，测量交互记忆系统的量表借鉴Lewis(2003)和张志学等(2006)的研究成果，量表由 10 个问项组成，包括专长度(4 项)、可信度(3 项)、协调度(3 项)(表 3-3)。

表 3-3　曲刚和李伯森(2011)对交互记忆系统的测量问项

序号	维度	问项	Cronbach's α
1		对于发包方传递的信息或任务，我们能很快地交给相关领域的专家或负责人	
2	专长度	我们了解发包方成员各自在具体方面的专长	0.759
3		我们了解发包方成员各自负责的任务	
4		当我们需要帮助时，我们知道向发包方中某个具体成员去寻求帮助	
5		考虑到发包方具有的良好记录，没有理由怀疑他们的能力和安排	
6	可信度	发包方员工非常专业并且具有奉献精神	0.700
7		我们可以依赖发包方使我们的工作变得更加容易	
8		一起工作时，发包方与我们协调得很好	
9	协调度	发包方和我们对于该做什么很少产生误解	0.807
10		发包方和我们能够顺利而有效地完成任务	

Zheng(2012)研究交互记忆系统、先前共享经验以及新创企业绩效三者关系时，对交互记忆系统的测量借鉴 Lewis(2004)、Rau(2005)、Yuan 等(2010)和 Zhang等(2007)的观点和测量工具，开发了包含 15 个问项的量表(表 3-4)。

表 3-4　Zheng(2012)对交互记忆系统的测量问项

序号	维度	问项	Cronbach's α
1		每个创始人都有关于经营一家新创企业的某些方面的专业知识	
2		我知道这个新创企业某一个方面的知识是其他创始人不知道的	
3	专长性	不同的创始人负责不同领域的专业知识	0.79
4		经营这个新创企业需要几个创始人的不同的专业知识	
5		我知道哪些创始人在特定领域有专业知识	
6		我很乐意接受其他创始人的程序性建议	
7		我相信，其他创始人对经营这个新创企业的知识是可信的	
8	可信性	我有信心依赖其他创始人参与讨论的信息	0.81
9		当其他创始人提供信息时，我不会自己再检查一遍	
10		我相信其他创始人的"专业知识"	

续表

序号	维度	问项	Cronbach's α
11		我们的团队以一种协调良好的方式一起合作	
12		我们的团队对接下来该怎么做没有什么歧义	
13	协调性	我们的团队不会经常倒退、重新开始	0.83
14		我们顺利而高效地完成了这项任务	
15		我们对如何完成这项任务不会感到困惑	

Hammedi 等(2013)在通过交互记忆系统改进筛选决策的研究中,借鉴Lewis(2003)的量表,包含三个维度,即专长性、可信性和协调性,共9个问项(表3-5)。

表 3-5　Hammedi 等(2013)对交互记忆系统的测量问项

序号	维度	问项
1		每个筛选委员会的成员对新的服务建议的具体方面都有专门的知识
2	专长性	不同的筛选委员会成员负责不同领域的专业知识
3		需要几个不同的筛选委员会成员的专门知识来评估创新建议
4		我很乐意接受其他委员会成员的程序性建议
5	可信性	我相信其他委员会成员对新的服务建议的了解是可信的
6		我有信心依赖于其他筛选委员会成员参与讨论的信息
7		我们的筛选委员会以一种协调良好的方式进行了合作
8	协调性	我们的筛选委员会对该做什么没有误解
9		我们顺利、高效地完成了筛选任务

Chen 和 Lin(2013)在研究开源软件团队的知识共享时,提出交互记忆系统包含四个维度:知识区别、知识位置、开发人员邮件列表的使用和知识可信度。Lewis(2003)通过开发一套问项来衡量不同组织和团队的知识差异和可信度。Faraj 和 Sproull(2000)通过构建一套问项来测量软件开发团队的知识位置。尽管这些问项是在不同于开源软件团队的情境下开发的,但他们的理论定义并没有发生实质性的变化。因此,该研究通过借鉴和改编 Faraj 和 Sproull(2000)以及 Lewis(2003)的测量问项来测量交互记忆系统的知识区别、知识位置和知识可信度,而开发人员邮件列表的使用情况是通过计算在列表中发布的数量来衡量的。其中,知识区别参考 Lewis(2003)的专业化(specialization)量表,包括 4 个问项;知识位置参考 Faraj 和 Sproull(2000)的显性-专长-定位(knowing-expertise-location)量表,包括 6 个问项;知识信任参考 Lewis(2003)的可性度(credibility)量表,包括 3 个问项。因此,该研究最后共形成 13 个问项(表3-6)。

表 3-6 　Chen 和 Lin(2013)对交互记忆系统的测量问项

序号	维度	问项	Cronbach's α
1		每个团队成员都在我们项目的某些方面有专业的知识	
2	知识区别	不同的团队成员负责我们项目所需的不同专业领域	0.73
3		每个团队成员都知道我们项目的其他成员不知道的某些方面的知识	
4		完成我们的项目需要几个不同成员的专业知识	
5		我们的团队有一个关于每个成员的才能和技能的良好"地图"	
6		我们团队的成员都知道他们各自拥有的与任务相关的技能和知识	
7		我们团队的成员知道谁拥有与他们的工作相关的专业技能和知识	
8	知识位置	如果一个成员对我们项目的某些方面有疑问,这个成员知道他应该向团队中的谁寻求答案	0.89
9		我们的成员很难确定团队中的专家	
10		我们的成员都不知道团队中的其他成员拥有什么特殊的知识和专业知识	
11		我们团队的成员认为其他成员对该项目的知识是可信的	
12	知识可信度	我们团队的成员在将其他成员提供的知识应用到手头的项目任务中时很有信心	0.88
13		我们团队的成员对其他成员的"专业知识"不太信任	

林筠和王蒙(2014)的研究中,"交互记忆系统"测量借鉴 Lewis(2003)的研究,包括专门化、可信性和协调性三个维度,用 15 个问项对交互记忆系统进行了测量(表 3-7)。

表 3-7 　林筠和王蒙(2014)对交互记忆系统的测量问项

序号	维度	问项	Cronbach's α
A1		成员拥有与工作任务有关的专业知识	
A2		成员拥有其他成员不了解的与工作有关的知识	
A3	专门化	成员分别负责不同领域的专业知识或技能	0.610
A4		成员具有的专门知识都是完成任务所需要的	
A5		成员知道其他成员在哪些特定领域有专长	
A6		愿意接受来自团队其他成员关于工作程序的建议	
A7		相信其他成员所掌握的与工作有关的知识	
A8	可信性	相信其他成员在讨论中提供的信息是可靠的	0.759
A9		对其他成员提供的信息总想再检查一遍	
A10		相信其他成员的专长	

续表

序号	维度	问项	Cronbach's α
A11		团队成员在一起工作时协调得很好	
A12		团队成员对应该做什么很少产生误解	
A13	协调性	常需要对团队中已经做过的工作再做一次	0.707
A14		顺利并有效率地完成团队任务	
A15		团队成员对于如何完成任务感到很多困惑	

Chung 等(2015)以交互记忆系统为视角，了解在社交媒体上分享旅游信息的交流类型时，对交互记忆系统的测量借鉴 Akgun 等(2005)、Choi 等(2010)的测量工具，并结合社交媒体的分析情境做了适当的修改，最后形成 9 个测量问项(表 3-8)。

表 3-8 Chung 等(2015)对创业团队交互记忆系统的测量问项

序号	维度	问项	Cronbach's α
1	专长性	在社交媒体上写旅游信息的人都是知识渊博的人	0.743
2		社交媒体上的旅游信息是由一位专家撰写的	
3	可信性	社交媒体上的旅游信息遵守了它的承诺	0.841
4		社交媒体上的旅游信息更关心用户	
5		社交媒体上的旅游信息是值得信赖的	
6	协调性	我在社交媒体上与其他成员交流	0.794
7		我与其他成员一起参与社交媒体	
8		其他社交媒体成员和我也有类似的行为	
9		当我们使用社交媒体来寻找或分享旅游信息时，其他社交媒体成员和我都有相同的目标	

于晓宇和陈依(2019)使用信息处理理论，探索创业者的调节定向对其从项目失败中识别机会的影响，重点检验项目团队交互记忆系统的调节作用，对交互记忆系统的测量借鉴 Lewis(2003)的测量工具，将交互记忆系统分为专业性、可靠性和协调性三个维度。其中，5 个问项测量专业性，6 个问项测量可靠性，5 个问项测量协调性，最后形成 16 个测量问项(表 3-9)。

表 3-9 于晓宇和陈依(2019)对创业团队交互记忆系统的测量问项

序号	维度	问项	Cronbach's α
A1	专业性	团队项目完成需要各个成员的专业知识	0.933
A2		团队成员拥有与该项目相关的专业知识	
A3		我拥有其他成员所不具备的与该项目有关的专业知识	
A4		团队每个成员负责不同领域的工作	
A5		我知道其他成员在特定领域都拥有专业知识	

续表

序号	维度	问项	Cronbach's α
A6		我相信其他成员在讨论中所提供的信息	
A7		我很高兴接受团队成员的建议	
A8	可靠性	我相信其他成员的专业知识	0.879
A9		我会再三检查团队成员提供的信息*	
A10		我不太相信其他成员的所谓的"专业知识"*	
A11		我相信团队成员的动机是好的	
A12		团队成员清楚自己要做什么	
A13		团队工作环境很和谐	
A14	协调性	团队成员经常"走回头路"*	0.912
A15		团队成员高效完成工作	
A16		团队成员经常因为工作而产生分歧*	

*表示反向提问。

根据对上述交互记忆系统测量工具的整理，结合本书对创业团队交互记忆系统的内涵界定与维度分析，借鉴 Lewis(2003)、林筠和王蒙(2014)以及 Chen 等(2017)对交互记忆系统的测量工具，开发本研究对创业团队交互记忆系统的初始测量问项(表 3-10)，共 15 个问项。

表 3-10　本研究对创业团队交互记忆系统的测量问项

序号	维度	问项
TMSET01		团队成员拥有与工作任务相关的专业知识
TMSET02	专长性	团队成员分别负责不同领域的专业知识或技能
TMSET03		团队成员具有的专门知识都是完成任务所需要的
TMSET04		团队成员知道其他成员在哪些特定领域有专长
TMSET05		团队成员愿意接受来自其他成员的工作建议
TMSET06	可信性	相信其他成员所掌握的与工作有关的知识
TMSET07		相信其他成员在讨论中提供的信息是可靠的
TMSET08		对其他成员提供的信息总想再检查一遍
TMSET09		团队成员在一起工作时协调得很好
TMSET10	协调性	团队成员对应该做什么很少产生误解
TMSET11		团队成员对于如何完成任务感到很困惑
TMSET12		创业团队成员愿意在彼此交流时分享他们的问题或疑惑
TMSET13	动态性	创业团队成员会坦率指出其他成员的不足或错误
TMSET14		创业团队成员在具体任务上会存在不同意见
TMSET15		创业团队成员相互整合或交换资源和信息

二、文件收集与样本情况

通过系统地文献回顾，得到创业团队交互记忆系统的具体测量问项（表 3-10），最后形成包含 15 个问项的创业团队交互记忆系统的初始量表。每个问项均用 Likert（利克特）五点量表来评估（1=非常不同意，5=非常同意）。

为了获取有用研究数据以检验量表，研究团队在清研理工创业谷和立洋绿色创新空间（国家级备案众创空间）运营机构的帮助下，点对点发放和回收问卷 287 份。调研样本情况如表 3-11 所示。

表 3-11　样本企业情况

企业性质	高新技术企业		非高新技术企业		
数量	138		149		
占比/%	48.08		51.92		
企业年龄	少于 42 个月		42 个月~5 年		6~8 年
数量	38		142		107
占比/%	13.24		49.48		37.28
企业规模/人	<20 人	20~49 人	50~99 人	100~149 人	150 人以上
数量	36	54	67	72	58
占比/%	12.54	18.82	23.34	25.09	20.21

三、量表纯化与结构化

为进一步提升测量工具的效度水平，本书对创业团队交互记忆系统初始量表的结构进行探索性因子分析。在因子分析前，首先进行项目分析，以对测量问项进行提纯。第一步，对初始问项进行难度值检测。15 个问项的难度值在 0.724~0.915，删除难度值超过 0.90 的 1 个项目（TMSET14）。第二步，对剩下的 14 个问项进行独立样本 t 检验，以考察问项的区分度。全部问项的区分度均达到标准值 0.05。通过以上纯化步骤形成包含 14 个问项的创业团队交互记忆系统量表。

在探索性因子分析中，根据 Widaman（1993）的方法建议，使用主轴因子法提取因子，同时考虑到概念间可能存在相关性，运用 Promax 转轴法进行斜交旋转处理。数据结论显示，Bartlett's 球形检验值为 2138.079（$P<0.001$），KMO 值为 0.803，表明相关矩阵不为单位矩阵，该量表适合做因子分析。根据特征值与碎石图结果确定抽取因素的数目，并将判断是否保留一个问项的标准定为：①该测量问项在某因子上的载荷超过 0.5 水平；②该测量问项不存在交叉负荷，即在两个因子上的负荷之差大于 0.2 水平。

探索性因子分析结论显示（表3-12），抽取四个因子是最合理的，四因子累积方差贡献率达到80.172%。从因子结构上看，因子1有4个问项，均与专长性相关；因子2有4个问项，均与可信性相关；因子3有3个问项，均与协调性相关；因子4有3个问项，均与动态性相关。因此，可以初步认为，四维度能够很好地从内涵上对创业团队交互记忆系统进行涵盖，专长性、可信性、协调性和动态性共同构成了创业团队交互记忆系统这一公因子。

表 3-12 量表的探索性因子分析

问项	因子1	因子2	因子3	因子4	特征值	解释方差比例/%	累积解释方差比例/%	因子命名	Cronbach's α
TMSET01	0.853								
TMSET02	0.807				9.127	30.752	30.752	专长性	0.893
TMSET03	0.792								
TMSET04	0.768								
TMSET05		0.855							
TMSET06		0.847			7.356	24.336	55.088	可信性	0.827
TMSET07		0.783							
TMSET08		0.769							
TMSET09			0.858						
TMSET10			0.812		5.284	13.284	68.372	协调性	0.905
TMSET11			0.807						
TMSET12				0.835					
TMSET13				0.791	3.917	11.752	80.172	动态性	0.886
TMSET15				0.748					

四、量表的结构验证

为进一步增强创业团队交互记忆系统量表的科学性，通过大样本研究数据的收集和分析，对量表有效性进行检验。探索性因子分析已将创业团队交互记忆系统划分为专长性、可信性、协调性和动态性四大维度。创业团队交互记忆系统量表中的四个维度是否为最佳数量，同时考虑到四维度之间存在一定相关关系，有可能存在两个或三个维度，或者有可能创业团队交互记忆系统本身就是一个单因子结构。为此，需要对量表的内在结构进行检验以确定创业团队交互记忆系统的多维属性。

为验证四因子结构模型是否为创业团队交互记忆系统的最佳测量模型，本书根据 Anderson 和 Gerbing（1988）的方法建议，通过验证性因素分析对双因子模型、单因子模型和四因子模型分别进行比较，以确定最佳的匹配模型。运用 LISREL8.7 软件对数据进行验证性因子分析。因假设模型和备择模型是嵌套的，为比较不同模型的拟合水平，除了卡方检验(χ^2)，还比较了近似误差指数(root mean square error of approximation，RMSEA)、拟合优度指数(goodness of fit index，GFI)，以及相对拟合指数(comparative fit index，CFI)等重要指标值。数据结论显示(表 3-13)，四因子模型明显优于单因子、双因子和三因子模型，且各项指标值均达到或优于标准值。因此，将创业团队交互记忆系统划分为专长性、可信性、协调性和动态性四个维度是比较理想的测量模型。

表 3-13　不同模型间的验证性因子分析

模型	χ^2	df	χ^2/df	RMSEA	GFI	CFI
单因子模型	1038.562	79	13.146	0.192	0.728	0.693
双因子模型(因子 1+因子 2)	208.247	65	3.204	0.137	0.815	0.803
三因子模型(因子 1+因子 2+因子 X)	65.381	72	0.880	0.095	0.882	0.858
四因子模型	103.378	63	1.641	0.048	0.835	0.924

五、二阶验证性因子分析

　　一阶验证性因子分析结论表明，各因子之间存在较高相关性，可以进一步采用二阶验证性因子分析方法，以提炼出更为高阶的公因子。相对于一阶验证性因子分析，二阶验证性因子分析能够反映更深层次的潜在因素。对创业团队交互记忆系统进行二阶因子分析，旨在检验一阶因子与二阶因子的关系，确保两大类型的一阶因子受到一个较高阶潜在因素的影响，即某高阶因子可以解释所有的一阶因子。根据刘盾和徐岩(2021)的方法建议，运用二阶验证性因子分析，检验创业团队交互记忆系统与四大维度之间的逻辑关系，并对二阶验证性因子模型信效度进行检测。通过二阶因子验证，结果表明验证模型的拟合水平比较理想(表 3-14)。

表 3-14　二阶验证性因子分析拟合度指数

指　标		模型值	标准值	指　标		模型值	标准值
绝对拟合度	χ^2/df	1.705	<2.0	增值拟合度	CFI	0.921	>0.9
	P	0.000	<0.05		NFI	0.912	>0.9
	RMSEA	0.038	<0.08		TFI	0.909	>0.9
	GFI	0.909	>0.9	简约拟合度	PGFI	0.613	>0.5
	AGFI	0.905	>0.9		PNFI	0.595	>0.5

注：AGFI 为 adjusted goodness of fit index 的缩写，意为调整拟合优度指数。

二阶因子模型数据显示（表 3-15）：①二阶验证性因子模型整体拟合度水平达到标准值要求，表明模型的整体拟合度较高；②四大一阶因子载荷高于 0.5 水平，且 t 值具有显著性，多重相关平方（squared multiple correlation，SMC）也大于 0.5 水平，表明一阶与二阶因子具有显著相关关系，组合信度（composite reliability，CR）大于 0.7 水平，说明整体模型信度水平较高；③二阶因子的平均提取方差（average variance extracted，AVE）均大于 0.5 水平，因此，可以认为专长性、可信性、协调性和动态性四维能够很好地收敛于创业团队交互记忆系统这一更高层面的概念，表明测量的收敛效度也比较好。

表 3-15　创业团队交互记忆系统的二阶因子分析

二阶因子（子类型）	因子载荷	t 值	SMC	CR	AVE
专长性	0.813	—	0.803		
可信性	0.825	23.019[***]	0.795	0.837	0.581
协调性	0.809	22.547[***]	0.783		
动态性	0.811	24.385[***]	0.815		

RMSEA=0.038；GFI=0.905；NFI=0.912；CFI=0.921；PGFI=0.613；χ^2/df=1.705

***表示 $P < 0.001$ 时，t 值显著。NFI：normed fit index，规范拟合指数。PGFI：pratio goodness of fit index，简效拟合优度指数。

综上所述，本书在交互记忆系统的现有理论观点基础上，结合创业团队的具体特征，运用科学、严谨的研究方法，对创业团队交互记忆系统的内涵及类型进行界定，并在此基础上通过改编成熟研究量表，运用大样本数据对量表进行检验，形成了包含专长性、可信性、协调性和动态性四种维度的创业团队交互记忆系统测量工具。研究结论不仅表明创业团队交互记忆系统是一个多维构念，它与其他团队（如高管团队、研发团队）交互记忆系统在内涵及构成方面具有自身特殊性，同时对创业团队交互记忆系统量表的开发为后续的实证研究奠定了工具基础。

第四章　团队领导与创业团队
交互记忆系统

本章着力探讨创业领导在构建团队交互记忆系统中的关键作用。研究将交互记忆系统研究置于创业分析情境，在考虑内外部因素权变效应条件下，从团队领导视角探究创业团队交互记忆系统的影响机制。通过系统研究表明，团队领导驱动创业团队交互记忆系统具有差别效应，因而要求新创企业根据不同内外部环境条件，有针对性地匹配变革型与交易型的团队领导方式，以推动创业团队交互记忆系统的形成。

第一节　团队领导的内涵及价值

本节从团队领导的含义、团队领导的类型以及价值方面对团队领导进行理论综述，并对相关研究进行总结和评价，以形成驱动创业团队交互记忆系统构建的文献基础和理论基石，进而为本研究形成具有创新性和前沿性的理论切入点。

一、团队领导的含义

随着经济社会的快速发展和知识经济时代的到来，领导成为企业能否取得持续竞争优势的关键因素之一。领导是一种建立在组织基础上的社会互动过程，在这个过程中领导者依靠自身认知来分析组织所处的复杂环境，进而选择和实施适当的行为以确保组织目标的实现(Tepper et al., 2018)。领导蕴含着几个基本要素：领导者、追随者、构建共同目标、追随者自我驱动、努力实现共同目标的行动(章凯等, 2022)。其中，"共同目标"(即共同愿景)占据核心地位。在领导实践中，之所以要强调共同目标的重要作用，这是由人的本质属性决定的。根据目标动力学理论(章凯, 2004)，人在本质上是一种由心理目标驱动的、自主寻求意义的观念性生命；心理目标是人们渴望实现的、具有自我实现动力的未来状态(如渴望成长、渴望拥有富裕生活等)；心理目标是动机形成的心理基础。如果想让组织目标获得员工的认同并转化为共同目标，就必须使组织目标与个人的心理目标结合起来，从而使员工获得自我驱动的工作动力。因此，共同目标的形成在本质上意味着员工在努力实现组织目标的过程中，在一定程度上成为自我驱动者，并在为实现组织目标而努力的同时也可促进个人目标的实现。此外，领导行为和管理行为是两个不同的概念。领导过程是一个凝心聚力的社会过程，而不是一个要求员工服从并控制员工行为，使他们仅仅按照领导者意志和目标行事的过程。如果把领导完全等同于管理，或者把管理行为等同于领导行为，那么"领导"就是一个多余的概念，现代企业也就根本不需要领导力(章凯等，2022)。

团队已经作为一种普遍存在的管理模式出现在各类组织中，通过有效的领导能更好地发挥团队的作用(朱仁宏等，2018)。因此，团队领导作为一种管理实践，是通过构建领导者和追随者的共同目标来激励追随者积极主动地为实现共同目标而努力的过程(章凯等，2022)。有效的团队领导可以帮助团队成员获得更多支持、增进团队之间的沟通、减少误解，从而改进工作态度与行为(Selvarajan et al.，2018)。

在目前的研究文献中，不同的研究者对不同的团队领导有不同的概念界定。Bennis(2007)在研究中指出，团队领导反映管理者任职初期进行的方向选择，是管理者首先在心中勾画出一个具有可能性的、理想中的团队未来图景(即愿景)，并把团队中所有人的注意力都集中到这上面来，然后通过沟通赋予意义，通过定位取得信任，由创造性学习与变革最终提高团队能力的过程。Jucker 和 Mathar(2015)认为，团队领导是指对团队成员施加影响，从而使他人理解需要完成的任务以及如何完成任务，并就此达成共识的过程，同时也是促使个人和集体努力实现共同目标的过程。王辉等(2008)也主张团队领导是影响他人的过程，是促使下属以一种有效的方式去努力工作，以实现团队共享目标的过程。Gardner(1990)认为，团队领导是领导者个人或团队为实现领导者自己及其追随者的共同目标，通过说服或榜样作用激励团队的过程。

二、团队领导的类型

领导风格(leadership style)在领导理论与实践中也被称为领导行为方式或领导行为类型(彭正龙等，2019)。Oberfield(2014)认为，领导行为类型是指领导者经过长期的领导实践和经验总结，并通过深入研究分析后所形成的独特的习惯化的领导行为方式。团队领导作为影响员工积极型和创造性最重要的因素，已有多位研究者从不同的视角分析和检验了它的领导效果(郭桂梅和段兴民，2008)。团队领导风格既与领导者特质有关，也与组织环境有关，它是组织内外部因素共同作用的结果(罗瑾琏等，2016)。但不同的领导风格或领导方式会产生不同的领导效果。领导者会根据不同的环境选择不同的领导风格或方式。对领导者而言，领导风格代表着他们更高层次的能力，并随着领导者的特征、个性、经验以及价值观的不同而表现出不同的形式，影响着团队内部行为规则(Ramos and Ratliff，

1997），对实现团队目标至关重要。目前，对团队领导风格类型的理解已形成大量观点，不同学者研究了不同的团队领导类型，主要体现在以下几个方面。

(一) 变革型领导

变革型领导一直是领导理论研究的核心问题之一，起源于特质学派理论的变革型领导理论，主要综合了行为理论及情境因素，突破了单一理论的局限性，对理解领导过程做出了重要贡献(朱慧和周根贵，2016)。变革型领导理论强调管理中"人"的因素，随着"以人为本"思想的盛行(杨春江等，2015)，它开始强调精神感召力以及对下属情感与价值观的影响(吴志明和武欣，2006)。变革型领导最先出现在Downton(1973)的《反叛领导》一书中。随后，Burns(1978)在对政治领导的研究中，其经典著作《领导论》第一次较为系统地提出变革型领导的概念，认为变革型领导是通过追求更高的理想和道德价值来培养和提高下属的意识。Bass(1985)随后又进一步发展了Burns(1978)对变革型领导的定义，强调变革型领导行为能够促使下属意识到工作结果的重要性和价值、激发下属较高层次的需要以促使他们关心企业的绩效。

Bass(1985)提出了变革型领导的"三维度"观点，将变革型领导分为领导魅力、才智激发和个性化关怀三个维度。之后，Bass(1996)在已有研究的基础上对变革型领导进行了更为深入且细致的研究，将变革型领导行为定义为四个维度：领导魅力、愿景激励、智能激发和个性化关怀。此后，学者们对变革型领导的维度划分有了较为统一的认识。除了Bass(1996)的维度划分之外，Podsakoff等(1990)提出了六种变革型领导行为，即促进合作、个性化关怀、榜样示范、表达愿景、提出高期望和智能激发。Chen和Farh(1999)运用因素分析的方法，将Podsakoff等(1990)提出的六种变革型领导行为分为两类，即关系导向的变革型领导行为和任务导向的变革型领导行为。其中，关系导向的变革型领导行为包括促进合作、个性化关怀和榜样示范三个方面，任务导向的变革型领导行为包括表达愿景、提出高期望和智能激发三个方面。然而，领导行为的发生依赖于国家和地方的文化背景，针对中国文化的独特背景，学者们对变革型领导的结构进行了有益的探索(李琳和陈维政，2015)。李超平和时勘(2005)认为变革型领导具有愿景激励、领导魅力、德行垂范和个性化关怀四个维度，其中德行垂范维度是中国文化背景下的新发现。此后，很多国内学者在对变革型领导进行研究时，会参考李超平等的维度划分。

(二) 交易型领导

社会交换理论是解释领导方式与下属态度和行为联系的重要理论基础。该理论阐述了人与人在社会生活中的交往模式。它指出当一方得到另一方有形资源或无形支持时，会产生回馈的意愿并最终以情感、态度或行为的方式表达(Blau，1968)。在组织中，领导往往被认为是组织的代理人(Majo et al.，1995)，因此当下属得到领导的资源和支持时，除了直接向领导做出回馈(如忠诚、认同)，还会将积极性的回馈扩展到工作和组织方面，如增加对组织的承诺、提升工作绩效和主动表现角色外行为等。

交易型领导的概念首先出现在 Burns(1978)的《领导力》一书中。该书提到，交易型领导源于社会交换领域中的领导者-成员交换理论，并且将这种理论的性质归结为社会交换理论。社会交换理论认为交换有两种不同的模式，一种是以物质为基础的明确彼此要求的经济交换，另一种是基于彼此信任关系的自愿交换(韩晋，2019)。Burns(1978)基于社会交换理论界定了交易型领导的概念，认为交易型领导强调即时赏罚，是领导与下属间建立一种互惠的、经济的、心理的、着眼短期的价值互换关系和交换的过程。Bass(1985)进一步界定了交易型领导的概念，认为交易型领导者和员工之间的关系是一种现实的契约行为。领导者和下属通常建立互惠的利益关系，并根据既定的工作契约进行交换，以此达成共同的目标和各自的利益目标。

关于交易型领导行为的构成，Bass(1995)最先基于"二维度"视角划分交易型领导者，并认为这种领导风格包括权变奖励和例外管理两个方面。其中，权变奖励通常是指根据下属的业绩完成情况给予一定的奖励；例外管理通常是指对任务完成情况的监督以及对可能出现的突发状况的处理，并在必要时采取纠正措施来维持组织绩效的行为。Howell 和 Avolio(1993)在 Bass(1995)等的基础上进一步发展了交易型领导风格的维度划分，将交易型领导划分为三个方面，包括权变奖励、积极的例行管理和消极的例行管理。其中，权变奖励是领导者与下属建立建设性交易或交流的程度，领导者阐明期望并建立满足这些期望的奖励机制。积极的例行管理是指积极的领导者会监视跟随者的行为，预测问题，并在行为带来严重问题之前采取纠正措施。而消极的领导者要等到行为造成问题后再采取行动，即消极的例行管理。积极的例行管理和消极的例行管理的区别就在于领导者干预时间的不同。国内外学者的研究表明，与权变奖励和积极的例行管理相比，消极的例行管理对结果变量的影响总是相反的，因此在研究交易型领导的作用机制时，最好不考虑消极的例行管理这一维度。

(三)授权型领导

为了更加高效地应对当今复杂多变的外部环境，现代企业的组织结构逐步由传统的金字塔式向扁平化转变(Biemann et al.，2015)，这使得团队成员在组织中的作用也变得越来越重要(Forrester，2000；Cheong et al.，2016)。在这样的大环境下，管理者采取命令、控制等传统方式来进行管理已经越来越难以适应外部环境需求和新的组织架构，而领导向下属授权的作用与意义则日益凸显(Ahearne et al.，2005；彭坚等，2016；陈晨等，2020)。因此，在过去二十多年里，以分享权力、鼓励员工自我管理为核心的授权型领导(empowering leadership)也越来越受到研究者和管理实践者的青睐。

相比于传统的集权领导模式，授权型领导能够更好地适应内外部环境的快速变化(解志韬和王辰轩，2020)。授权型领导是指领导通过强调下属的工作价值、肯定其工作能力等方式，授予下属更大的决策权，并让下属更加自主地执行工作任务，从而与下属分享权力的一系列行为(Ahearne et al.，2005；Zhang and Bartol，2010)。其他学者也分别从不同角度对授权型领导进行了界定，不同定义的共同点在于都将授权型领导视作将领导职能对下属进行某种程度的授权，从而激发员工自我管理、自我领导的能力，提升员工的内部动机(Amabile et al.，2004；Srivastava et al.，2006)。大量的研究指出授权型领导对员工、团队和组织的积极结果都有显著的促进作用(Chuang et al.，2016)，对员工工作满意度、员工建言与组织承诺、知识共享行为、团队凝聚力和创新等产生影响(Vecchio et al.，2008；解志韬和王辰轩，2020)。

（四）共享型领导

20世纪80年代随着知识团队管理的兴起，人们开始重视共享型领导(孙华等，2008)。共享型领导发生在团队个体之间动态的、交互影响的过程中，其目的是通过成员间领导力行为的相互作用实现个体和团队目标(Pearce and Conger，2002)。共享型领导的独特之处在于具有更多样化的领导力行为实施方向，还包括成员实施的自下而上的行为和同层级之间的互动(顾琴轩等，2020)。自从共享型领导的概念被Pearce和Conger(2002)正式提出，便一直被认为是增强组织的扁平化和多元性，提升知识型组织绩效的有效方式(Hoch，2013)。

共享型领导指团队成员根据任务要求和情境变化共同承担领导职责，通过成员互动和影响过程，彼此领导以实现团队目标(Pearce and Conger，2002；顾琴轩和张冰钦，2017)，是团队成员间一种非正式、水平状的新型领导模式。共享型领导属于一个团队现象，需要成员的集体加入。因此，共享型领导实现的一个前提是团队成员的参与(顾琴轩等，2020)。Wood(2005)认为，共享型领导是指团队成员在工作过程中共担领导职责、共同制定决策，并在需要时给予团队其他成员指导和支持，共同实现团队目标。由此可见，团队成员应该具备参与能力，按照团队的任务要求和所处环境特点，主动参与团队工作决策，才可能形成团队共享领导。

（五）精神型领导

随着新生代员工逐渐成为职场主体，如何站在员工自我决定与领导驱动的双重角度，思考并满足员工精神需求，激发员工内源性工作动机，引导员工"以职业为事业"，进而构建起基于精神价值认同的新型上下级关系，提升新时代条件下的领导有效性，已成为学界和企业界面临的共同挑战(赵宜萱等，2019)。由此，强调从精神和意义维度实现员工内在激励的精神型领导开始受到领导力研究学者的关注(杨付等，2014)。精神型领导着眼于满足员工精神存活感，使员工体验到工作对自身的内在意义，感受到被理解和欣赏。其本质关注的是员工个人生命意义追寻问题，以及由此带来的对领导和组织的内在认同（Fry，2003）。目前的研究中学者们主要从态度、行为、效能和职业发展等方面探究精神型领导风格对员工和组织的多重影响及其作用机理（崔遵康等，2021）。

精神型领导是一种通过向员工传递组织愿景、赋予希望和信念，并通过表达利他之爱来肯定和支持员工精神性存在，满足员工精神性需求的领导行为，它有利于激发员工工作的内在动力和能动性，进而激励员工实施有利于组织发展的积极工作行为（刘园园等，2022）。这表明，精神型领导是一种通过内在激励的方式激发并满足员工诉求和成员身份等精神性存在和精神性需求的领导方式。根据Fry（2003）的定义，精神型领导是内在激励自己和他人，以满足他们基于使命和成员身份的精神存活感的一种价值观、态度和行为的总和，涉及愿景、信念和利他之爱三个维度。其中，愿景是指领导对团队未来的美好想象和描绘，是团队在未来要实现的目标；信念是指个体对完成团队愿景目标的内在看法和心理力量，它可以推动员工完成目标；利他之爱是指领导发自内心地关怀、尊重、欣赏、认同员工，是一种可以给予员工归属感和幸福感的关爱。精神型领导更多地关注团队成员的内心和精神世界，通过向员工传递组织和团队的愿景、积极信念和价值观，让员工了解且理解团队目标并为之奋斗，感受到来自领导的关心和支持，从而产生积极的工作态度和行为。已有研究表明，精神型领导显著地正向影响员工的组织公民行为、工作投入程度、组织承诺、创新行为、建言行为以及职业生涯发展等（Wu and Li，2015；杨振芳等，2016；刘园园等，2022）。

（六）包容型领导

近年来，随着国家创新驱动发展战略深入实施，我国的科技实力不断提升，新时代下组织结构日益"解构化"，员工的差异化需求与自主性需求日益增加，包容型领导应运而生（陈晓暾和程姣姣，2021）。包容型领导的核心是"包容性"，是关系型领导的特殊形式和核心，是在坚持以人为本的管理原则下探讨领导与成员之间的互动关系（管春英等，2016）。包容型领导的精神实质是"包容"，包容是指领导对个体参与组织活动、完成组织任务所做出的包容。

Nembhard 和 Edmondson（2006）首次提出了在组织管理情境下的包容型领导概念，即管理者强调与下属之间的双向互动并且愿意在工作中关注下属需求、肯定下属贡献的一种领导行为。Hollander（2012）认为包容型领导是指领导者尊重和理解员工，对他们进行反馈和承担责任，其核心在于"与人共事，而非为人做事"。李燕萍等（2012）则认为包容型领导坚持以人为本，通过平衡式授权、走动式管理和渐进式创新，推动下属对领导同样持有包容的态度，从而形成一种双方"互为"的过程。Carmeli 等（2010）的观点得到众多研究的认可，他们认为包容型领导关注追随者行为，在与下属互动中展现开放性、亲和性和有效性特征，是一种典型的

"关系型领导"。尽管学者们对包容型领导进行了概念性界定，但由于没有统一的维度构建，随着理论研究的继续深化，在结构维度开发方面也由一维到五维不等。Hollander（2012）认为包容型领导是与人共事，达成共赢，共同完成工作任务的具体表现。与此同时，国内学者也针对包容型领导的研究维度展开了积极探索。本书借鉴陈晓暾和程姣姣（2021）对包容型领导的系统梳理，将包容型领导的结构维度量表进行了总结，如表 4-1 所示。

表 4-1　包容型领导的概念界定和维度划分（陈晓暾和程姣姣，2021）

研究学者	量表维度	核心要点	研究视角	中西方定义差异
Nembhard 和 Edmoandson（2006）	三维度	医生领导者的包容性言行和态度/解决学校教育公平问题、管理学生多样化	医疗团队/学校教育	东方注重"求同"、西方注重"求异"；中国组织权利距离高，最终达到中庸，西方组织领导下属心理距离小；东方注重组织"包容"，西方注重员工"包容"
Hollander（2009）	三维度	沟通-行动-公平、支持-认可、利己-不尊重正反面叙述	团队/组织	
Carmeli（2010）	三维度	开放性、可利用性、易接近性	领导-员工-组织	
方阳春和金惠红（2014）	五维度	包容-认可-公平-鼓励-支持	高校科研团队	
朱瑜和钱姝婷（2014）	四维度	融合、宽容大度、无所不包、兼容并蓄	组织管理	

（七）伦理型领导

伦理一直被认为是领导者的重要品质，早期关于领导层面伦理维度的研究主要集中在变革型领导和魅力型领导领域。伦理型领导（ethical leadership）是近年来伴随世界电信等商业丑闻频繁爆发而产生的一种新型领导行为（张笑峰和席酉民，2014）。伦理型领导兼具了多种领导类型的特质，表现为"道德性"和"利他性"的典型特征（Brown et al.，2005）；同时，由于伦理型领导掌握资源分配和统筹管理的权力，从而扮演着直线管理者和道德模范的双重角色。伦理型领导能为员工提供成长关怀、心理氛围支持和道德垂范，这种行为方式恰恰能够满足员工自主、胜任和关系需求（贾建锋等，2020）。

伦理型领导是指管理者在工作中表现出符合伦理规范的行为，并在人际互动中通过双向沟通、强制等方式促使下属学习、效仿（Brown et al.，2005）。Trevino 等（2000）的研究总结出伦理型领导包含以下两个方面的特点：①符合伦理的个人，即在品质上诚实正直、可信赖，在行为上正确行事、关心下属、公平开放，在做决定时坚持原则、客观公正、心系社会；②符合伦理的领导者，为员工做出行为示范，与员工沟通伦理与价值观问题，并建立正确的奖惩系统来规范员工的行为。

有学者通过对比发现，虽然变革型领导、真实型领导、精神型领导和公仆型领导的个人特质均包含伦理层面，都为员工提供了良好的榜样作用，但伦理型领导在"符合伦理的领导者"特征上与其他领导行为明显不同,即伦理型领导不仅注重自身的伦理修养,还更加关注在工作中通过双向沟通和建立组织规范等方式来影响员工的伦理道德水平(Toor and Ofori,2009)。社会学习理论是解释伦理型领导作用机制的基本理论之一。在组织中,伦理型领导正直、诚信、言行一致,积极践行道德准则,很容易成为下属效仿的角色典范;通过沟通和强制等措施要求下属遵守伦理规则,奖励伦理行为、惩罚非伦理行为,也向员工传递了组织对待积极/消极行为态度的信号(张永军,2017)。在以往的研究中,不少学者发现伦理型领导对下属的态度和行为具有积极的影响,包括公平感、工作满意度、主观幸福感、员工建言和组织公民行为等(毛江华等,2020)。

(八)仁慈型领导

仁慈型领导是指领导者对下属个人的福祉做个别而全面的关怀,其文化根源来自儒家对仁君的描述(Farh and Cheng,2000)。儒家思想认为,分别居于上、下位的两个人其角色关系建立在相互性(mutuality)的基础上——仁君忠臣、慈父孝子、义夫柔妻、友兄顺弟及慈姑听妇,并且每一方在执行其角色时,都要保持关系的和谐性。依照孔子的观点,"仁"即是"爱人",它是领导的核心概念,与人性本质、人际关系及人性治理皆有关(Lin et al.,2012)。儒家伦理也强调社会关系中"报"的重要性,报的核心意义是互惠。居上位者的仁慈会让居下位者产生亏欠、感激的感觉,并愿意在适当的时机做出回报,具体形式包括发自内心的感谢、绝对忠诚等。当这种上、下的关系模式泛化到工作场所,领导者与下属间基于义务履行的相互责任(领导者对追随者的恩惠、保护以及追随者对领导者的忠诚)即会出现(李锐等,2015)。

Cheng 等(2004)指出,与西方变革型领导中个性化关怀维度所涵盖的领导者关心和满足下属的个别感受与需求、给予下属适当的支持不同,仁慈型领导的关怀照顾并不仅限于工作层面,而是会扩及下属的私人问题。Farh 等(2008)在回顾相关文献的基础上明确将仁慈型领导行为概括为对下属工作层面与非工作层面的个别照顾。在前一层面,领导者会容许下属犯错,避免公开责难下属,并给予适当的教育与辅导;在后一层面,领导者会照顾下属及其家人,当下属遇到生活上的难题时给予协助,并关怀下属私人的生活与起居。林姿莛和郑伯埙(2012)的实证研究确认了仁慈型领导的双因素模式,并认为生活层面的关怀可能是华人仁慈领导不同于西方相关领导构念的最大特色。

(九)服务型领导

Greenleaf(1979)最早提出服务型领导概念,他认为领导者首先应该是服务者,应尊重追随者,主动满足追随者需求,为追随者服务并助其成长,通过得到他人的信任形成领导力。Spears(2010)认为,服务型领导使下属的尊严和价值观得到尊重，并愿意为下属和团队提供持续的服务。根据 Laub(1999)的观点，服务型领导认为追随者的利益高于其自身利益，并且为了组织利益和客户利益分享其在组织中的地位与权力。

不同的学者对服务型领导有着不同的定义，总体上分为以下几类：一是来自领导者的服务行为，具体体现为帮助员工工作、发展等各种领导活动；二是领导者自身价值认定，即领导者将自己定位为服务者，认为员工利益大于领导者利益；三是积极的、重视员工需求的领导风格，等等。虽然定义不尽相同，但服务型领导有着共同的特点和内涵，主要包括：主动性、关注下属、授权、倾听、接纳、移情能力、服务意愿、注重员工发展、信任等(Greenleaf, 1979)。服务型领导被定义为一种具有组织全局观和利他主义的领导者，着重关注追随者的愿望与需求，这是其有别于其他类型领导者的一个显著特征(卢俊婷等，2017)。

(十)自我牺牲型领导

Choi 和 Mai-Dalton(1998)较早系统地开展了组织中领导者的自我牺牲行为研究，并提出了自我牺牲型领导概念，将其界定为"一种为了实现组织使命和集体福祉，自愿放弃或推迟获取个人利益、福利或特权的领导方式"。具体而言，在任务分配方面，自我牺牲型领导拒绝个人的舒适和安全，勇于承担高风险的或艰巨的工作任务，敢于为组织或团队中的不幸、失败、事故或错误等承担责任；在权力运用方面，不以权谋私，甘愿放弃或限制个人职位特权及享受等；在奖酬分配方面，为维护或促进集体利益，不惜放弃或推迟获取个人合法利益，如福利、薪资或奖金等(周如意和龙立荣，2017)。

在自我牺牲型领导的测量方面，学者们根据研究目的和内容的不同，采取了以下一种或多种测量相结合的方式。一是情景实验(scenario experiment)。如 Choi 和 Mai-Dalton(1998)在其研究中开发了一份自我牺牲型领导情景问卷，在问卷中，他们虚拟了一家公司，并详细描述了该公司领导者的自我牺牲行为。该测量方式的优点在于能较好地模拟出领导者的工作情境，可对实验中涉及的无关变量进行控制，但缺点也较为明显，如存在外部效度较低、研究结果未必能推广到真实企业组织中等问题。二是实验室实验(lab experiment)。例如 Van Knippenberg 和 Van Knippenberg(2005)设置了一项任务实验，参与者被邀请参与一项创意活动。在该活动中，参与者需要在规定的时间内拿出尽可能多的创意方案。每名参与者被分配到一个虚拟团队中，每个团队设置一名虚拟领导，其领导风格被随机设定为自我牺牲型或者自私自利型，通过此种方式来考察参与者在不同领导方式下的任务完成效果。三是问卷量表。如 De Cremer 和 Van Knippenberg(2004)根据以往自我牺牲型领导的概念，开发了含五个题项的自我牺牲型领导问卷量表，例如"工作中敢于承担责任风险""即使牺牲个人利益，也愿意维护组织成员利益""在实现组织目标的过程中，会做出自我牺牲"等。该量表已成为不少学者研究自我牺牲型领导的主要测量工具。

以上主要介绍了现有研究中较为常见的主要领导类型。本书通过对国内外有关领导及领导风格的文献进行系统回顾和梳理，对领导类型划分的主要观点进行整理，如表 4-2 所示。

表 4-2　团队领导的维度划分的整理

研究者(年份)	领导风格	相关概念
Hood (2003)	变革型领导 交易型领导 自由放任型领导	变革型领导：鼓励成员去实现自我价值和企业价值的领导风格。 交易型领导：强调任务分配、工作标准和员工合规性。 自由放任型领导：在团队中不太活跃，避免决策和监督责任
Somech (2006)	参与型领导 指导型领导	参与型领导：让员工参与决策，在决策中共同发挥影响力。 指导型领导：团队成员提供决策和行为框架，以符合上级意愿
Müller 和 Turner (2007)	变革型领导 交易型领导	变革型领导：关心团队成员的关系。 交易型领导：关注过程
Yang 等 (2011)	变革型领导 交易型领导	变革型领导：表现出超凡魅力，并建立尊重、信任和愿景。 交易型领导：强调回报
Bhatti 等 (2012)	专制型领导 民主型领导	专制型领导：关注生产率。 民主型领导：尽管最终决策要自己做出，但是会让团队成员参与决策过程
张亚军等 (2015)	威权型领导 授权型领导	威权型领导：喜欢集权力于一身，控制大部分的人或事，刻意与下属保持距离。 授权型领导：授予下属权力
施涛等 (2018)	仁慈型领导 威权型领导	仁慈型领导：关心员工的组织学习过程，鼓励员工去开展服务创新，并增强员工的服务意识，进而提高顾客满意度。 威权型领导：在组织中拥有专权并贬低下属，会让员工有抵制组织学习的心理，进而降低他们在组织学习中的投入程度
Bachrach 等 (2019)	变革型领导 交易型领导	变革型领导：激励团队成员在超越个人利益的基础上进行协作，同时鼓励成员关注集体利益。 交易型领导：强调预期回报与行为之间的联系
彭灿等 (2020)	开放型领导 闭合型领导	开放型领导：通常鼓励员工使用不同的方式解决不同的问题，进而满足员工需求的管理者。他们给予员工足够的时间和空间，支持员工不断挑战、参与创新。 闭合型领导：通常鼓励员工在已有的工作流程中不断开发，通过细化已有的知识和经验，进而实现创新的管理者

三、团队领导的价值

团队领导在团队中起重要作用，通过明确员工的工作任务和角色认知等方面的需求，激励员工实现团队目标(苗宏慧，2019)。团队领导的价值主要体现在如何提升团队效力。例如，有研究表明团队领导积极影响团队知识转移(刘佳，2020)和团队凝聚力(肖乐，2020)。也有研究表明团队领导能够正面、积极地影响团队满意度，更有相当的研究结果证明团队领导能提高团队员工的组织公民行为和组织承诺(杨凯和马剑虹，2009)。然而，大多数研究表明，团队领导的价值主要体现在如何提升团队绩效、团队创新和创造力。

(一)对团队绩效的价值

团队领导对团队每个成员价值的理解和重视、对工作中资源的合理分配，能够充分提高团队成员的自信心和积极性、强化员工工作的主动性、鼓励成员为团队目标付出更多的努力和汗水，最终促使团队绩效的提升(钟竞等，2018)。庞立君等(2019)基于高层梯队理论和"过犹不及"理论，探讨了创新失败情境下团队领导对团队绩效的非线性影响，并引入失败学习(单环与双环)作为中介机制。研究发现，团队领导与团队绩效具有显著倒 U 形关系，失败学习(单环与双环)在CEO 变革型领导与企业绩效的关系中起到中介作用。张银普等(2020)基于高层梯队理论，以输入-过程-输出为框架，构建有调节的中介模型，探讨创业团队领导对团队创新绩效的影响机制，引入行为整合的中介作用，探讨 CEO 冒险倾向对创业团队领导与行为整合的关系以及创业团队领导通过行为整合中介对团队创新绩效影响的调节作用。李金生和时代(2021)基于社会认知理论、经验学习理论，构建了一个被调节的中介模型，他们发现团队领导能够显著提高团队创新绩效，同时，团队领导对团队创新绩效产生影响主要通过失败学习实现，而技术动荡性削弱了失败学习对团队创新绩效的影响。

(二)对团队创新的价值

团队创新得益于团队中新创意、知识、流程的提升或引进，并且在实施转化过程中最终以市场价值形式体现(West，2002)。从创新实现的角度看，团队领导行为能够有力推动团队创新进程、成果转化乃至团队创新目标实现。团队领导者通过看似竞争关联且对立统一的行为，分配统筹组织结构或团队员工工作在不同时间或同一时段的特异性要求，通过团队领导行为有助于帮助团队解决创新过程中遇到的挑战与变化，从而将有限时间聚焦于团队创新过程。花常花等(2022)结合领导力、知识管理及创新相关理论，基于中国情境构建并检验团队领导与团队创新关系的理论模型，从知识-权力转化视角探讨团队领导对团队创新的作用机制及边界条件。研究得出，团队领导对创新团队的知识权力集中度有显著正向影响，进而通过知识创造、知识整合等阶段性过程作用于团队创新。Ye 等(2019)将目标设定理论整合到投入-过程-产出框架中，并提出了一个有调节的中介模型来检验团队领导与团队创新之间的关系，发现团队话语权在团队领导与团队创新的关系中起中介作用，绩效压力在团队领导与团队话语权之间的直接关系和团队领导与团队话语权之间的间接关系中起中介作用。这意味着，可通过团队话语权传导团队创新，以便在绩效压力高时建立更牢固的关系。

(三)对团队创造力的价值

团队创造力研究起源于 20 世纪 70 年代提高企业绩效的实际需要。随后，Amabile(1983)提出，团队创造力是个体、团队及情境三个层面的因素交互影响、共同作用的结果。其中个体层面的因素包括个人的性格和认知风格(Shalley et al.，2004)，个人所具备的知识、创造技能等；团队层面的因素包括团队特征、团队构成、团队领导等(Amabile，1983)；情境层面的因素包括远景目标、团队信任(Khodyakov，2007)、团队凝聚力(Taggar，2002)等。由此可见，团队领导是促进团队创造力产生的重要因素。

同时，大量研究者证实团队领导积极影响团队创造力。例如，耿紫珍等(2021)基于内隐性建言理论，探究团队领导如何通过影响团队促进性/抑制性建言进而影响团队创造力的间接效应，以及团队传统性对该间接效应的调节作用，研究发现团队领导通过提升促进性/抑制性建言从而提升团队创造力。陈慧等(2021)以社会信息加工理论为基础，结合 Marks 等(2002)对团队功能的具体区分，以"团队状态-团队过程-团队产出"为整体逻辑，构建了"团队领导-团队心理资本-团队建言行为-团队创造力"的链式中介模型，从团队互动层面探讨了团队领导对团队创造力的影响机理。此外，他们还基于不确定管理理论，引入团队任务不确定性作为边界条件，强调了团队领导风格与任务特征匹配的重要性。研究表明：①团队领导可以激发团队心理资本；②团队心理资本可以促进团队建言行为；③团队建言行为能够提升团队创造力；④团队心理资本和团队建言行为在团队领导与团队创造力之间存在链式中介作用。该研究在团队层面验证了包容型领导对创造力的积极影响，并揭示了其中复杂的团队互动过程。

第二节 团队领导创业团队交互记忆系统的驱动机制

本节聚焦于创业团队领导驱动交互记忆系统形成机制的理论推导和模型构建，将团队领导视为驱动创业团队交互记忆系统的前因变量，并考察团队特性以及环境不确定性在团队领导驱动创业团队交互记忆系统中的权变效应。

一、创业团队领导与交互记忆系统

(一)创业团队领导

作为社会新生力量的新创企业需要怎样的领导风格是学界关注的重要问题。近年来在"双创"等政策的引导下中国创业实践呈现出前所未有的活跃状态。然而初创企业面临资源短缺、组织结构松散、产品生命周期短、技术更新速度快以及市场经验不足等问题，这些因素增加了初创企业的生存难度，导致创业失败的案例屡见不鲜。绝大多数创业活动都是以团队方式，而非个体方式展开的，创业活动已从"孤独英雄"的经济战斗转变为"杰出团队"的智慧搏击(Kier and McMullen，2018)。因而创业团队对新创企业的建立、生存和发展具有关键价值，影响甚至决定创业成败。从知识基础看，创业可以被视为团队整合并应用各类知识进行机会获取和价值创造的创新活动(Zahra and Filatotchev，2004)，各类知识在创业团队内部交叉、扩散和融合的水平直接影响创业活动实施及新创企业成长(Rauter et al.，2018)。

高阶理论一直强调高管团队在组织绩效方面的关键价值，而创业团队则在新创企业的建立、发展和领导过程中扮演重要角色(Jin et al.，2017)。相较于高管团队和研发团队，创业团队面临不稳定的团队氛围和更动荡的内外部环境，使创业团队领导具有一般团队领导的共性，同时面临创业环境高度不确定性带来的挑战。Leitc 和 Volery(2017)明确指出，有效的创业团队领导，能够将创业领导者所具备的执着、创造、热情以及对不确定性的容忍等重要特质带给创业团队，使其具备积极性、创新性和承担风险的能力，从而帮助新创企业走向成功。因此，创业团队领导可以被视为创业领导者通过各种方式影响创业团队成员，以达成创业团队目标的人际互动过程。

在创业团队领导中，塑造团队价值观和明确创业预期是两种迥然不同的领导风格。本研究借鉴有关双元领导的研究观点(Geier，2016)，将创业团队领导区分为变革型和交易型两类：变革型领导重视在创业团队中塑造共同价值观及创业愿景，倡导革新与创造以凝聚团队成员，达成创业目标；交易型领导则是明确创业预期，强调创业活动的潜在回报和刺激，以协调创业团队行动、实现创业目标。Jensen 等(2019)对两类领导方式概念化的观点表明，创业团队中的变革型领导试图将企业目标视为创业愿景，并在创业团队中持续分享和长期维持；交易型领导则运用持续的回报和制裁，在驱使团队成员追求个体利益的同时实现团队目标。

(二)创业团队交互记忆系统

认知心理学将人脑对信息进行编码、存储和检索的过程称为"记忆"(Lewis，2003)。个体记忆是关于个人经历、人际关系、责任感和自我想象的内容，是自我身份构建的"关键资源"(金杨华，2009)。作为一个开放的信息系统，个体记忆所拥有的信息量不仅取决于自身信息容量，还包括能够获取的他人记忆系统中的信息；当个体理解他人的信息，并利用其发展和形成不同但互补的知识时，便构成交互记忆(Lewis and Herndon，2011)。

Wegner 等(1987)通过观察个体利用他人知识的能力提出了"交互记忆"概念，并将其界定为"对来自不同知识领域的个体信息进行编码、储存、检索和交流的共享认知"。事实上，交互记忆是一种"外援记忆"，即个体通过各种外部援助来补充自身记忆容量，是对个体记忆的拓展和延伸（Huang and Chen，2018）。交互记忆系统则用以解释个体利用外部援助拓展信息的实现机制，是团队层面的不同领域知识和信息进行共享的系统（Lewis and Herndon，2011）。因此，交互记忆系统既是整合团队知识的重要机制，又是协调团队成员认知的分工系统（Ren et al.，2006），它反映团队成员之间形成的、彼此依赖的、用以获取、存储、应用不同领域知识的合作分工体系（Bachrach et al.，2019）。

虽然对交互记忆系统内涵的认识没有本质差异，但有关其构成维度及测量的观点仍存在不同。例如，Austin（2003）基于知识分工、共享与应用的概念逻辑，认为交互记忆系统包括知识储备、知识专门化、交互记忆一致性和交互记忆精确性四个维度；而Brandon和Hollingshead（2004）则将交互记忆系统划分为精确性、共享性和有效性三个维度。Lewis和Herndon（2011）在前人研究的基础上，从专长性、可信性和协调性三方面来解构交互记忆系统并开发出测量工具，因而得到后续大量研究者的支持。

从知识管理视角看，创业是创业者或创业团队集合和应用专业知识，以识别和利用市场机会的价值创造活动（Dai et al.，2017）；知识在创业团队中进行分化、整合及应用的质量水平直接影响创业活动以及新创企业的发展（Staniewski，2016）。交互记忆系统作为创业团队成员所拥有知识存量的总和及知识领域的集体意识，在推动新创企业适应动态环境、实现产品创新、构建战略联盟及拓展市场空间等方面扮演着重要角色（Dai et al.，2017）。虽然交互记忆系统在创业情境下有新的特征或表现，但对其结构维度的解构仍可遵循交互记忆系统的既有观点。

（三）研究框架构建

交互记忆系统（transactive memory system，TMS）作为团队成员学习、记忆和沟通相关知识的集体劳动分工，体现团队拥有知识存量的总和及知识领域的集体意识，在引发创新及创造活动，提升团队和组织绩效等方面扮演着重要角色（Lewis，2003；Ren and Argote，2011）。由于交互记忆系统在引发组织创新及创造方面的特殊价值，对其驱动因素及作用机制的研究在持续增加。沟通频率、先前学习、相似性、社会网络联结已被视为交互记忆系统的重要影响因素（Lewis and Herndon，2011）。同时，团队领导与交互记忆系统的积极关联也得到研究证实（Bachrach et al.，2019），但相关研究仍然存在诸多不足：一方面，现有交互记忆系统研究均是基于成熟企业的一般团队（林筠和王蒙，2014），或高管及研发团队（Huang and Chen，2018；吕逸婧等，2018），缺乏嵌入创业情境、体现创业特征的系统探讨，难以有效指导创业团队交互记忆系统的构建；另一方面，大多数研究忽视了领导行为发生的情境，一些重要的环境变量，如组织属性、工作职能、外部环境因素等没有得到团队领导研究的重视（Geier，2016）。例如，Bachrach和

Lewis（2019）认为，团队领导驱动团队交互记忆系统的形成，可能还依赖于团队特性和组织环境等情境因素，而对这些影响团队领导效力的权变因素的探讨还不够深入。

因此，本书试图借鉴 Lewis 和 Herndon（2011）、Dai 等（2017）的观点，将创业团队交互记忆系统视为创业团队成员相互依赖与协调，共同编码、存储、检索与交流有差别但互补知识的协作体系，是创业团队识别和利用创业机会，确保新创企业生存和发展的知识互动机制。创业团队交互记忆系统涵盖四个基本维度：专长性，即创业团队成员的知识分工成效；可信性，即创业团队成员对团队知识分布的认识及知识共享程度；协调性，即创业团队成员知识交互检索过程的有效性；动态性，即创业团队共享知识时的互动程度及质量水平。

同时，本书还将交互记忆系统嵌入创业分析情境，从团队领导视角，区分以"塑造共同价值观"为内核的变革型领导和以"明确预期回报"为特征的交易型领导，在考察团队特性和环境不确定性两类重要内外部环境变量的基础上，探究创业团队交互记忆系统的构建机制。相关结论能够帮助新创企业和创业领导者在团队特性和环境不确定性的不同状态条件下，匹配变革型或交易型团队领导方式，以实现创业团队交互记忆系统的有效构建。

（四）团队领导的主效应

团队领导通过人力资源管理实践，形成高承诺工作系统，进而确保团队成员之间实现交互记忆（Chiang et al.，2014）。有效的团队领导会让成员参与到互动的环境中，这样不仅可以让团队成员在参与互动的过程中获取和整合彼此拥有的知识、经验和技能等，同时也能让员工知道谁掌握了什么专长知识，在自身需要的时候可以快速找到相关领域的成员并获取所需知识。不同领导风格会通过不同的方式影响内部沟通和协调的效率，最终影响交互记忆系统（王端旭和武朝艳，2011）。

变革型领导通过在个体和团队系统中倡导革新和创造，同时倡导企业价值观并在实际行动中承担任务，以凝聚成员并达成目标，这有益于团队绩效、组织流程和团队合作（Yukl，2012）。创业团队中变革型领导对交互记忆系统的积极影响，是通过构建共同愿景和合作文化、促进团队互动和协作的路径来实现的。一方面，通过理想化影响力、鼓舞性激励、智力激发、个性化关怀，变革型领导驱动团队成员超越个体短期利益，从而实现相互协作；而合作文化作为变革型领导的显著特征，成为团队交互记忆系统的重要驱动力（Bachrach and Mullins，2019）。Peltokorpi 和 Hasu（2016）研究指出，交互记忆系统的构建依赖于旨在开发和维持集体知识的协作互动；而变革型领导能够在个体和社会系统中实现变革，驱使团队成员超越个人利益，形成相互协作、彼此依赖以实现团队目标（Geier，2016）。另一方面，变革型领导激发团队成员协作能力，形成并维持服务于团队目标的共同价值观，鼓励团队成员超越个人成绩而聚焦集体产出(王永伟等，2012)；同时，交互记忆系统要求团队紧密合作，以开发和协调特定知识和专长，其核心便是共同创造和共同理解(Dai et al.，2017)。

相较于变革型领导，交易型领导较少依赖出色的团队焦点、行动和过程，而是强调工作标准和工作导向目标、任务完成的效率和速度，以工作为中心，聚焦团队成员行为与奖励或处罚的明确关联，通过及时回馈和奖惩分明来推动实现团队目标(Jensen et al.，2019)。趋近奖励而回避惩罚是团体成员在行动中遵循的基本准则，而交易型领导则运用利益回报和奖惩机制，通过鼓励经验分享、共同培训、认知及体验等方式形成共有的专业知识联结(Yukl，2012)。Bachrach 等(2019)认为，交易型领导者通过对贡献和分享专业知识、团体协作努力、接纳其他团队成员意见等个体行为进行奖励，推动团队成员的个体记忆实现积极交互，进而形成团队交互记忆系统。这意味着，在创业团队中，创业领导者可以通过对特定行为进行明确且及时的奖惩，引导团队成员进行知识分享和交流，进而建立创业团队交互记忆系统形成的基础(Dai et al.，2017)。

综上所述，创业团队中的变革型和交易型领导，能够通过以愿景引导和行为奖励为内核的两条路径，促使团队成员知识扩散和行动协同，进而影响创业团队交互记忆系统的形成。基于此，提出如下假设：

H1a：变革型领导对创业团队交互记忆系统有积极影响。

H1b：交易型领导对创业团队交互记忆系统有积极影响。

二、团队特性的权变效应

团队领导与交互记忆系统之间的积极关联已经得到新近研究的证实(Huang and Chen，2018)，本书试图通过创业情境的植入，以及对重要环境因素的系统考量，深化对交互记忆系统形成机制的理解。在创业团队领导中，以"塑造共同价值观"为内核的变革型领导强调创业愿景及工作意义的构建及其价值发挥；以"明确预期回报"为驱动的交易型领导重视对团队成员创业活动绩效的及时反馈和有效刺激。本研究不仅考察两类领导方式对创业团队交互记忆系统的影响，而且试图发掘在不同的内外部环境条件下，何种领导方式更有利于交互记忆系统的构建。以往研究已经证实，团队领导要充分发挥效力，很大程度上依赖于团队特性，即领导方式与团队特性的协同(Rahmani et al.，2018；Huang and Chen，2018)；同时，团队的领导模式或领导风格需要与组织所处外部环境进行有效匹配，才能使团队的行动或活动适应环境变化，进而确保团队绩效目标的实现(Kalmanovich-Cohen et al.，2018)。因此，本书将基于团队特性和环境不确定性的内外部整合分析框架，探讨创业团队领导对交互记忆系统形成的影响机理。

在团队特性方面，团队异质性反映团队成员特征及属性的差异程度，是理解团队特性最基础和最广泛的指标(Hambrick et al.，1996；Roh et al.，2019)。在创业情境下，创业团队尤其需要融合具有不同知识背景和性格特征的成员，团队的多样性有助于新创企业更好综合利用知识，有效识别和把握市场机会(Dufays and Huybrechts，2016)。同时，面临动态竞争环境，创业团队需要及时地对创业目标和行动方案进行调整，甚至是从挫折和失败中学习，以适应市场及资源条件的变化(Lewis，2003)。团队自省性是指团队成员公开地对团队目标、战略、过程进行反思和交流并及时进行调整的水平和程度(Schippers et al.，2015)。因而对面临大量不确定性的创业团队而言，团队自省性是衡量团队特性的重要内容。基于以上分析，本研究从团队异质性和自省性两方面来考察创业团队特性。

团队异质性综合反映团队成员之间性别、年龄、教育背景等外部特征以及价值观、认知观念等内部特征方面的差异化水平(Jackson et al.，2003)，是体现团队特性的重要内容。Dufays 和 Huybrechts(2016)认为创业团队异质性是指由两个及以上个体构成的创业团队中，团队成员在教育背景、家庭、专业经验、信仰等方面的差异，这些差异对创业团队目标的实现及新创企业的成长具有重要影响。创业团队异质性越高，意味着团队成员在年龄、教育背景等人口统计特征，或行业经验、职业履历等知识特征，或价值观念、决策风格等心理特征方面的差异性越高(Zhou and Rosini，2015)。这些差异越大越可能会为创业团队构建以专长性、可信性和协调性为基本内核的交互记忆系统带来更多挑战。创业领导者通过塑造和传播共同的愿景和价值观，或对团队成员的共享和合作行为进行及时奖励等方式，有助于弥合团队成员在人口特征及心理特征等方面的差异，进而更有助于创业团队交互记忆系统的形成。这意味着，创业团队异质性越高，变革型和交易型领导对形成团队交互记忆系统的作用可能越显著。因此，研究假设如下：

H2a：创业团队异质性正向调节变革型领导与交互记忆系统的积极关系。

H2b：创业团队异质性正向调节交易型领导与交互记忆系统的积极关系。

团队自省性体现团队成员公开地对团队工作目标、行动方案和过程进行反思，并根据反思结果进行适应性调整的水平和程度(Schippers et al.，2015)。创业活动面临高度的不确定性，团队要善于在不断试错中及时纠正、快速迭代，并根据内外部条件的变化及时调整策略，因而反思能力是创业能力非常重要的组成部分(Wilson and Martin，2015)。现有研究对团队自省性与交互记忆系统的作用路径还存在不一致的认识，但二者存在积极的关联已达成一定共识(史丽萍等，2013)。事实上，根据 Otte 等(2018)的观点，团队自省性是一个涵盖回想、质疑、评估、讨论和适应的多层面概念，体现团队成员对工作方法及结果的反思，以及根据任务环境对先前战略和方法的调整。因此，在创业团队反思的过程中，需要创业领导者的有力介入，以确保反思后的团队战略及方法调整不脱离创业活动的总体方向(Knipfer et al.，2018)。这表明，在创业团队交互记忆系统的形成过程中，团队自省性水平越高，越需要有力的创业领导介入，以避免创业团队的行动脱离预定方向，进而表现为团队自省性越高，创业团队领导与交互记忆系统的关联越紧密。基于以上分析，提出如下假设：

　　H3a：创业团队自省性正向调节变革型领导与交互记忆系统的积极关系。

　　H3b：创业团队自省性正向调节交易型领导与交互记忆系统的积极关系。

三、环境不确定性的权变效应

　　在环境不确定性方面，一方面，在当前中国转型经济环境下，政策演变对商业行为具有重要影响(Hitt and Xu，2016)，特别是在新创企业进入或开拓的新兴市场，政策管制经历着从缺位到健全的演进过程(Stam，2015)。因此，政策不确定性是转型经济环境和创业活动的重要环境特征。另一方面，市场不确定性反映需求及竞争等外部因素的动荡水平，被视为环境不确定性的基本内容(Beckman et al.，2004)，也是新创企业发掘和利用创业机会必须面对的重要外部环境(Yang and Gabrielsson，2017)。综上所述，本书将从政策和市场两方面来考察环境不确定性。

　　创业活动镶嵌于特定环境之中，环境因素必然成为影响创业团队行为及效果的重要权变因素。政府政策作为直接影响企业家和企业外部环境的重要甚至关键因素，必然影响企业内各个层面的创新活动(Marcus，1981)。吕相伟(2018)认为，以政策持续演变和主政官员不断变更为核心特征的政策不确定性是其他一切不确定性的诱因，它对微观经济主体的活动产生重要影响。尤其在转型经济环境下，政策不确定性对创业领导者及新创企业的行动策略及最终效果具有重要影响(Li and Zhang，2007)。当新创企业面临较大政策不确定性时，创业团队决策和行动将面临更大挑战，因而更需要强有力的团队领导，凝聚团队成员共识，协调团队成员行动。更为重要的是，政策不确定性会强化团队领导在交互记忆系统形成过程中的作用。例如，Martin 和 Bachrach(2018)发现，当面临外部不确定性时，动态管理能力与交互记忆系统的关联性会明显加强。考虑到政策不确定性是企业外部不确定性的核心内容，以及动态管理能力在团队协调、组织和领导方面的关键角色，可以推断政策的不确定性会增强创业团队领导与交互记忆系统之间的逻辑关联。因此，提出如下假设：

　　H4a：政策不确定性正向调节变革型领导与创业团队交互记忆系统的积极关系。

　　H4b：政策不确定性正向调节交易型领导与创业团队交互记忆系统的积极关系。

　　市场不确定性主要是指顾客需求偏好和期望的不稳定状态，它影响着企业对市场趋势的准确研判(李巍，2015)。市场的不稳定状态，在为新创企业发展带来机遇和挑战的同时，还为创业团队管理提出新要求。Foss 等(2019)指出，由于市场、组织等方面的不确定性，会使创业团队成员对创业机会的认知和理解存在差异，甚至是形成完全相悖的观点，即"情境塑造创业判断"。因此，在创业团队交互记忆系统形成过程中，面临高度的市场不确定性时，需要创业领导者通过共同愿景的塑造或期望行为的奖励两类手段，聚合创业团队成员对创业机会及市场前景的认识，进而为交互记忆系统的形成提供合作文化基础(Martin and Bachrach，2018)。这意味着，市场不确定性越强，越能够强化变革型和交易型领导与创业团队交互记忆系统的正向关系。基于此，研究假设如下：

H5a：市场不确定性正向调节变革型领导与创业团队交互记忆系统的积极关系。

H5b：市场不确定性正向调节交易型领导与创业团队交互记忆系统的积极关系。

四、理论模型的构建

团队领导与交互记忆系统之间的积极关联已经得到新近研究的证实(Bachrach and Mullins，2019)，本书试图通过创业情境的植入，以及对重要环境因素的系统考量，深化对交互记忆系统形成机制的理解。在创业团队领导中，以"塑造共同价值观"为内核的变革型领导，强调创业愿景及工作意义的构建及其价值发挥；以"明确预期回报"为驱动的交易型领导，重视对团队成员创业活动绩效的及时反馈和有效刺激。

本研究不仅考察两类领导方式对创业团队交互记忆系统的影响，而且试图发掘在不同的内外部环境条件下，何种领导方式更有利于交互记忆系统的构建。以往研究已经证实，团队领导要充分发挥效力，很大程度上依赖于团队特性，即领导方式与团队特性的协同(Bachrach and Mullins，2019)。例如，团队自省性能够使得团队成员建立紧密关系、塑造良好的团队氛围，团队领导也会具有良好的共同体意识，进而有效指导团队成员开展相应活动(邓志华等，2019)。团队异质性会增强团队领导对不同类型的团队成员的理解和包容，进而提升自身的问题处理能力和决策能力(李冬伟和吴菁，2017)。因此，本书试图选择团队自省性和团队异质性这两类重要的团队特性作为团队领导依赖的团队特性对象。

同时，团队的领导方式或领导风格，需要与组织所处外部环境进行有效匹配，才能使团队的行动或活动适应环境变化，进而确保团队绩效目标的实现。在中国大环境下，政策不确定性和市场不确定性是两类主要的环境不确定性因素。因此，研究选择市场不确定性和政策不确定性两类环境变量作为团队领导匹配的环境对象。综上所述，本书将基于团队特性(团队异质性和团队自省性)和环境不确定性(政策不确定性和市场不确定性)的内外部整合分析框架，探讨创业团队领导对交互记忆系统形成的影响机理。

基于上述分析，构建分析框架(图4-1)。

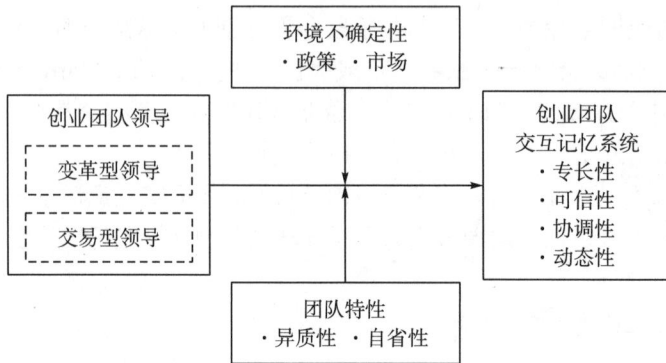

图 4-1　本书的分析框架

第三节　变量测量与数据收集

本节通过问卷调查的方式获取研究数据，而调查问卷中对研究所涉及核心概念的测量(除了研究开发的创业团队交互记忆系统的测量量表)均尽可能借鉴或改编自成熟的研究量表，以保证测量的效度水平。因此，通过系统的文献梳理收集和整理相关测量工具，并有效地收集数据是确保研究数据科学性和有效性的首要保障，更是支撑研究假设检验以获取科学结论的关键基础。

一、变量测量与问卷开发

研究通过问卷调查的方式获取数据，对所涉及概念的测量均借鉴或改编自成熟量表。创业团队领导主要涵盖变革型和交易型两种类型，量表改编自王永伟等(2012)、Bachrach 等(2019)的测量工具，共 12 个问项。创业团队交互记忆系统的测量工具使用本研究开发的量表，从专长性、可信性、协调性和动态性四个方面进行评估，共 14 个问项。团队特性包括团队异质性和自省性两方面，对团队异质性的测量工具改编自 Jackson 等(2003)的量表，从内部和外部两方面对团队异质性进行测量；团队自省性的测量借鉴 Schippers 等(2015)和史丽萍等(2013)的工具，共 10 个问项。环境不确定性体现在政策和市场两方面：政策不确定性的测量借鉴 Li 等(2007)、吕相伟(2018)的观点，从政策和管理者的变化程度进行测量；市场不确定性的测量借鉴李巍(2015)的测量工具，共 8 个问项。

同时，本研究将新创企业的性质、年龄及规模作为可能影响实证分析结果的变量进行控制。其中，企业性质分为两类：高新技术企业=1，非高新技术企业=0；

企业年龄分为三组：少于 42 个月=1，42 个月～5 年=2，6 年至 8 年=3；企业规模以正式员工进行衡量，分为三组，少于 20 人=1，20 人至 50 人=2，50 人以上=3。除了控制变量以外，所有概念的测量问项均使用利克特 5 点量表（1 为完全不同意，5 为完全同意）。最后，形成包含 45 个测量问项的初始问卷。

本研究在两个国家级备案众创空间——清研理工创业谷和立洋绿色创新空间进行预调研，以对初始问卷进行完善和修正。预调研共发放问卷 50 份，通过对调研数据进行统计分析，以"修正问项总相关系数（corrected item total correlation，CITC）小于 0.4"和"多元相关系数平方（squared multiple correlation，SMC）小于 0.5"为具体标准，通过删除测量贡献较小的问项，以达到修正测量工具的目的。最后根据预调研过程中的反馈意见对问项措辞进行修改，最终形成包含 41 个测量问项的调查问卷。

二、数据收集与样本情况

对新创企业的界定标准，目前研究尚未形成一致观点。以成立时间为指标界定新创企业是比较主流的观点，但对于时间年限的标准则不尽相同。研究综合考虑数据收集的科学性和可行性，借鉴 Robinson（1999）的观点，将成立时间在 8 年以内的企业视为新创企业，并将其作为数据收集的对象。主要原因是：本研究探讨新创企业的团队领导、团队交互记忆系统等组织议题，若企业成立时间太短，如 42 个月以内或 5 年以内，可能还未形成稳定的领导风格或团队交互记忆系统；若企业成立时间太长，如 8 年或 10 年以上，新创企业与成熟企业的界限便可能不明显，从而影响研究的有效性。

数据收集以重庆和成都地区的众创空间和创业园区为主要范围，步骤包括：首先，在众创空间或创业园区管理机构的帮助下获取企业名单，并联系相关企业询问是否愿意参与调查；其次，通过纸质问卷和电子问卷两种形式，向愿意参与调查的企业发放调查问卷，并进行问卷回收；最后，对问卷数据进行整理、复核和补充调查，形成研究数据库。为避免共同方法偏差，并使测量更具有效性，调查问卷中的创业团队领导部分邀请新创企业的创业团队成员（非创业领导者）回答，而其他部分邀请创业领导者进行填写。

调查历时两个月，联系符合条件的企业并发放调查问卷 300 份，回收调查问卷 183 份，其中有效问卷 178 份，有效回收率为 59.33%。由于数据收集是在众创空间或创业园区管理机构的积极协调下进行，并事先征询意见，所以问卷回收率比较理想。将在重庆和成都地区收集的样本数据进行方差分析，没有发现不同地域的样本数据存在显著性差异。样本企业基本情况如表 4-3 所示。

表 4-3　样本企业情况

企业性质	高新技术企业		非高新技术企业
数量/家	114		64
占比/%	64.04		35.96
企业年龄	少于 42 个月	42 个月~5 年	6~8 年
数量/家	38	79	61
占比/%	21.35	44.38	34.27
企业规模	少于 20 人	20~50 人	50 人以上
数量/家	25	73	80
占比/%	14.05	41.01	44.94

第四节　实证分析与结论

实证检验旨在运用样本数据对基于理论推演的各项研究假设进行检验，以获得具有普适性的研究结论。实证分析主要包括两方面的内容：一是研究测量与数据质量的检验，主要是指对测量变量的描述性统计分析，以及对研究测量信度与效度的检验；二是研究假设的验证，主要是对团队领导以及交互记忆系统的逻辑关系进行检验，同时检验团队特性以及环境不确定性的权变效应。

一、测量信效度检验

研究对测量信度水平的检验综合考察 Cronbach's α 系数和 CITC 值。数据显示（表 4-4），概念测量的 α 系数均大于 0.7 水平，表明各测量问项的内部一致性较好；各概念的测量问项 CITC 值均大于 0.4 水平，说明测量问项的相关性较好，问卷的内在结构比较统一。因而可以认为核心概念测量的信度水平较高。

测量的效度主要包括内容效度、收敛效度和判别效度三方面。所有概念的测量均借鉴或改编自成熟量表，并通过预调研进行问项修正，因而内容效度能够得到保证。研究运用验证性因子分析对测量的收敛效度进行检验。数据表明（表 4-4），每个概念的验证性因子分析模型的卡方值与自由度的比值均为 1.0~2.0，RMSEA 低于 0.8，GFI 和 AGFI 均高于 0.9，PGFI 和 PNFI 均高于 0.5，表明各模型的拟合度都达到标准值要求，测量的收敛效度比较理想。

表 4-4　测量的信效度检验

概　念		测量问项	CITC	因子载荷	Cronbach's α	AVE
创业团队领导(α=0.905)	变革型领导	他在完成团队目标的过程中极力展示魄力与自信	0.627	0.764	0.892	0.597
		他总是向团队成员表达对高绩效的热切期望	0.659	0.792		
		他总是充满激情地谈论需要完成的任务	0.622	0.757		
		他努力给团队描绘鼓舞人心的未来	0.714	0.783		
		他始终给团队传达一种使命感	0.603	0.766		
	交易型领导	当团队成员表现良好时，他会给予积极反馈和奖励	0.785	0.803	0.914	0.599
		当团队成员工作效率高时，他会给予特别关注和赞扬	0.722	0.785		
		如果团队成员表现得很差，他会表示不满及批评	0.714	0.781		
		当团队成员工作效率没有达到目标时，他会立刻指出	0.679	0.726		

测量模型值：χ^2/df=1.269；P=0.000；RMSEA=0.063；GFI=0.922；AGFI=0.913；PGFI=0.594；PNFI=0.568

概　念		测量问项	CITC	因子载荷	Cronbach's α	AVE
创业团队TMS(α=0.883)	专长性	成员拥有与工作任务有关的专业知识	0.775	0.789	0.886	0.561
		成员拥有其他成员不了解的、与工作有关的知识	0.743	0.776		
		成员分别负责不同领域的专业知识或技能	0.725	0.749		
		成员具有的专门知识都是完成任务所需要的	0.696	0.732		
		成员知道其他成员在哪些特定领域有专长	0.647	0.706		
	可信性	愿意接受来自团队其他成员对工作程序的建议	0.659	0.764	0.867	0.533
		相信其他成员所掌握的与工作有关的知识	0.784	0.753		
		相信其他成员在讨论中提供的信息是可靠的	0.633	0.739		
		对其他成员提供的信息总想再检查一遍	0.735	0.706		
		相信其他成员的专长	0.607	0.687		
	协调性	团队成员在一起工作时协调得很好	0.716	0.767	0.875	0.508
		团队成员对应该做什么很少产生误解	0.657	0.725		
		常需要对团队中已经做过的工作再做一次	0.695	0.713		
		顺利并有效率地完成团队任务	0.712	0.707		
		团队成员对于如何完成任务感到很困惑	0.726	0.647		
	动态性	创业团队成员愿意在彼此交流时分享他们的问题或疑惑	0.801	0.725	0.895	0.557
		创业团队成员会坦率指出其他成员的不足或错误	0.793	0.709		
		创业团队成员相互整合或交换资源和信息	0.786	0.701		

测量模型值：χ^2/df=1.538；P=0.000；RMSEA=0.056；GFI=0.915；AGFI=0.911；PGFI=0.563；PNFI=0.582

续表

概　念		测量问项	CITC	因子载荷	Cronbach's α	AVE
环境不确定性 (α=0.913)	政策不确定性	行业中的政策及制度经常发生变化	0.696	0.797	0.925	0.555
		行业规范及标准时常发生变化	0.709	0.768		
		行业中不断出新的政策及规范	0.732	0.714		
		行业协会的主要负责人经常变动	0.684	0.698		
	市场不确定性	企业预测市场需求非常困难	0.715	0.736	0.907	0.538
		顾客的产品需求和偏好不断变化	0.637	0.775		
		顾客需求偏好类型的多样化程度比较高	0.686	0.687		

测量模型值：χ^2/df=1.769；P=0.000；RMSEA=0.069；GFI=0.923；AGFI=0.915；PGFI=0.576；PNFI=0.535

概　念		测量问项	CITC	因子载荷	Cronbach's α	AVE
团队特性 (α=0.896)	团队异质性	团队成员教育背景及专业知识差异很大	0.722	0.786	0.906	0.589
		团队成员有丰富的职业经历	0.689	0.775		
		团队成员行事风格差异大	0.703	0.784		
		团队成员思维方式差异大	0.646	0.722		
	团队自省性	团队经常调整目标来应对动态变化的环境	0.727	0.796	0.874	0.537
		团队会经常探讨工作方法，以便高效完成工作	0.638	0.733		
		团队成员能分辨工作中的优势及需要改进之处	0.746	0.721		
		团队成员清晰地理解持续改善的重要意义	0.664	0.718		
		团队成员对改善工作的方式持开放态度	0.708	0.694		

测量模型值：χ^2/df=1.605；P=0.000；RMSEA=0.053；GFI=0.920；AGFI=0.912；PGFI=0.575；PNFI=0.527

对测量判别效度的检验综合运用 Pearson 相关系数和 AVE 平方根两项指标。结论表明(表 4-5)，任意概念之间的相关系数不为 1，概念的 AVE 平方根均大于所在行列相关系数的绝对值，说明概念测量的判别效度比较理想。

表 4-5　测量的判别效度检验结果

概念	均值	标准差	1	2	3	4	5	6	7
变革型领导	3.763	0.958	0.773						
交易型领导	4.027	1.022	-0.163*	0.774					
创业团队 TMS	3.694	1.093	0.208**	0.189*	0.741				
政策不确定性	3.681	0.864	0.008	0.082	-0.087	0.745			
市场不确定性	4.185	1.107	0.072	0.048	0.093	0.007	0.733		
团队异质性	3.537	0.915	0.106	0.073	-0.125	0.038	0.076	0.767	
团队自省性	3.861	0.852	0.035	-0.105	0.159*	0.006	0.088	-0.105	0.733

注：对角线为核心概念 AVE 平方根；*表示 P<0.05、**表示 P<0.01。

二、研究假设检验

研究运用回归分析对相关假设进行检验。在进行回归分析前，先对多重共线性进行评价：首先，研究所设计概念之间的相关系数均小于 0.8（表 4-6）；其次，将创业团队交互记忆系统作为因变量，其他六个变量作为自变量，每个变量的方差膨胀系数（variance inflation factor，VIF）均小于 2，其中最大值为交易型领导（VIF=1.815），最小值为团队自省性（VIF=1.006）。结论表明研究所涉及关键概念之间的测量不存在多重共线性问题，可以运用回归模型检验假设。

运用回归分析检验研究假设的主要步骤是：首先引入控制变量，即企业性质、年龄和规模，得到模型 1；然后在模型 1 的基础上，引入自变量变，即变革型和交易型领导，得到模型 2；最后在模型 2 的基础上，分别引入四个调节变量及其与自变量的交互项，得到模型 3 至模型 6。回归分析结果如表 4-6 所示。

表 4-6　回归分析结果

变量		创业团队交互记忆系统 (1.364)					
		模型 1	模型 2	模型 3	模型 4	模型 5	模型 6
控制变量	企业性质	0.129	0.118	0.106	0.112	0.105	0.109
	企业年龄	0.117	0.105	0.098	0.102	0.108	0.095
	企业规模	0.106	0.101	0.085	0.129	0.101	0.089
自变量	变革型领导 (1.624)		0.317^{***}	0.305^{**}	0.313^{**}	0.311^{***}	0.308^{***}
	交易型领导 (1.815)		0.249^{**}	0.236^{**}	0.241^{**}	0.236^{*}	0.225^{**}
调节变量	团队异质性 (1.137)			-0.085			
	团队自省性 (1.006)				0.192^{*}		
	政策不确定性 (1.592)					-0.069	
	市场不确定性 (1.739)						0.126
交互项	变革型领导×团队异质性			0.275^{**}			
	交易型领导×团队异质性			-0.126			
	变革型领导×团队自省性				0.294^{***}		
	交易型领导×团队自省性				-0.197^{*}		
	变革型领导×政策不确定性					0.283^{**}	
	交易型领导×政策不确定性					0.136	
	变革型领导×市场不确定性						0.142
	交易型领导×市场不确定性						0.254^{**}
指标值	R^2	0.037	0.251	0.282	0.297	0.274	0.278
	调整后的 R^2	0.032	0.238	0.271	0.282	0.266	0.269
	ΔR^2		0.214	0.245	0.260	0.237	0.241
	F 值	3.695	14.683^{***}	15.725^{***}	15.996^{***}	14.963^{***}	15.957^{***}

注：*表示 $P<0.05$；**表示 $P<0.01$；***表示 $P<0.001$；变量括号中为 VIF。

　　模型 2 显示，回归方程模型显著(F=14.683；P=0.000)，模型的 R^2 为 0.251，表明创业团队领导能够解释创业团队交互记忆系统 25.1%的变异。其中，变革型领导(β=0.317，P<0.001)与交易型领导(β=0.249，P<0.01)均对创业团队交互记忆系统有显著的正向影响，因而 H1a 和 H1b 均得到数据支持。

　　模型 3 是在模型 2 基础上加入调节变量，即团队异质性及其与团队领导的交互项。数据显示，回归方程模型显著(F=15.725；P=0.000)，模型的 R^2 为 0.282，表明团队领导、团队异质性及二者的交互项能够解释创业团队交互记忆系统 28.2%的变异。其中，变革型领导与团队异质性交互项对创业团队交互记忆系统具有积极作用(β=0.275，P<0.01)，而交易型领导与团队异质性的交互效应并不显著(β=-0.126，P>0.05)，表明 H2a 成立，而 H2b 未通过验证。模型 4 是在模型 2 基础上加入调节变量，即团队自省性及其与团队领导的交互项。数据显示，回归方程模型显著(F=15.996；P=0.000)，模型的 R^2 为 0.297，表明团队领导、团队自省性及二者的交互项能够解释创业团队交互记忆系统 29.7%的变异。其中，变革型领导与团队自省性交互项对创业团队交互记忆系统具有显著的正向作用(β=0.294，P<0.001)，但交易型领导与团队自省性交互项对创业团队交互记忆系统却是显著负向作用(β=-0.197，P<0.05)，表明 H3a 成立，而 H3b 未得到支持。运用简单坡度分析方法，画出团队特性的调节效应图，如图 4-2 所示。

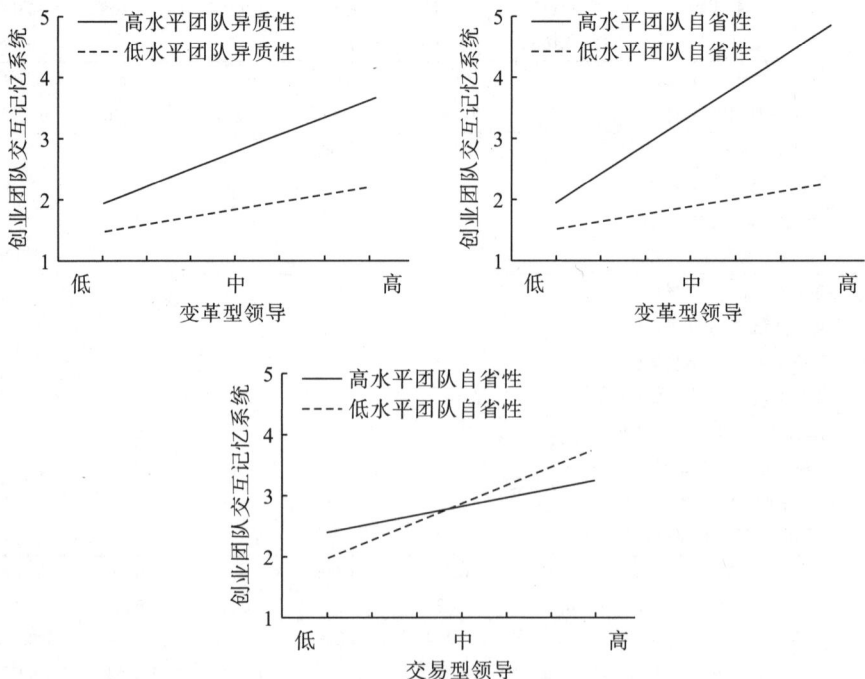

图 4-2　团队特性的调节效应

模型 5 是在模型 2 基础上加入调节变量，即政策不确定性及其与团队领导的交互项。数据表明，回归方程模型显著（F=14.963；P=0.000），模型的 R^2 为 0.274，表明团队领导、政策不确定性及二者的交互项能够解释创业团队交互记忆系统 27.4% 的变异。其中，变革型领导与政策不确定性交互项对创业团队交互记忆系统有显著的正向效应（β=0.283，P<0.01），而交易型领导与政策不确定性的交互作用不显著（β=0.136，P>0.05），即 H4a 通过验证，而 H4b 不成立。模型 6 是在模型 2 基础上加入调节变量，即市场不确定性及其与团队领导的交互项。结论显示，回归方程模型显著（F=15.957；P=0.000），模型的 R^2 为 0.278，意味着团队领导、市场不确定性及二者的交互项能够解释创业团队交互记忆系统 27.8% 的变异。其中，变革型领导与市场不确定性的交互项效应不显著（β=0.142，P>0.05），交易型领导与市场不确定性的交互项对创业团队交互记忆系统有显著的正向效应（β=0.254，P<0.01），表明 H5a 不成立，而 H5b 得到支持。环境不确定性的调节效应如图 4-3 所示。

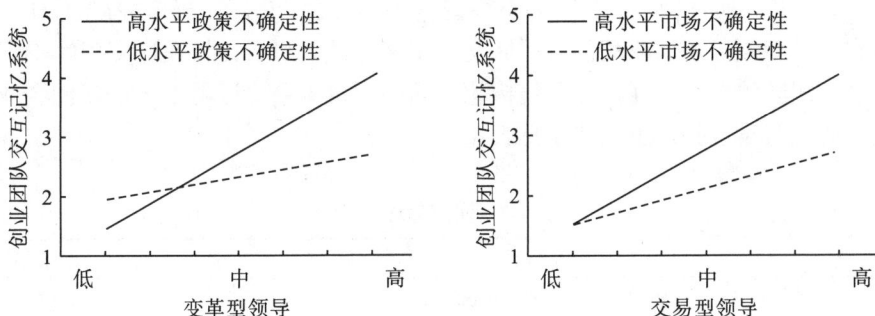

图 4-3　环境不确定性的调节效应

第五节　结论讨论与管理建议

本研究试图从团队领导视角，探究创业团队交互记忆系统的驱动机制。在区分以"塑造共同价值观"为内核的变革型领导和以"明确预期回报"为驱动的交易型领导基础上，以团队特性（团队异质性、团队自省性）和环境不确定性（政策不确定性、市场不确定性）为条件变量，发掘团队领导驱动交互记忆系统形成的内在机理。通过上述研究，不仅能从团队领导视角丰富创业团队交互记忆系统的前置因素研究，还可以拓展交互记忆系统的相关理论探讨。同时，研究结论还能为我国新创企业合理构建创业团队、培育团队领导以推动创业团队交互记忆系统提供管理借鉴。

一、研究结论与讨论

(一) 研究结论

已有研究表明，具有高度交互记忆系统的团队，通过迅速获取团队成员间广泛的专业知识，更容易实现团队绩效。所以，交互记忆系统成为高绩效团队的重要特征之一。因此，在团队中建立完善的交互记忆系统对团队和组织的发展至关重要。团队中可能存在不同的领导风格，不同的领导风格在应对团队内外不确定性环境时体现出差异，这种差异会让团队成员在共享自身的知识和获取他人的知识时表现出不同，进而对交互记忆系统的形成有不同程度的影响。

本研究需要探究在不同情境下，团队领导如何影响交互记忆系统的形成。基于以上分析，本研究将交互记忆系统嵌入创业情境，考察在不同的团队特性(团队自省性、团队异质性)和环境不确定性(政策不确定性、市场不确定性)条件下，变革型和交易型领导如何驱动创业团队交互记忆系统的形成，旨在深度理解不同情境下创业团队领导与交互记忆系统构建之间的逻辑关系。运用 178 份新创企业数据进行研究假设检验，主要结论见表 4-7。

表 4-7　研究假设结论

假设	验证结果
假设 1a: 变革型领导对创业团队交互记忆系统有积极影响	得到验证
假设 1b: 交易型领导对创业团队交互记忆系统有积极影响	得到验证
假设 2a: 创业团队异质性正向调节变革型领导与交互记忆系统的积极关系	得到验证
假设 2b: 创业团队异质性正向调节交易型领导与交互记忆系统的积极关系	未得到验证
假设 3a: 创业团队自省性正向调节变革型领导与交互记忆系统的积极关系	得到验证
假设 3b: 创业团队自省性正向调节交易型领导与交互记忆系统的积极关系	未得到验证
假设 4a: 政策不确定性正向调节变革型领导与创业团队交互记忆系统的积极关系	得到验证
假设 4b: 政策不确定性正向调节交易型领导与创业团队交互记忆系统的积极关系	未得到验证
假设 5a: 市场不确定性正向调节变革型领导与创业团队交互记忆系统的积极关系	未得到验证
假设 5b: 市场不确定性正向调节交易型领导与创业团队交互记忆系统的积极关系	得到验证

(二) 研究讨论

本研究根据得出的研究结论，对研究结论讨论如下。

1. 创业团队中的变革型与交易型领导均对交互记忆系统有积极的影响

创业团队交互记忆系统聚焦于团队及其成员对创业机会的识别与利用，创业团队领导可通过有效的领导行为促使团队成员在团队间形成完善的交互记忆系统，进而确保团队成员有效协调和利用彼此的知识、专长和技能。以"塑造共同价值观"为内核的变革型领导和以"明确预期回报"为内核的交易型领导对创业团队交互记忆系统的形成均有积极影响，但是这两种团队领导对创业团队交互记忆系统的影响机理不同，这两种影响机理主要体现在以下两个方面。

一方面，以"塑造共同价值观"为内核的变革型领导行为，可以促使成员认知的形成和发展。具体来讲，变革型领导通过理想化影响力和鼓舞性激励等行为，建立团队的长期目标和共同愿景，促使成员从自我概念中走出来，把自我概念与团队长期利益和共同愿景相连接，激发团队成员交流和合作。变革型领导通过智力激发和个性化关怀等行为，鼓励团队成员产生和实施新想法，激发团队成员的工作士气和理想，洞察团队成员个人发展的需要，使团队能够了解和重视彼此专长知识，更有效地协调和共享成员差异化知识，形成聚焦团队目标的共同价值观和集体意识，进而为交互记忆系统的形成提供团队文化、组织和行动基础。同时，变革型领导更注重团队中发展起来的人际关系，通过建立紧密的团队关系以及团队成员的参与，促进团队成员知识的协调和整合，进而促进团队中的知识管理水平，对交互记忆系统的形成提供了保障。

另一方面，以"明确预期回报"为特征的交易型领导，在团队学习管理方面起着重要作用。交易型领导通过依靠权变奖励等行为对团队成员进行外部激励，这些明确的奖励行为有助于去除知识共享过程中存在的障碍。已有研究表明，缺乏奖励可能是团队成员知识共享的主要障碍之一，团队成员对领导者奖励行为的感知与自身共享知识的意愿正相关(王晓红和徐峰，2018)。因此，创业团队领导应充分利用创业团队成员"趋利避害"的人性特点，通过及时而明确的奖惩等行为来凝聚团队思想和行动，鼓励那些有助于团队合作和分享的各类行为，如知识和经验分享、共同培训、认知体验等团队行为，进而为创业团队交互记忆系统的形成奠定基础。因此，在协调组织内部知识共享并促进交互记忆系统的形成过程中，交易型领导力十分有效。有关变革型和交易型领导与创业团队交互记忆系统存在积极关系的研究结论，从创业情境，基于变革型与交易型团队领导的分类方式，支持了团队领导与交互记忆系统研究的一般观点(Lewis and Herndon，2011；Bachrach and Mullins，2019)。

2. 团队特性对创业团队领导与交互记忆系统的正向关系有差异化调节效应

变革型领导对创业团队交互记忆系统形成的影响、交易型领导对创业团队交互记忆系统形成的影响，这二者均受到两个团队特征(团队异质性和团队自省性)不同程度的调节作用。然而，这两种团队特征对团队领导与创业团队交互记忆系统关系的调节机理不同，主要体现在以下两个方面。

一方面，创业团队异质性正向调节变革型领导与创业团队交互记忆系统的积极关系，但对交易型领导与创业团队交互记忆系统正向关系的调节作用不显著。

这意味着，创业团队具备较高异质性时，团队领导可以通过塑造和维持创业愿景及共同价值观，同时让成员意识到所承担的责任及任务的重要性，激发成员实现团队目标和个人目标的需要，从而使成员意识到合作共赢的重要性，这就能够聚合创业团队在人口统计特征、心理及行为特征方面的差异性，在推动创业团队交互记忆系统形成中发挥交互作用。因此，创业团队异质性越高，变革型领导对形成团队交互记忆系统的作用越显著；然而，创业团队具备较高异质性时，团队领导通过及时反馈和奖惩实现的方式，无法再弥合创业团队异质性，并推动交互记忆系统构建的过程中形成交互效应。因此，创业团队异质性越高，交易型领导对形成团队交互记忆系统的作用越弱。

另一方面，创业团队自省性正向调节变革型领导与交互记忆系统的积极关系，但负向调节交易型领导与交互记忆系统的正向关系。这表明，创业团队具备较高自省性时，能够促使变革型领导意识到团队内的集体知识和集体学习的重要性，变革型领导通过鼓励团队成员不断学习新知识和技能，建立互相信任的氛围，并愿意共享自身知识和获取他人知识，进而推动创业团队交互记忆系统的形成。更为关键的是，当交易型领导与高水平自省性的创业团队进行匹配时，该类领导方式在推动交互记忆系统形成中的作用被显著削弱。这是因为交易型领导过于重视结果而忽略团队中成员个人发展的需要，在创业团队反思的过程中，交易型领导的介入，可能会使得反思后的团队调整战略及方法，从而脱离创业活动的总体方向。

3. 环境不确定性对创业团队领导与交互记忆系统的正向关系有差异化调节效应

变革型领导对创业团队交互记忆系统形成的影响、交易型领导对创业团队交互记忆系统形成的影响，这二者分别受到政策不确定性和市场不确定性的调节。然而，政策不确定性和市场不确定性对团队领导与创业团队交互记忆系统关系的调节机理不同，主要体现在以下两个方面。

一方面，政策不确定性正向调节变革型领导与创业团队交互记忆系统的积极关系，但对交易型领导与创业团队交互记忆系统正向关系的调节效应未被证实。这表明，变革型领导与高水平政策不确定性匹配，更能发挥其在构建创业团队交互记忆系统中的作用。可能的原因是，政治环境是新创企业创业团队面临的宏观环境，包括国家的社会制度，执政党的性质，政府的方针、政策、法令等。因此，政策不确定性是影响新创企业创业团队发展的宏观环境，新创企业的决策受制于政府政策的变动。同时，以"塑造共同价值观"为内核的变革型领导具备"战略领导"的特征。在创业团队交互记忆系统构建中，会形成战略与宏观环境相匹配的"变革型领导×政策不确定性"。卓有成效的创业团队战略领导应该引导变革、创建高层团队、正确执行战略、改变组织文化以及时间管理等，促进创业团队的成长和发展。

　　另一方面，市场不确定性正向调节交易型领导与创业团队交互记忆系统的积极关系，对变革型领导与创业团队交互记忆系统积极关系的调节效应却不显著，这说明，交易型领导与高水平市场不确定性匹配，更能发挥其在构建创业团队交互记忆系统中的作用。可能的原因是，市场环境是新创企业创业团队面临的微观环境，包括顾客的需求、偏好和购买力等因素。因此，市场不确定性是影响新创企业创业团队发展的微观环境，新创企业提供的产品或服务要根据顾客需求和偏好等的改变而改变。同时，以"明确预期回报"为特征的交易型领导体现"策略领导"特点，采取策略与环境相匹配的"交易型领导×市场不确定性"两类不同的策略组合。有效的策略领导应该明白什么时候放任团队自己工作，让团队成员随时根据市场变化调整自身工作，同时应该明白什么时候应该加以干涉，以防团队成员对市场变化的反应不够及时或准确。

二、研究价值与启示

（一）研究价值

　　本研究旨在从团队领导视角，围绕新创企业内外部重要权变因素，探究创业团队交互记忆系统的构建机制，对团队领导、交互记忆系统以及创业团队研究具有一定的理论贡献和价值，主要体现在以下三方面。

　　首先，本研究将交互记忆系统理论与创业情境结合，探究创业团队交互记忆系统议题，深化了交互记忆系统的理论研究。已有对交互记忆系统的研究主要集中于高管团队、研发团队和一般工作团队。随着我国"大众创业、万众创新"战略的提出，团队创业成了创业者进行创业活动的主流。同时，随着组织复杂性的提高，创业团队受制于不确定性因素，若创业团队交互记忆系统水平较高，成员间的频繁互动会让团队成员意识到自身不足，从而促使其主动学习和吸收新知识，并将其应用到新创企业的创新发展中，使得创业团队在不确定性环境下增加成功的可能性。因此将交互记忆系统理论嵌入创业情境有助于国家创新创业战略的有效实施。

　　其次，本研究将团队领导研究嵌入创业情境，聚焦创业团队的变革型和交易型领导，探讨其在不同内外部条件下对交互记忆系统的影响机制，拓展了团队领导的分析情境，丰富了团队领导的结果变量研究。已有研究对变革型和交易型领导的结果变量研究主要集中在员工绩效、员工创造能力和员工创新能力等方面，鲜有研究将团队领导和创业情境相结合，进而探究创业团队交互记忆系统的形成。因此，本研究丰富了团队领导的分析情境和结果变量研究。

　　最后，在团队领导的分析视域，本研究重点关注内外部环境因素在创业团队交互记忆系统形成中的差异化作用，深化了对团队领导与交互记忆系统之间内在逻辑关系的理解，丰富了创业团队交互记忆系统前置因素及作用机制的理论认知。在当前中国转型经济环境下，政策演变对商业行为具有重要影响，新创企业在发展的过程中受制于政府政策，将政策不确定性视为影响新创企业发展的重要因素之一，对于研究中国情境下的创业团队具有重要的价值。

(二) 管理启示

本研究结论也为创业团队构建交互记忆系统提供了如下管理启示。

首先，在不考虑内外部因素的前提下，以"塑造共同价值观"为内核的变革型领导和以"明确预期回报"为特征的交易型领导都是驱动创业团队交互记忆系统构建的重要组织力量。但二者仍然存在区别：变革型领导实质是对团队创业行为的战略领导，而交易型领导属于影响创业团队活动的策略领导。战略领导是指为整个团队服务的，为团队未来发展设立总目标和寻求团队在不确定性环境中地位的领导者。策略领导是指根据总目标确定目标实现路径，是规定团队成员在较短时期内行动方案的领导者。新创企业在成长和发展的过程中，面临着资源约束和环境不确定性的风险，创业团队领导者一定要清晰审视组织的处境，需要根据自身管理理念和创业行为风格，选择合适的团队领导方式。

其次，创业领导者还需要根据创业团队特性来匹配相应的团队领导方式：当创业团队具有高度异质性时，应该首先选择变革型领导方式；若创业团队自省性水平较高，也应该选择变革型领导方式，要避免使用交易型领导风格。变革型领导鼓励下属把组织的利益放在自身利益之前，并对下属产生深远且与众不同的影响。这种领导关心下属的日常需要，帮助下属用新观念分析老问题，进而改变他们对问题的看法。具有高度异质性的团队需要更包容的领导，进而帮助团队发挥其异质性的作用。具有高度自省性的团队可以迅速洞察到团队的发展变化，需要有情怀的变革型领导而非交易型领导支持其自省性以对团队变化做出应对，提前洞察到一些细微的变化，可能会让团队做好控制措施。

最后，创业团队所处外部环境，也是创业领导者选择团队领导方式的重要考虑：若所在行业具有高度的政策不确定性，创业领导者应该选择变革型领导方式；而当新创企业面临高度的市场不确定性时，交易型领导则是创业团队构建交互记忆系统的首选方式。就政策不确定性而言，政策的演变、政府的更迭和领导人的更换可能导致企业处于极度不确定的政策环境中，那么选择变革型领导更能带领团队成员在不确定性环境中进行组织变革，应对政策不确定性。就市场不确定性而言，顾客偏好的改变可能导致企业处于极度不确定的市场环境中，选择交易型领导更能促使团队成员为团队绩效而努力，进而应对市场不确定性。

三、研究局限与展望

(一)研究局限

本研究强调关键情境因素的权变效应,对创业团队交互记忆系统的形成机制进行研究,具有一定理论新意但仍存在以下不足。

首先,创业团队交互记忆系统的测量是直接借鉴成熟量表,对创业情境,以及创业团队与一般团队的区别体现还不足。

其次,在团队领导风格方面,本研究聚焦于变革型和交易型领导,并未探讨其他领导方式如何影响交互记忆系统的形成。

最后,由于样本数量的原因,未能比较不同性质、年龄和规模的新创企业在创业团队交互记忆系统构建机制方面的差异。

(二)研究展望

本研究根据已有研究的不足,提出如下研究展望。

第一,后续研究应立足于创业团队与一般团队的特殊性,改进现有测量工具,开发一个适合创业团队交互记忆系统的量表,以对创业团队交互记忆系统进行更有针对性的测量。

第二,参与式与命令式、开放式与闭合式等其他团队领导风格或类型在交互记忆系统构建中的作用需要进一步探究,后续研究应该从不同的双元领导风格或类型去探究创业团队交互记忆系统的形成机制。

第三,后续研究可以通过扩大样本量对不同类别及发展阶段的新创企业及创业团队进行分组分析,以深化对创业团队交互记忆系统形成机制的理论,为不同阶段的新创企业提供不同的理论指导。

此外,定性比较分析法(qualitative comparative analysis,QCA)是一种以案例研究为导向的理论集合研究方法,能够探查组合方式,即前因条件构型的共同影响。它并不简单关注单一因素的影响效应,而是关注多个影响因素如何共同发挥作用。创业团队交互记忆系统的形成也是由多种因素驱动的,后续研究应该进行创业团队交互记忆系统的组态机制研究。

第五章　创业团队交互记忆系统
形成的组态机制

本章基于创业情境下重构的交互记忆系统结构维度，从团队领导与内外部因素匹配的视角，分析创业团队交互记忆系统形成的驱动与抑制组态效应。研究结论表明创业团队应根据不同内外部环境条件，有针对性地匹配变革型与交易型领导，以驱动创业团队交互记忆系统的构建，同时规避创业团队交互记忆系统形成的抑制组态条件。

第一节　创业团队交互记忆系统形成的组态模型

本节主要从创业团队的关键价值、创业团队交互记忆系统的复杂性两个方面出发，探究创业团队交互记忆系统的组态模型，为后续的数据收集和实证分析提供框架指引。

一、创业团队的关键价值

创业是推动一国经济增长和改革发展的重要力量，2014 年 9 月夏季达沃斯论坛上李克强总理提出"大众创业、万众创新"，强调要在 960 万平方公里土地上掀起"大众创业""草根创业"的新浪潮。自此之后，全面创业的局面在中国大地铺展开。开展创业活动需要面临很大的创业风险，组建创业团队成了创业者提升竞争力的主要方式（梅伟惠和徐小洲，2012）。如今选择"单打独斗"的新创企业既不能在资源、技术和知识方面拥有绝对优势，也不能完成生产经营的所有活动（郭润萍等，2022）。

为降低创业风险，增强对环境的应对能力，创业活动已由个体创业模式逐步转向团队创业模式（De Mol et al.，2015）。相较于个体创业，团队创业在发掘和应用创业机会、识别与应对外部风险、整合创业资源等方面有着巨大优势，因而成为创业活动实施的主体力量（朱仁宏等，2018）。从携程"四君子"到腾讯"五虎将"，从脸书"双子星"到阿里"十八罗汉"，无不表明团队在创业活动中的核心作用。因此，创业团队已成为新创企业生存和发展的关键内在力量，影响甚至决定创业成败。

从知识管理视角看，创业团队成员能否识别潜在创业机会并实施创业活动，很大程度上取决于创业团队的知识资源（Agarwal et al.，2004）。知识丰富的创业团队是"创业温床"，更好地整合和利用团队成员知识更容易催生创业行为（崔杰，2020）。交互记忆系统（transactive memory system，TMS）反映团队成员间利用彼此知识的机制和方式，一直是组织行为学、管理心理学等领域的研究焦点。从最初的亲密关系组合研究，到现在的团队研究，交互记忆系统都扮演着重要的理论角色。然而，目前对交互记忆系统的研究仍存在一些不足：一方面，目前对交互记忆系统的既有研究主要聚焦于高管团队（Huang and Chen，2018）、研发团队（Akgün et al.，2005）、一般工作团队（Bachrach and Mullins，2019；林筠和王蒙，2014）等，较少将其与创业情景进行整合，探讨创业团队交互记忆系统的特性。另一方面，现有研究大多探讨交互记忆系统的效用问题，诸如对创新绩效、团队效能、组织创造力等方面的积极效应，对其形成机制的探究还略显不足。而为数不多的研究主要围绕团队成员沟通（Akgun，2005）、任务相互依赖（Zhang et al.，2007）和先前经验（Zheng，2012）等方面，探讨交互记忆系统的形成机制。因此，将交互记忆系统嵌入创业情境，着力探讨其形成机制具有重要意义。

二、创业团队交互记忆系统的复杂性

交互记忆的概念来源于"外源记忆"，是指具有亲密关系的人对不同专业领域的信息进行编码、储存、检索和交流、共享的认知劳动分工（Wegner，1987）。在具有亲密关系的群体中，当个体通过某种方式了解到其他个体拥有的知识时，个体之间便有可能共享记忆细节，此时便产生交互记忆（Ming et al.，2017）。交互记忆系统是交互记忆概念在团队层面的延伸。当团队成员不断重复信息互动并分享记忆时，便形成了交互记忆系统（Wegner，1987）。拥有交互记忆系统的团队，成员所拥有的信息存量不仅取决于成员自身的记忆容量，也包括所能获取的其他成员记忆系统中的信息，即个体成员所能利用的信息大于其本身的记忆能力（林筠和王蒙，2014）。

交互记忆系统是团队成员的知识总和，以及关于"谁知道什么知识，谁专攻什么知识"的集体意识（Wegner，1987）。创业情境下的知识基础观认为，创业是创业团队或企业的知识整合及应用过程（崔杰，2020）；创业团队成员拥有不同领域的知识和经验基础，只有当团队成员之间实现知识共享和知识整合时，才能完成团队知识的创造和创新，进而促进产品创新及市场机会的识别和利用（Agarwal et al.，2004）。因此，创业团队交互记忆系统在本质上具备交互记忆系统的共同内涵，但在表现形式和价值指向上又与高管团队、研发团队、虚拟团队等存在差异

(Dai et al.，2017)。本研究将创业团队交互记忆系统视为创业团队成员共同编码、存储、检索和分享彼此专业知识，以识别和利用创业机会的知识协同机制。

交互记忆系统是一个知识管理系统，反映团队成员如何积极地利用彼此的交互记忆来编码、存储和应用不同领域的专业知识(Lewis，2003)。目前，国内外研究者对交互记忆系统的内涵认识虽没有本质差异，但对其维度划分却存在不同观点："四维度"观点认为交互记忆系统是由知识储备和专门化，以及交互记忆精确性和一致性四个维度构成(Austin，2003)；"三维度"观点认为交互记忆系统可以划分为有效性、精确性和共享性三个方面(Brandon and Hollingshead，2004)，或被分为专长性、可信性和协调性三个基本维度(Lewis，2003)。

事实上，Lewis(2003)对交互记忆系统的维度划分及所开发的量表在交互记忆系统后续研究中应用最为广泛。但是，对创业团队交互记忆系统结构维度的理解需要考虑创业情境的独特性(Batra and Dey，2019)。随着新创企业面临的环境越来越复杂，创业团队面临的不确定因素和资源挑战不断增加；为了缓解资源约束，降低不确定性对创业活动的负面影响，团队成员的构成及其互动方式在不断发生变化。因此，本书在 Lewis(2003)的"三维度"观点基础上，将创业团队所具备的高度互动，甚至高频冲突的特征纳入创业团队交互记忆系统的维度分析，将其划分为四个基本维度：①专长性，即创业团队成员的知识分工成效；②可信性，即创业团队成员对团队知识分布的认识及知识共享程度；③协调性，即创业团队成员知识交互检索过程的有效性；④动态性，即创业团队共享知识时的互动程度及质量水平。

三、创业团队交互记忆系统的组态模型

定性比较分析(QCA)是对传统对称分析工具的补充，它促进了对创业现象更为精细的理解，并为构建有关这些现象的新理论提供了实证基础(Douglas et al.，2020)。本研究试图在创业情境下重构交互记忆系统的内涵及维度，并引入创业导向和关系承诺两类内部因素以及竞争强度和技术动荡性两类外部因素，从团队领导的视角，运用定性比较分析方法探究两类领导方式与内外部因素的联动效应，发掘创业团队交互记忆系统形成的驱动与抑制组态机制。

中国转型经济具有的"市场化、全球化、分散化"三重因素叠加的特征，为创业活动塑造了重要的制度与市场环境，使创业企业面临比其他经济体更为复杂和多变的外部环境(He et al.，2019)。这就要求创业企业充分地依赖和推动团队机制，通过创业团队内部的知识分享、整合以及合作氛围驱动企业积极应对外部挑战。交互记忆系统作为一种形成于团队成员之间的、彼此依赖的，用以获得、储存、运用来自不同领域知识的合作型分工系统，在帮助创业团队拓展收集知识的宽度和深度，以及从不同视角理解知识、提升团队和组织绩效等方面扮演着重要角色(Bachrach et al.，2017)。

　　创业活动充满诸多不确定性，坚定而有效的创业团队领导可以凝聚和强化团队力量，进而确保团队在信息和知识等方面的合作与分享。创业团队的领导，可以帮助创业团队在动荡环境下有效开展创业活动。Tepper 等（2018）指出，具备高度适应性的领导者能够在不同情景下采取合理的领导行动来应对动态环境的挑战，从而使团队领导更有效。这意味着，领导力并不是静态的，也并不是特定的领导风格适合所有情形，有效的团队领导需要根据内外环境的变化而不断调整自身行为。

　　因此，本书试图从创业团队领导与内外环境因素的组态效应视角，探究驱动和抑制创业团队交互记忆系统形成的组态机制。在环境因素方面，主要从市场和技术两个层面对其进行解构：市场层面主要表现为竞争强度，即企业面临市场竞争的激烈程度；技术层面则表现为技术动荡性，反映了行业内技术和流程的变革速度。在团队因素方面，主要从创业导向与关系承诺两方面进行分析。其中，创业导向是影响新创企业资源投入的价值观因素，影响着新创企业组织能力及团队领导的决策和行为（Kohtamakia et al.，2020）。关系承诺是存在于团队成员间的持续性契约，高水平关系承诺能使团队成员更乐于为维持和深化团队关系而投入包括知识在内的各类资源（徐可等，2019）。基于上述分析思路，构建研究的分析模型，如图 5-1 所示。

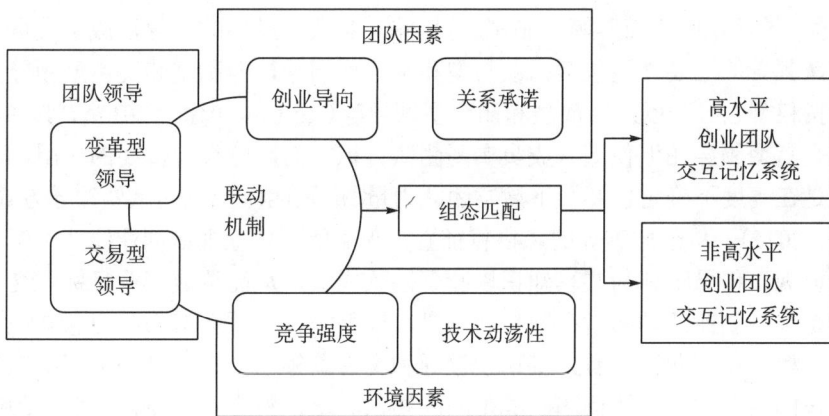

图 5-1　创业团队交互记忆系统形成的组态模型

第二节　创业团队交互记忆系统形成的关键因素

　　本节在创业团队交互记忆系统形成的组态模型的指引下，从创业团队领导驱动交互记忆系统形成的逻辑，以及团队领导匹配团队特性和环境不确定性的分析视域，对研究模型进行理论推演，进而构建团队领导驱动创业团队交互记忆系统形成的组态效应机制。

一、创业团队领导

领导是一种建立在组织基础上的社会互动过程，在这个过程中领导者依靠自身认知来分析组织所处的复杂环境，进而选择和实施适当的行为以确保组织目标的实现(Tepper et al.，2018)。团队已经作为一种普遍的管理模式存在于各类组织中，通过有效的领导能更好地发挥团队的作用(朱仁宏等，2018)。团队领导的本质是影响成员理解并接受共同任务，进而融合个体和团队努力以实现共同目标(Yukl，2012)。团队领导可以帮助团队成员获得更多支持、增进团队之间的沟通、减少误解，从而改进工作态度与行为(Selvarajan et al.，2018)。团队领导是领导者寻求下属的意愿，以实现团队目标的社会影响过程(Selvarajan et al.，2018)。团队领导通过鼓励经验分享、共同培训、认知及体验等方式，能够帮助成员形成实现团队目标的专业知识联结(Yukl，2012)。有效的团队领导可以帮助创业团队及新创企业更好地利用市场机会，实现对不确定环境的动态适应，以及资源整合与变革创新。

团队领导风格的差异会影响团队内部沟通和协调的效率，进而产生不同的效果。团队领导风格既与领导者特质有关，也与组织环境有关，它是组织内外部因素综合作用的结果(罗瑾琏等，2016)。目前，对领导风格的研究形成了大量的观点，团队领导的主要类型包括：参与型和指导型领导，专制型和民主型领导，威权型和授权型领导，以及开放型和闭合型领导等(Koo and Park，2017)。其中，变革型和交易型领导在促使团队成员实现团队目标方面起着至关重要的作用，它们被认为是在高度不确定性环境下激发团队力量、凝聚团队士气的重要领导方式(王永伟等，2012)。从创业领导的风格特征看，变革型领导重视在创业团队中塑造愿景与价值观，倡导革新与共享知识以凝聚团队成员，从而达成创业目标；交易型领导则是强调创业活动的潜在回报和刺激，以鼓励创业团队努力学习新知识、实现创业目标。从创业实践看，变革型领导和交易型领导分别通过塑造团队愿景和强调回报的内在逻辑，协调团队成员间的知识共享、整合和创新，在驱使团队成员追求个体利益的同时努力构建团队知识体系，从而在实现团队目标方面发挥重要作用。

随着新创企业环境复杂性及动态性的提高，创业团队面临着环境不确定性和资源稀缺性带来的持续挑战(崔杰，2020)。相较于成员结构相对稳定，且面临内外部环境相对可预测的高管团队和研发团队，创业团队领导面临更高的内外部压力和决策模糊性。有效的创业团队领导，能够产生积极的团队共识，调动团队成员的合作意识，激发团队成员的创造力，从而带来高水平的团队绩效输出，推动新创企业走向成功(Selvarajan et al.，2018)。在创业领导中，一些创业领导者通过强调积极的创业愿景以及创业行为的社会价值,来实现团队思想与行为的一致性;而一些创业领导者通过建立标准并对团队成员行为进行及时的奖惩,驱使成员在达成个体利益的同时实现团队目标。因此,本研究从变革型与交易型两类方式解构团队领导:变革型领导是指通过创造团队愿景让成员理解所承担工作的意义和价值,进而驱动团队成员展开一致行动以达成创业团队目标;而交易型领导则是通过全面制定和及时执行奖惩标准,使团队成员在理解付出与回报关系的基础上,为达成个体及团队目标而展开行动。

二、关键团队因素

创业团队的团队特征是结合团队规模、团队结构、团队领导、人力资源系统和实践等表现出来的团队整体特点,关系到团队的目标和价值所在(张广琦等,2016)。Arad 等(1997)指出团队特征和团队创新之间有密切的联系,是影响团队绩效的重要因素。所以,创造和维持创业团队内部良好的团队特征,具有十分重要的现实意义。通过文献梳理,研究发现创业团队的团队因素主要有创业导向、关系承诺和创业团队异质性等几个方面,具体介绍如下。

(一)创业导向

创业导向反映了组织内积极承担企业活动的相关风险,乐于接受变革和创新的一种倾向,是鼓励成员主动适应变化、积极创造的组织氛围和价值观(Kohtamakia et al.,2020)。在面临高度不确定性环境时,创业导向重点凸显创业者及其团队成员共同追逐新事业、应对新变化的一种特定心智模式(胡望斌和张玉利,2011)。作为一种反映创业团队对于机会的认识及其采取行动的态度和行为倾向,创业导向影响着创业团队成员整合及应用知识的方式及效果。创业导向以创新性、风险承担性和超前行动为本质内涵,影响组织及团队的价值取向和行为选择(Putnins and Sauka,2019)。创新性反映团队及其领导者支持新想法、新事物以及鼓励对可能带来新产品、新技术或新服务的流程进行创新的取向,是创业导向的核心;风险承担性体现组织及其领导者对具有较高风险的项目进行资源投入的意愿;超前行动性凸显团队领导者对新技术、新服务的追求,以及对潜在市场的探索倾向(蔡莉等,2008)。

(二)关系承诺

承诺是维持组织内部关系和发展的主要因素,关系承诺与组织成员的期望以及成员对组织中关系的评价紧密相关(Morgan and Hunt,1994)。从团队层面来讲,关系承诺是指团队成员愿意投入必要时间和精力去维系、巩固有价值的长期关系;通过培育良好的情感基础、默契程度,建立和发展团队共有知识,有助于维系团队的稳定性和延续性(徐可等，2019)。已有研究表明，团队成员间的高水平关系承诺能够强化团队成员共享知识的动力，进而提升团队凝聚力并优化团队知识基础(Shahzad et al.，2018)。在团队领域，关系承诺体现团队成员之间的信任程度，表明团队成员对共同目标和团队关系的预期；高水平的关系承诺是提供团队凝聚力、向心力和战斗力的重要基础，也是团队成员分享资讯、信息以及其他重要知识的情感基础。

(三)行为复杂性

领导是在高度互动和不确定性条件下的组织行为，它具备复杂性特征。Luo等(2018)认为，有效领导的充分条件应该是行为复杂性。所谓行为复杂性就是个体能够表现出广泛且不同，甚至是矛盾的行为。现有研究多数关注领导者的行为复杂性，而 Venugopal 等(2019)提出了创业团队行为复杂性的概念，即创业团队执行广泛行为模式和行为分化的能力。这意味着，一方面创业团队能够承担多样化的领导角色和行为；另一方面创业团队能够依据组织内外部面临的不同情况选择和执行不同的领导角色和行为。因此，具备高度行为复杂性的创业团队，一方面，能够平衡式地开展多元化战略议程；另一方面，能够在看似复杂和冲突的战略行为中发掘潜在的联系和协同价值。

(四)团队异质性

创业团队是两个或以上个体组成的团队，具有共同愿景和目标，共同创办新企业或参与新企业管理，相互依存地在一起工作，共同对团队和企业负责，共同承担风险和共享收益(朱仁宏等，2012)。创业团队异质性是指团队成员在人口特征、经验、认知观念、价值观等方面表现出来的差异(刘刚等，2017)。目前学术界对创业团队异质性的认识多源自团队异质性。团队成员通常会运用自己的知识和技能完成团队任务，而团队成员不同的专业背景、工作经历和认知水平所造成的技能差异，会对团队成员知识体系产生不同程度的影响，从而形成团队异质性(王颖和彭灿，2012)。创业团队异质性除团队成员在性别、年龄、种族等个人表象特征上的差异外，还体现在团队成员完成任务所运用的专业技能、知识储备和处理能力的差异上(侯飞等，2022)。异质性的创业团队可以为团队决策提供更多样化的观点和更丰富的经验与技能，同时还可以拓展社会资源和网络，有利于市场竞争。已有研究对创业团队异质性的分类基本沿袭了高管团队与工作团队的分类方法，然而，创业团队与高管团队、工作团队既具有相似属性，也有明显不同的特征。比如创业团队通常由具有强烈共同愿景和目标(志同道合)的成员构成，使创业团队在价值观以及态度、偏好等深层异质性方面相比于高管团队和工作团队具有更高的同质性。

（五）目标明确性

目标反映的是一个组织在未来某个时期期望达到的某种理想状态。具有各方面专长的人员之所以组合起来形成创业团队，旨在实现共同的创业目标（张广琦等，2016）。Kramer 和 Tyler（1995）指出，明确的、共享的团队目标是人际信任建立的重要原因，而团队成员之间的信任正是维护和推动创业团队发展的重要因素。创业团队的目标是团队成员经过详细讨论最终得到大家一致认可的，团队成员共同制定目标使得他们清晰地感觉到团队的工作就是自己的工作，会集中精力对待工作，从而可以在一定程度上避免"搭便车"的现象，也可以促进团队信任。同时，创业团队的目标定位首要是创建新企业，推动企业的发展（陈忠卫等，2013）。中国的创业团队着重强化的是集体目标，明确的目标定位是为集体发展服务的（常路等，2011），所有创业团队成员都为了集体目标而努力，较少看重其个人目标，创业团队成员更加内敛，有时即使会损害个人目标，但是为了集体目标的完成，也会努力工作；西方的创业团队尽管也具有团队总体目标，不过其文化更加强调自我，与中国人相比在自我牺牲精神方面相对匮乏（张文慧和王辉，2009）。

（六）角色合理性

在创业团队中的每个成员都会面临"做什么"和"怎么做"的问题，其实这就是团队成员的角色分配问题（张广琦等，2016）。Murphy 等（2013）指出，合理的角色分配对于创业团队也是十分必要的，同样可以很大程度地增进人际信任。创业团队成员在团队中实际上充当着不同的角色。所谓团队角色，就是指团队成员为了推动整个团队的发展而与其他团队成员交往时所表现出来的行为方式以及态度（陈忠卫等，2013）。团队角色理论最早是由英国管理学家 Belbin 博士提出，经由 Margerison 和 McCann（1990）进一步发展。所谓角色合理性，是指在创业团队中各成员在团队同一创业目标的指引下，合理分配各成员的任务，这些任务既符合完成整体目标的要求，又分别针对各成员提出不同的能力要求。创业团队的角色类型一般包括风险投资者、资本运营者以及经营开发者等，各个角色之间的角色界限十分清晰。

（七）任务依赖性

信任是一种处理不确定性的实用策略，而创业团队往往处在不确定性较高的环境中，这个时候创业者与创业团队密切相关，生死依存。创业团队成员之间需要高度的任务依赖，这种任务的相互依赖就是信任的推进器，使得创业团队成员可以一致面对障碍，进而完成任务（Drouin and Bourgault，2013；张广琦等，2016）。很多学者对创业团队的任务依赖性的概念进行了界定。例如，Van de Ven 等（1976）指出创业团队的任务依赖性指的是团队成员必须彼此依赖，才足以完成任务。

Katz-Navon 和 Erez(2005)认为创业团队需要完成的工作任务一般来说都比较复杂和高度专业化，同时又很难明确地区分每个成员的具体任务，因此团队成员的任务往往相互依赖才能完成。陈忠卫等(2013)指出创业团队成员之间的相互依赖是团队合作的基础，只有相互依赖才会产生团队信任，因而任务依赖性对团队协作和信任十分重要。

可以看出，在创业团队中，创业者与创业团队密切相关，每个创业者之间同样关系密切，每个人的任务都会深刻地影响到团队中的其他成员。同时，在中国的集体主义传统文化背景下，创业团队成员信奉"团结就是力量"，集体意识很强，这种任务的相互依赖会明显影响团队的差序氛围，任务相依意味着团队成员之间会有频繁密切的人际互动，这种互动可强化团队的整体感，进而弱化团队成员的"圈内圈外"认识(刘军等，2009)。因此，具体到每个人的任务之后，创业团队成员之间会相互帮忙，共同完成任务。

综上所述，本书结合创业团队的成员和团队领导乐于接受变革和创新的倾向以及关系承诺是影响团队成员之间及时而充分地分享信息和知识的关键因素，选择创业导向和关系承诺作为匹配团队领导行为重要的团队因素，具体原因如下。

一方面，就创业导向而言，新创企业内部创新性越强，越趋向于改变现有的资源结构，鼓励团队领导者进行变革和改进；而超前行动要求组织对新知识进行快速整合和应用，为企业的市场探索活动提供知识基础。在创新和超前行动倾向影响下，具有较高创业导向的团队会主动积累各种知识经验(苏郁锋等，2016)，以弥补企业发展过程中的知识缺口。因而，创业导向能够通过促进企业市场环境的有效监管，正向影响创业团队对外部知识的获取。此外，冒险倾向有助于企业营造创新和包容失败的文化氛围，使组织成员轻装上阵，去除思想上的包袱，同时促进团队成员更加积极地进行信息交流，从而加快知识在团队内部的传播和共享(Putnins and Sauka，2019)。因此，创业导向可能会影响领导方式在团队知识管理过程中发挥的作用，进而对创业团队交互记忆系统形成产生权变效应。

另一方面，就关系承诺而言，在创业情境下，作为合作意愿的外在表现，关系承诺能够衡量创业团队成员是否愿意信任他人的态度倾向，是团队成员之间能否及时而充分地分享信息和知识的关键因素(Huang and Chen，2018)。同时，创业团队面临动荡的竞争环境，需要团队领导凝聚团队成员，培养团队成员间良好的互动关系和紧密的情感链接，进而帮助团队形成和维系忠于团队关系的信任局面。因此，在创业团队中积极主动地构建并培育关系承诺，可推动形成创业团队相互信任并且愿意共享自身知识的良性循环态势，最终提升创业团队绩效和提升创业团队知识管理水平。

三、关键环境因素

根据美国政府调查数据显示，由于新创企业所面临的外部环境十分动荡，每100家新创企业中，在头5年中能生存下来的仅有20家，因而动荡的竞争环境是创业团队和新创企业需要首先应对的外部挑战。环境动荡性是指企业对外部竞争环境变动的不可预测和不可预见的程度（买忆媛和熊婵，2012）。市场的变化、新竞争举措的涌现、客户需求改变等都让新创企业面临的外部环境更加动荡，新创企业面临的关键环境因素主要有竞争强度、技术动荡性、制度环境不确定性和市场不确定性四个方面，具体介绍如下。

（一）竞争强度

竞争强度是指由竞争者数量及其竞争手段所决定的竞争水平（Montez et al.，2018）。一般而言，特定市场的竞争强度取决于市场上参与竞争的主体数量及其市场占有水平，以及不同竞争主体之间的差异化程度（Bounckena et al.，2020）。竞争强度不仅反映特定市场领域内竞争的参与者数量、竞争关系、竞争结构和互动方式，还反映竞争对手行为的行动力度和可预测水平。竞争强度是影响新创企业成长及发展方式和路径的重要环境因素，它间接地塑造创业团队知识分享及交换的行为模式，影响团队成员之间学习与交流的集体意识和行为（Eldor，2019）。

（二）技术动荡性

在创新驱动创业的创新创业2.0时代，技术革新频率及进步水平对创业行动及其成本产生重大影响。技术动荡性是指产业技术变化趋势呈现的不确定性、复杂性和难以预测性（王媛等，2020），是创业团队所面临的环境不确定性的核心内容。知识是技术的基础，团队知识管理是生成和应用新技术的关键组织活动。随着科技的持续进步，以及技术对组织运行方式的深度渗透，技术已经成为影响企业经营方式及绩效的关键外部因素。事实上，技术环境变化的差异化程度及频率对团队知识整合和应用提出了不同的要求。技术环境的动荡程度越高，越需要整合团队成员知识，协同具有不同专长的团队成员共同应对技术挑战（阳银娟和陈劲，2018）。

（三）制度环境不确定性

制度经济学理论认为，微观市场主体的行为受到既定制度框架的限制与引导，且制度变革节奏的加快会强化企业所处政策环境的不确定性，而政策不确定性潜在地强化了企业的外部不确定性环境以及市场竞争水平（阳镇等，2022）。

相对于成熟的大企业，新创企业面临更为不确定的环境，经营更具风险性(任迎伟等，2019)。目前，学术界的研究视野由之前的以内为主逐步延伸至内外结合，近年来有关创业的制度环境研究逐渐引起学者们注意。创业制度环境是个人或组织在创新和创业过程中必须面对并能够利用的因素之一，是一个国家或地区在创新和创业活动方面所制定的经济、政治和社会制度，包括法治水平、金融发展、政府管制等方面。应该说，制度环境大到影响一个地区新创企业的数量、发展速度和规模，小到影响个体和团队是否选择从事创业活动(陈怡安和赵雪苹，2019)。在宽松有利的制度环境下，新创企业创业团队能心无旁骛地从事经营活动，进而提高企业的创新绩效；然而，很多新创企业都面临着不确定的制度环境，企业的"新生弱性"更为凸显，企业发展更为艰难，进而影响新创企业的创业绩效。

(四)市场不确定性

市场是检验创业效果及新创企业成败的关键场所，市场的需求特征、变化速率等均会影响新创企业的生存和发展。市场不确定性是指市场中难以预料的变化(Sheng et al.，2011)。Oriani 和 Sobrero(2008)认为，市场不确定性涉及企业产品需求预期水平的变动性，受到经济周期、消费者偏好转变、人口变动、制度变迁等企业外部因素影响。吴灿英(2006)基于国外学者将市场的不确定性定义为顾客需求的不确定性、模糊性和市场发展不可预测性，提出市场不确定性是新产品能够满足需求类型和内容的模糊性及竞争环境的动态性。原长弘等(2012)界定的市场不确定性是指我国校企知识转移的外部总体市场环境的动态变动程度。由此可见，在不同研究情境下，对市场不确定性的理解存在一定差异，但大部分研究均认可市场不确定性反映市场需求及变化的可预期水平。

综上所述，本书结合新创企业所面临的竞争强度是影响新创企业成长及发展方式和路径的重要环境因素(它间接地塑造创业团队知识分享及交换的行为模式)以及技术动荡性已经成为影响企业经营方式及绩效的关键外部因素，选择竞争强度和技术动荡性作为匹配团队领导行为重要的环境因素，具体原因如下。

一方面，就竞争强度而言，创业活动面临着高度的环境不确定性，对外部竞争态势的感知和理解影响着创业团队成员彼此协作和互动的动机和频率。当团队成员感知到高强度的市场竞争时，更倾向于通过增加团队凝聚力、强化团队成员之间的分工与合作来缓解外部竞争对团队成员带来的心理压力，以及降低竞争性环境对创业团队绩效带来的不确定影响(Eldor，2019)。竞争强度越高，意味着企业面临的市场环境越极端，创业团队的决策和行动将会更加谨慎，因而更需要强有效的团队领导，凝聚成员形成共同愿景，协调团队成员共同行动。当企业面临极端市场环境时，团队领导者往往会更加开放地听取成员的建议，肯定所有团队成员的努力，变得更加平易近人(Tepper et al.，2018)。同时，团队领导者会更开放地解释其决策的原因，并进行广泛的沟通，进而为团队成员共享信息和资讯提供良好的合作文化基础。

另一方面，就技术动荡性而言，从"目的-手段"视角看，创业活动是创业团队运用技术方案创造或满足市场需求，或解决顾客痛点，以利用创业机会并创造价值的过程。因此，创业企业所面临的技术动荡性会影响创业团队识别和锁定创业机会的有效性，进而要求创业团队需要通过自身知识整合与利用，降低或缓解技术变化所带来的负面影响。同时，对于创业团队而言，在动荡的技术环境下，团队既有的知识结构和技术发展模式容易被淘汰，进而使得创业企业难以应对技术变化带来的冲击(Chen et al.，2018)。这就要求创业团队的领导者引导团队成员持续丰富专长知识，并通过团队知识共享和整合，不断促进创业团队整合知识结构以适应技术环境变化，使企业避免陷入技术更迭带来的恶性循环中(王媛等，2020)。

四、关键因素分析总结

综合上述对创业团队领导、关键团队因素以及关键环境因素相关的研究，发现无论是变革型还是交易型领导，两种团队领导方式发挥效用的性质和程度均依赖于组织内外部情境。正如 Kreiser 等(2021)所言，战略选择需要与组织环境实现动态匹配，配置理论(configuration theory)是理解创业领域战略行为有效性的重要工具。从内部视角看，创业导向影响创业团队成员的注意力和凝聚力，决定着新创企业资源投入方式及强度(苏郁锋等，2016)；关系承诺是创业团队成员之间在互动过程中产生信任的关键，影响着团队成员不断学习新知识和技能，并将自身专长知识共享给团队成员的意愿(Leonidou et al.，2008)。从外部角度看，竞争强度和技术动荡性反映新创企业所面临外部环境的不确定性，能够以外部压力的方式激发创业团队成员增强分享知识储备的动机(Eldor，2019)。因此，创业导向和关系承诺是影响创业团队战略行为有效性的重要团队因素，竞争强度和技术动荡性是影响创业团队知识管理的重要外部环境因素。

第三节　数据测量、收集与分析

本节通过问卷调查的方式获取研究数据，而调查问卷中对研究所涉及核心概念的测量(除了本研究开发的创业团队交互记忆系统的测量量表)均尽可能借鉴或改编自成熟的研究量表，以保证测量的效度水平。因此，通过系统的文献梳理收集和整理相关测量工具，并有效地收集数据是确保研究数据科学性和有效性的首要保障，更是支撑研究假设检验以获取科学结论的关键基础。

一、问卷与测量

研究通过问卷调查的方式获取数据，对所涉及概念的测量均借鉴或改编自成熟量表。创业团队交互记忆系统涵盖专长性、可信性、协调性和动态性四个方面，研究借鉴 Lewis（2003）、林筠和王蒙（2014）以及 Chen 等（2018）的测量工具进行评价，共 17 个问项。团队领导主要包括变革型和交易型两种类型，测量工具改编自 Bachrach 等（2019）、王永伟等（2012）的研究量表，共 8 个问项。团队因素包括创业导向和关系承诺两方面：创业导向的测量工具改编自 Putnins 和 Sauka（2019）的量表，从创新性、主动性和冒险性三个方面对创业导向进行测量，共 8 个问项；关系承诺的测量工具借鉴 Morgan 和 Hunt（1994）、Shahzad 等（2018）的量表，共 3 个问项。环境因素体现在竞争强度和技术动荡性两方面：竞争强度的测量借鉴 Montez 等（2018）和 Eldor（2019）的量表，共 4 个问项；技术动荡性的测量借鉴 Chen 等（2018）的工具，共 3 个问项。所有概念使用利克特 5 点量表进行评价（1=完全不同意，5=完全同意）。

此外，研究将企业年龄、规模和性质作为控制变量。其中，企业年龄分为 42 个月以下、42 个月～5 年和 6～8 年三组，企业规模分为 20 人以下、20～49 人、50～99 人、100～149 人以及 150 人及以上五组，企业性质分为高新技术企业和非高新技术企业两组。

在完成初始问卷以后，研究通过小规模问卷调查对问卷进行修正和完善。在清研理工创业谷和立洋绿色创新空间（国家级备案众创空间）运营机构的帮助下，点对点发放和回收问卷 50 份。研究使用"相关系数平方（SMC）小于 0.5"和"修正问项总相关系数（CITC）小于 0.4"两项评价指标，删除测量贡献较小的文献，并根据调研反馈对问项措辞进行完善，最后形成包含 41 个问项的调查问卷。

二、数据收集与样本情况

目前，学术界对新创企业的界定标准各异，大多以成立时间为界定指标。本研究综合考虑数据收集的科学性和可行性，以及研究主题和分析情景，并借鉴 Cai 等（2017）的观点，将新创企业界定为成立时间在 8 年以内的创业企业，并将其作为问卷调查的对象。

问卷调查对象为位于成渝地区的国家级备案众创空间入驻或曾经入驻的企业，调查的步骤为：首先，在众创空间运营机构的帮助下获取符合条件的企业名单，并联系企业征询参与调研的意愿，形成问卷调查的访问名单；其次，通过上门调查或发放电子问卷的方式，向被调查企业的负责人发放问卷，并进行及时回收；最后，对问卷数据进行整理和复核，对问项缺失项进行补充调查，最终形成研究数据库。为避免数据同源导致的共同方法偏差，在调研过程中，团队领导部分的测量邀请创业团队成员回答，其他部分邀请创业团队领导者进行填写。

　　调查历时两个月，联系符合条件的企业并发放调查问卷 150 份，回收调查问卷 127 份，其中有效问卷 116 份，有效回收率为 77.3%。由于数据收集是在众创空间运营机构的积极协调和帮助下展开的，并事先征询被调查企业的参与意愿，因而问卷的有效回收率比较理想。本研究将不同区域的企业数据分组进行方差分析，没有发现样本数据之间存在显著差异。样本企业基本情况见表 5-1。

表 5-1　样本企业情况

企业性质	高新技术企业		非高新技术企业		
数量	33		83		
占比/%	28.45		71.55		
企业年龄	少于 42 个月		42 个月～5 年		6～8 年
数量	26		42		48
占比/%	22.41		36.21		41.38
企业规模/人	<20 人	20～49 人	50～99 人	100～149 人	150 人以上
数量	19	59	20	7	11
占比/%	16.38	50.86	17.24	6.04	9.48

三、测量的信效度分析

　　在 Lewis(2003) 的观点基础上，结合创业团队的独特性，将创业团队交互记忆系统划分为专长性、可信性、协调性和动态性四个维度。为了验证四维度模型是理解创业团队交互记忆系统的最佳策略模型，根据 Anderson 和 Gerbing(1988) 的建议，运用验证性因子分析方法分别对单因子、双因子、三因子和四因子模型进行比较，以确定创业团队交互记忆系统的最佳测量模型。数据结论显示(表 5-2)：四因子模型明显优于单因子、双因子和三因子模型，且四因子模型的各项指标值均达到或优于标准值。因此，将创业团队交互记忆系统划分为专长性、可信性、协调性和动态性四个维度是较为理想的测量模型。

表 5-2　不同模型间的验证性因子分析

模型	χ^2	df	χ^2/df	RMSEA	GFI	CFI
单因子模型	1742.921	103	16.922	0.623	0.286	0.547
双因子模型	927.583	79	11.742	0.325	0.478	0.629
三因子模型	172.018	68	2.529	0.206	0.741	0.815
四因子模型	79.275	61	1.299	0.057	0.922	0.934

注：双因子和三因子模型因组合数较多，表格内仅展示指标值最优的一个双因子和三因子模型。

　　研究运用 Cronbach's α 系数及修正问项总相关系数(CITC)两项指标对核心概念测量的信度进行检验。结论表明(表 5-3)，全部核心概念的 Cronbach's α 系数均大于 0.7 水平，全部测量问项的 CITC 值均大于 0.4 水平，说明本研究对核心概念的测量问项具有较高的相关性和内部一致性，核心概念测量的信度水平较高。

表 5-3　测量的信度和收敛效度检验

核心概念		测量问项	因子载荷	CITC	AVE
创业团队交互记忆系统 (α=0.879)	专长性 (α=0.905)	团队成员拥有与工作任务相关的专业知识	0.716	0.583	0.574
		团队成员分别负责不同领域的专业知识或技能	0.708	0.602	
		团队成员具有的专门知识都是完成任务所需要的	0.721	0.612	
		团队成员知道其他成员在哪些特定领域有专长	0.734	0.635	
	可信性 (α=0.912)	团队成员愿意接受来自其他成员的工作建议	0.783	0.681	
		相信其他成员所掌握的与工作有关的知识	0.795	0.632	
		相信其他成员在讨论中提供的信息是可靠的	0.717	0.693	
		对其他成员提供的信息总想再检查一遍	0.729	0.574	
	协调性 (α=0.847)	团队成员在一起工作时协调得很好	0.768	0.592	
		团队成员对应该做什么很少产生误解	0.802	0.635	
		团队成员对于如何完成任务感到很困惑	0.724	0.583	
	动态性 (α=0.903)	创业团队成员愿意在彼此交流时分享他们的问题或疑惑	0.738	0.619	
		创业团队成员会坦率指出其他成员的不足或错误	0.682	0.516	
		创业团队成员相互整合或交换资源和信息	0.783	0.605	
团队领导 (α=0.917)	变革型领导 (α=0.925)	他在完成团队目标的过程中极力展示魄力与自信	0.727	0.615	0.592
		他总是向团队成员表达对高绩效的热切期望	0.783	0.602	
		他总是充满激情地谈论需要完成的任务	0.761	0.592	
		他努力向团队描绘鼓舞人心的未来	0.814	0.658	
	交易型领导 (α=0.918)	当团队成员表现良好时，他会给予积极反馈和奖励	0.817	0.578	
		当团队成员工作效率高时，他给予特别关注和赞扬	0.783	0.626	
		如果团队成员表现得很差，他会表示不满及批评	0.718	0.625	
		当团队成员工作效率没有达到目标时，他会立刻指出	0.746	0.615	
创业导向 (α=0.907)		企业高管倾向于强调研发、技术领导和创新	0.812	0.685	0.576
		相较于主要竞争对手，企业产品或服务具有新颖性	0.786	0.652	
		在与竞争对手打交道时，企业常常先于竞争对手采取行动	0.722	0.547	
		企业通常是率先引进各类新产品、各类先进的技术等	0.738	0.606	
		企业倾向于先于竞争对手引入新的理念或产品	0.748	0.614	
		企业高管倾向于高风险且高回报可能性的项目	0.781	0.714	
		企业高管认为，为应对竞争必须采取大胆且广泛的行动	0.749	0.686	
		面对不确定性，企业会采取大胆且积极的姿态以把握机会	0.733	0.606	

续表

核心概念	测量问项	因子载荷	CITC	AVE
关系承诺 (α=0.895)	团队成员非常乐意与其他成员保持良好的伙伴关系	0.753	0.587	
	团队成员不会因为一些物质利益去破坏良好的伙伴关系	0.762	0.603	0.595
	团队成员努力维持团队内的伙伴关系	0.798	0.625	
竞争强度 (α=0.932)	企业所在行业的竞争十分激烈	0.705	0.554	
	本行业的企业经常开展价格战	0.792	0.608	0.609
	本行业中新的企业进入比较容易	0.814	0.657	
	本行业的产品比较容易被竞争对手模仿	0.808	0.622	
技术动荡性 (α=0.912)	本行业技术变化迅速	0.736	0.635	
	本行业产品和服务的更新速度快	0.758	0.691	0.579
	本行业新生产流程的创新速度快	0.788	0.649	

本研究对核心概念的测量均改编自成熟的量表，并根据预调研结果进行了修正，进而确保测量的内容效度。所有问项的标准化因子载荷高于 0.5 水平（表 5-3），表明测量问项聚合于相应因子的水平较高，测量的收敛效度非常理想。Pearson 相关系数和 AVE 平方根两项指标用于评价测量的判别效度。数据表明（表 5-4），任意核心概念之间的相关系数不等于 1，且 AVE 平方根均大于所对应概念的相关系数绝对值，表明对核心概念测量的判别效度也非常理想。

表 5-4　测量的信度与判别效度检验

核心概念	均值	1	2	3	4	5	6	7
创业团队交互记忆系统	3.926	0.758						
变革型领导	4.015	0.194**	0.769					
交易型领导	3.537	0.173*	-0.085	0.773				
创业导向	3.621	0.103	-0.027	-0.026	0.759			
关系承诺	4.212	0.096	0.176*	0.107	0.179*	0.771		
竞争强度	3.849	0.047	0.048	0.022	0.104	0.086	0.780	
技术动荡性	3.218	0.038	0.025	0.005	0.016	0.014	0.153	0.761

注：对角线为概念的 AVE 平方根；*表示 $P<0.05$、**表示 $P<0.01$。

第四节　QCA 分析及组态结论

本节使用 fsQCA3.0 软件对本研究的相关变量进行校准，接着分析创业团队交互记忆系统形成组态效应的必要性，然后分析和识别出影响创业团队交互记忆系统的组态。

一、变量校准

给案例赋予集合隶属的过程即校准。把变量再校准为集合，需要依据理论和实际的外部知识或标准设定 3 个临界值：完全隶属、交叉点以及完全不隶属。转变后的集合隶属为 0～1（程建青等，2019）。参照 Fiss（2011）的方法建议，本研究将包含 6 个条件变量和结果变量的交互记忆系统的 3 个锚点分别设定为样本数据分布的 75%、50%、25%，并分别作为完全隶属、交叉点、完全不隶属的三个锚点。运用 fsQCA3.0 软件进行隶属度赋值。对于非交互记忆系统而言，其校准规则与原集合正好相反，即以样本数据的 75%、50%、25%分别作为完全不隶属、交叉点、完全隶属的三个锚点，计算非集的隶属集合（杜运周和贾定良，2017）。计算后的各个变量校准锚点如表 5-5 所示。

表 5-5　各变量校准锚点

	研究变量	锚点		
		完全隶属	交叉点	完全不隶属
条件变量	团队领导 变革型领导（BG）	5.00	4.500	4.00
	团队领导 交易型领导（JY）	4.50	4.125	3.75
	团队因素 创业导向（CY）	4.25	3.750	3.25
	团队因素 关系承诺（GX）	4.67	4.335	4.00
	环境因素 竞争强度（JZ）	4.50	3.875	3.25
	环境因素 技术动荡性（JS）	4.33	3.665	3.00
结果变量	交互记忆系统（TMS）	4.33	4.055	3.78

二、数据分析

使用 fsQCA3.0 软件分析和识别出影响创业团队交互记忆系统的组态。遵循 Fiss（2011）的建议，将解的一致性阈值设定为 0.8，选择频数位为 1。

（一）必要性分析

在进行真值表程序分析之前，首先要进行必要性检验。一个必要条件可以被视为结果的一个超集（super set）。需要指出的是，如果必要条件被包括在真值表分析中，它可能会在包含"逻辑余项"的解中被除去，即必要条件可能被简约解消除，交互记忆系统的必要条件检测见表 5-6。

表 5-6 的数据显示，各个单项前因条件对高交互记忆系统和非高交互记忆系

统一致性的影响均未超过 0.9 水平，不构成必要条件。这就说明单项前置因素对交互记忆系统的影响较弱。因此本研究通过 fsQCA 进行组态（条件组合）分析。

表 5-6　必要性检验

条件变量		结果变量			
		高交互记忆系统		非高交互记忆系统	
		一致性	覆盖率	一致性	覆盖率
团队领导	BG	0.709617	0.678408	0.370946	0.427861
	~BG	0.401541	0.346009	0.721187	0.749775
	JY	0.781849	0.659410	0.424603	0.432058
	~JY	0.326603	0.319943	0.665286	0.786297
团队因素	CY	0.754580	0.638879	0.450656	0.460346
	~CY	0.362615	0.353634	0.646480	0.760658
	GX	0.636553	0.683046	0.318323	0.412106
	~GX	0.452123	0.354728	0.755176	0.714845
环境因素	JZ	0.644879	0.620469	0.416494	0.483477
	~JZ	0.463156	0.396825	0.673050	0.695737
	JS	0.707743	0.619308	0.445824	0.470674
	~JS	0.395088	0.371429	0.639406	0.725245

（二）组态分析

fsQCA 分析会得到三类解：复杂解、简约解以及中间解。其中，复杂解不包含"逻辑余项"；简约解包含"逻辑余项"，但不评价其合理性；中间解仅限于将符合理论和实际知识的"逻辑余项"纳入解中。中间解的一个重要优点是它们不允许消除必要条件，一般而言，中间解优于另外两种解（Fiss，2011），因此研究选择中间解进行分析。

按照 fsQCA 的分析惯例，根据简约解和中间解来判断组态的核心条件和边缘条件：如果一个前因条件同时出现在简约解和中间解，则为核心条件，发挥主导和推动作用；若此条件仅出现在中间解，则将其记为边缘条件（辅助条件），即起辅助贡献的条件（Fiss，2011）。

根据表 5-7 的运算结果可知，导致高创业团队交互记忆系统的影响因素共有 6 种组态（即条件组合），分别为组态 1：JY*CY*GX*~JZ；组态 2：BG*JY*CY*JS；组态 3：BG*JY*GX*JS；组态 4：JY*CY*GX*JS；组态 5：BG*CY*JZ*JS；组态 6：JY*~GX*JZ*~JS。上述 6 种组态的解的一致率达到 0.850443（大于 0.8），说明解有意义。该模型解的覆盖度为 0.679434，说明该组态解释了约 68% 的交互记忆系统产生的原因。然而组态 6 的一致性小于 0.8，说明该组态效果不理想，且组态 1 和组态 2 的一致性指标分别为 0.908844、0.909727，显示出较高一致性，因此本研究着重研究组态 1 和组态 2。

表 5-7　fsQCA3.0 软件运算结果一览表

结果（outcome=TMS），TMS=f（BG，JY，CY，GX，JZ，JS）
频率界限：1；模型一致性：0.802198

解	条件组合	原始覆盖率	独一覆盖率	一致性	解的覆盖率	解的一致性
复杂解	JY*CY*GX*~JZ	0.189426	0.0455869	0.844156	0.679434	0.850443
	BG*JY*CY*JS	0.371774	0.0135303	0.885035		
	BG*JY*GX*JS	0.325146	0.0203996	0.908844		
	JY*CY*GX*JS	0.38801	0.0591173	0.905294		
	BG*CY*JZ*JS	0.348668	0.0543296	0.909727		
	JY*~GX*JZ*~JS	0.159451	0.0872191	0.791322		
简约解	BG*JY*GX	0.399667	0.0378848	0.85676	0.700666	0.835028
	JY*CY*GX	0.446295	0.0936715	0.875817		
	JY*~GX*JZ*~JS	0.159451	0.0768109	0.791322		
	BG*JY*CY*JS	0.371774	0.0135303	0.885035		
	BG*CY*JZ*JS	0.348668	0.0543294	0.909727		
中间解	JY*CY*GX*~JZ	0.189426	0.0455869	0.908844	0.679434	0.850443
	BG*JY*CY*JS	0.371774	0.0135303	0.909727		
	BG*JY*GX*JS	0.325146	0.0203996	0.905294		
	JY*CY*GX*JS	0.38801	0.0591173	0.844156		
	BG*CY*JZ*JS	0.348668	0.0543296	0.885035		
	JY*~GX*JZ*~JS	0.159451	0.0872191	0.791322		

结果（outcome=~TMS），~TMS=f（BG，JY，CY，GX，JZ，JS）
频率界限：1；模型一致性：0.817664

解	条件组合	原始覆盖率	独一覆盖率	一致性	解的覆盖率	解的一致性
复杂解	~BG*~GX*~JZ*~JS	0.326605	0.160801	0.907914	0.655624	0.894117
	~BG*~JY*~CY*JZ*~JS	0.13216	0.0483093	0.984576		
	~BG*~JY*~CY*~JZ*JS	0.154417	0.071256	0.961332		
	~BG*JY*CY*~GX*~JS	0.112319	0.00586611	0.871486		
	~BG*JY*~CY*GX*~JS	0.0886818	0.021049	0.881647		
	BG*~JY*~CY*~GX*JZ	0.109731	0.0545203	0.862958		
	BG*~CY*~GX*~JZ*JS	0.0748792	0.0138027	0.831418		
	~BG*~JY*CY*~GX*JS	0.14234	0.0662526	0.946101		

续表

结果(outcome=～TMS)，～TMS=f(BG，JY，CY，GX，JZ，JS)
频率界限，1；模型一致性，0.817664

解	条件组合	原始覆盖率	独一覆盖率	一致性	解的覆盖率	解的一致性
简约解	～BG*～JY	0.530193	0.0962732	0.910518	0.764837	0.828443
	～CY*GX*～JS	0.148723	0.0262249	0.817061		
	～CY*～GX*JS	0.197205	0.0219116	0.842299		
	～BG*CY*～GX*～JS	0.168392	0.0305383	0.896235		
	～JY*～CY	0.483782	0.0543478	0.879824		
	～BG*～CY*～JZ	0.388199	0.0402002	0.906162		
中间解	～BG*～GX*～JZ*～JS	0.326605	0.160801	0.907914	0.655624	0.894117
	～BG*～JY*～CY*JZ*～JS	0.13216	0.0483093	0.984576		
	～BG*～JY*～CY*～JZ*JS	0.154417	0.071256	0.961332		
	～BG*JY*CY*～GX*～JS	0.112319	0.00586611	0.871486		
	～BG*JY*～CY*GX*～JS	0.0886818	0.021049	0.881647		
	BG*～JY*～CY*～GX*JZ	0.109731	0.0545203	0.862958		
	BG*～CY*～GX*～JZ*JS	0.0748792	0.0138027	0.831418		
	～BG*～JY*CY*～GX*JS	0.14234	0.0662526	0.946101		

同时，导致非高创业团队交互记忆系统的影响因素共有 8 种组态(即条件组合)，分别为组态 1：～BG*～GX*～JZ*～JS；组态 2：～BG*～JY*～CY*JZ*～JS；组态 3：～BG*～JY*～CY*～JZ*JS；组态 4：～BG*JY*CY*～GX*～JS；组态 5：～BG*JY*～CY*GX*～JS；组态 6：BG*～JY*～CY*～GX*JZ；组态 7：BG*～CY*～GX*～JZ*JS；组态 8：～BG*～JY*CY*～GX*JS。上述 8 种组态的解的一致率达到 0.894117(大于 0.8)，说明解有意义。该模型解的覆盖度为0.655624，说明该组态解释了约 66%的非高交互记忆系统产生的原因。非集组态 2、组态 3 和组态 8 的一致性指标分别为 0.984576、0.961332 和 0.946101，显示出较高的一致性。因此，分析非集时本研究着重探讨组态 2、组态 3 和组态 8。研究参考 Fiss(2011)的表述方式，用●表示核心变量出现，用⊗表示核心变量不出现，用•表示边缘变量出现，用⊗表示边缘变量不出现，空格表示变量可有可无，故画出影响交互记忆系统的主要组态因素如表 5-8 所示。

表 5-8　交互记忆系统影响因素组合结果表

项目	产生高交互记忆系统的组态 (High TMS)		产生非高交互记忆系统的组态 (No-high TMS)		
	H1	H2	NH1	NH2	NH3
变革型领导(BG)		●	⊗	⊗	⊗
交易型领导(JY)	●		⊗	⊗	⊗
创业导向(CY)	●	●	•	⊗	⊗
关系承诺(GX)	●		⊗		
竞争强度(JZ)		●		•	⊗
技术动荡性(JS)	•	●		⊗	•
一致性	0.905294	0.909727	0.946101	0.984576	0.961332
覆盖率	0.38801	0.348668	0.326605	0.13216	0.154417
唯一覆盖率	0.0591173	0.0543296	0.160801	0.0483093	0.071256
解的一致性	0.850443		0.894117		
解的覆盖率	0.679434		0.655624		

　　H1 显示，无论竞争强度是否存在，创业团队拥有交易型领导者(核心条件)、高的创业导向(核心条件)、高的关系承诺(核心条件)和高的技术动荡性(边缘条件)可以驱动高创业团队交互记忆系统的形成。H2 显示，无论关系承诺是否存在，创业团队拥有变革型领导者(核心条件)、高的创业导向(核心条件)、高的竞争强度(核心条件)和高的技术动荡性(核心条件)可以驱动高创业团队交互记忆系统的形成。

　　NH1 显示，无论竞争强度是否存在，创业团队缺乏变革型领导(核心条件)、缺乏交易型领导(核心条件)、缺乏高的关系承诺(边缘条件)、拥有高的创业导向(边缘条件)和面临高的技术动荡性(边缘条件)，那么创业团队交互记忆系统不易形成。NH2 显示，无论关系承诺是否存在，创业团队缺乏变革型领导(核心条件)、缺乏交易型领导(核心条件)、缺乏高的创业导向(边缘条件)、缺乏高的技术动荡性(边缘条件)和面临高的竞争强度(边缘条件)，那么创业团队交互记忆系统不易形成。NH3 显示，无论关系承诺是否存在，创业团队缺乏变革型领导(核心条件)、缺乏交易型领导(边缘条件)、缺乏高的创业导向(核心条件)、缺乏高的竞争强度(核心条件)和面临高的技术动荡性(边缘条件)，那么创业团队交互记忆系统不易形成。

第五节　研究结论与管理建议

本节对团队领导(变革型领导、交易型领导)与组织内外部环境因素(创业导向、关系承诺、竞争强度和技术动荡性)如何匹配以驱动和抑制创业团队交互记忆系统的形成进行系统研究,揭示驱动和抑制创业团队交互记忆系统形成的组态效应的背后机理,对创业团队交互记忆系统的研究具有很重要的理论和现实价值。

一、研究结论与讨论

(一)研究结论

本研究运用基于模糊集的定性比较分析法,对团队领导(变革型领导、交易型领导)与组织内外部环境因素(创业导向、关系承诺、竞争强度和技术动荡性)如何匹配以驱动和抑制创业团队交互记忆系统的形成进行了系统研究,揭示了创业团队交互记忆系统形成的组态效应。本研究运用 116 份新创企业数据进行数据检验,研究结论显示,并不存在单一的核心条件会驱动或抑制创业团队交互记忆系统的形成,而是需要团队领导与不同内外部环境进行匹配而发生作用。组态效应的分析表明,驱动创业团队交互记忆系统形成的路径有 2 条,抑制创业团队交互记忆系统形成的路径有 3 条,本研究共形成驱动和抑制创业团队交互记忆系统的 5 条路径,具体的路径如下。

1.驱动创业团队交互记忆系统形成的路径

(1)路径 1:强交易型领导(核心条件)×高创业导向(核心条件)×高关系承诺(核心条件)×高技术动荡性(边缘条件);

(2)路径 2:强变革型领导(核心条件)×高创业导向(核心条件)×高竞争强度(核心条件)×高技术动荡性(边缘条件)。

2.抑制创业团队交互记忆系统形成的路径

(1)路径 1:弱变革型领导(核心条件)×弱交易型领导(核心条件)×高创业导向(边缘条件)×低关系承诺(边缘条件)×高技术动荡性(边缘条件);

(2)路径 2:弱变革型领导(核心条件)×弱交易型领导(核心条件)×低创业导向(边缘条件)×高竞争强度(边缘条件)×低技术动荡性(边缘条件);

(3)路径 3:弱变革型领导(核心条件)×弱交易型领导(边缘条件)×低创业导向(核心条件)×低竞争强度(核心条件)×高技术动荡性(边缘条件)。

(二)研究讨论

根据得出的研究结论,讨论如下。

1. 驱动创业团队交互记忆系统形成路径的讨论

1)交易型领导与内外部环境因素匹配的组态效应

创业团队的交易型领导者试图和下属建立互惠的利益关系,并根据既定的工作契约进行交换,以此达成知识共享的目标和各自获取有益知识的目标。创业团队的交易型领导者若想通过发挥领导行为进而实现知识共享的目标,必须依赖创业团队的内外部环境因素。因此,创业团队交易型领导与内外部环境因素的有效匹配可以驱动创业团队交互记忆系统的形成。

研究结论表明,强交易型领导(核心条件)×高创业导向(核心条件)×高关系承诺(核心条件)×高技术动荡性(边缘条件)的匹配是驱动创业团队交互记忆系统形成的有效路径之一。也就是说,具有高水平创业导向和高水平关系承诺的创业团队如果处在高度动荡的技术环境中,创业团队匹配强领导风格的交易型领导者更有助于培育团队交互记忆系统。相较于高度动荡的技术环境,具有高水平创业导向和高水平关系承诺的创业团队匹配强领导风格的交易型领导者也有益于培育交互记忆系统,只是没有在高度动荡的技术环境中那么容易驱动创业团队形成交互记忆系统。可能的原因是,当创业团队拥有不断探索未知的精神,同时创业团队成员愿意相信其他成员时,匹配试图和下属建立互惠的利益关系的交易型领导更能促使创业团队成员不断强化自身专长,主动积累多样性的知识经验,并将这些知识和经验共享给其他成员。而如果技术环境处在高度动荡的情景下,交易型领导者发挥领导效力促进创业团队交互记忆系统形成的作用更大。

2)变革型领导与内外部环境因素匹配的组态效应

创业团队的变革型领导能够促使下属意识到知识共享的重要性和价值、激发下属较高层次的需要以促使他们去关心创业团队实现知识共享的目标。与交易型领导一样,创业团队的交易型领导若想通过发挥领导行为进而实现知识共享的目标,必须依赖创业团队的内外部环境因素。因此,创业团队变革型领导与内外部环境因素的有效匹配可以驱动创业团队交互记忆系统的形成。

研究结论表明,强变革型领导(核心条件)×高创业导向(核心条件)×高竞争强度(核心条件)×高技术动荡性(边缘条件)的匹配是驱动创业团队交互记忆系统形成的有效路径之一。也就是说,当处在高度竞争的市场环境以及高水平的技术环境中时,具备高水平创业导向的创业团队,采取变革型领导更能够驱动团队交互记忆系统的形成。而具有高水平创业导向的创业团队仅仅处在高度竞争的市场环境中,匹配变革型领导也能驱动团队交互记忆系统的形成,只是在此前提下,如果匹配高度动荡的技术环境更容易驱动创业团队交互记忆系统的形成。可能的原因是，当新创企业创业团队面临竞争激烈的市场环境时，变革型领导通过理想化影响力、鼓舞性激励、智力激发、个性化关怀驱使具有冒险精神的创业团队成员忽略个体短期利益而追求合作的长期价值，形成凝聚知识共享和价值共创的团队意识，进而应对竞争激烈的市场环境带来的挑战，从而为交互记忆系统的形成提供了行动基础。同时，高水平的技术环境也要求创业团队成员不断学习新技术和新技能，在知识共享的团队理念驱动下更能帮助团队形成知识管理系统，以帮助新创企业在动荡的环境中获得生产契机。

2. 抑制创业团队交互记忆系统形成路径的讨论

1）缺乏变革型领导与交易型领导的组态效应

创业团队变革型领导通过强调精神感召力让员工意识到情感依赖和彼此信任的重要性，同时塑造和维持创业愿景及共同价值观。而创业团队交易型领导强调与团队之间的关系是一种现实的契约行为，通过及时反馈和奖惩实现完成这种契约。如果创业团队变革型领导和交易型领导的领导效力不强，加之不能匹配有效的内外部环境因素，创业团队交互记忆系统的形成就会受到抑制。

研究结论表明，弱变革型领导（核心条件）×弱交易型领导（核心条件）×高创业导向（边缘条件）×低关系承诺（边缘条件）×高技术动荡性（边缘条件）是抑制创业团队交互记忆系统形成的路径之一。也就是说，如果创业团队领导者缺乏具有变革型导向或交易型导向的领导风格，会抑制创业团队交互记忆系统的形成。具有高水平创业导向的创业团队如果团队成员间缺乏信任，当他们处在技术高度动荡的环境中时，这种抑制效果更明显。这意味着，具有冒险精神和追求创新的创业团队在面临不断变化的技术环境时，如果团队成员之间没有信任，也无法匹配诸如塑造和维持创业愿景及共同价值观等的变革型领导或通过及时反馈和奖惩实现的交易型领导，创业团队中不易建立彼此愿意共享知识的系统。

此外，研究结论也表明，弱变革型领导（核心条件）×弱交易型领导（核心条件）×低创业导向（边缘条件）×高竞争强度（边缘条件）×低技术动荡性（边缘条件）是抑制创业团队交互记忆系统形成的路径之一。也就是说，如果创业团队领导者缺乏具有变革型导向或交易型导向的领导风格，会抑制创业团队交互记忆系统的形成。具有低水平创业导向的创业团队如果处在市场竞争非常激烈的环境中或缺乏动荡的技术环境的驱动时，这种抑制效果更明显。这意味着，创业团队缺乏塑造和维持创业愿景及共同价值观等的变革型领导或通过及时反馈和奖惩实现的交易型领导时，若没有创新意识的创业团队遇到竞争激烈的市场环境，由于缺乏有效的领导会缺乏团队凝聚力，团队成员不会去尝试学习新的技术和知识来进行创新。当然，如果所在的技术环境不是很动荡，那么创业团队成员更不会去学习相关的技术知识，这就不能保障团队知识系统的形成。

2)缺乏变革型领导与内外部环境因素匹配的组态效应

创业团队变革型领导倡导革新与创造,通过倡导团队成员不断开拓创新与冒险尝试新的任务来激励员工实现知识学习与共享。如果创业团队变革型领导和交易型领导的领导效力不强,加之不能匹配有效的内外部环境因素,创业团队交互记忆系统的形成就会受到抑制。

研究结论表明,弱变革型领导(核心条件)×弱交易型领导(边缘条件)×低创业导向(核心条件)×低竞争强度(核心条件)×高技术动荡性(边缘条件)是抑制创业团队交互记忆系统形成的路径之一。也就是说,当具备低水平创业导向的创业团队处在低水平的竞争强度下时,缺乏变革型领导会抑制创业团队交互记忆系统的形成。而如果同时缺乏交易型领导,当创业团队处在技术高度动荡的环境下时,这种抑制效果更明显。这意味着,当新创企业没有创业意愿的创业团队成员处在动荡的技术环境中时,如果创业团队中没有塑造愿景和价值观以及通过倡导革新与创造来协调团队成员实现创业目标的变革型领导或者强调预期回报的交易型领导时,创业团队成员很难协调创业行为和行动,进而不易形成一个知识共享系统。而如果同时缺乏激烈的竞争环境,创业团队成员也不会有很强的自我约束力和压力去采取行动,更不容易形成团队成员集体学习和知识共享的局面。

二、研究价值与启示

(一)研究价值

本研究旨在从组态分析视角,围绕团队领导与新创企业内外部重要因素的匹配,探究创业团队交互记忆系统形成的驱动和抑制机制,具有一定的理论贡献和价值,主要体现在以下几个方面。

首先,本研究将交互记忆系统议题与创业团队研究结合,在以往对创业团队形成机制、构成特征、多样性、认知模式等的研究基础上,丰富了创业团队研究的理论内涵。对于新创企业的研究而言,创业团队知识管理的重要性不言而喻。然而大多数关于新创企业的研究对创业团队知识管理的认识还有所欠缺。事实上,再好的新创企业、再好的创业团队都不能形成有效的知识管理系统,因此创业团队很难有效应对外部环境的变化。因此,创业团队交互记忆系统的研究至关重要。

其次,在交互记忆系统现有观点基础上,结合创业团队的特征,从专长性、可行性、协调性和动态性四个方面对创业团队交互记忆系统的维度进行解构,在传统的"三维度"观点基础上拓展了对交互记忆系统的理论认知。

最后,研究从团队领导与关键内外部因素匹配视角,运用定性比较分析方法并以组态效应形式,明确了驱动创业团队交互记忆系统形成的若干组态,同时识别出抑制效应组态,从团队领导视角丰富了交互记忆系统的影响因素及实现机制研究。现有对创业团队交互记忆系统的效应机制的研究鲜有使用模糊集定性比较分析方法来实现，本研究通过使用此方法研究创业团队交互记忆系统形成的组态效应，为交互记忆系统的研究提供了新的分析思路和分析方法，对创业团队交互记忆系统的研究具有重要的学术价值。

（二）研究启示

本研究通过探究创业团队交互记忆系统形成的驱动和抑制机制，研究结论可为培育创业团队交互记忆系统提供若干管理启示，主要体现在以下两个方面。

第一，帮助新创企业创业团队采用不同的组合策略构建交互记忆系统。根据高创业团队交互记忆系统前因条件组态路径分析可知，产生高交互记忆系统的两条路径是相似的，而且在创业团队拥有较高的创业导向和面临动荡的技术环境时，变革型领导和交易型领导都是驱动创业团队交互记忆系统构建的重要组织力量。但二者仍然存在区别：一方面，当创业团队成员相互信任时，交易型领导更容易通过明确预期回报的方式赢得创业团队成员的青睐；另一方面，当创业团队面临较强的市场竞争环境时，变革型领导更容易通过创造和革新的方式带领创业团队走向成功。创业领导者需要根据不同的内外部权变因素，选择合适的团队领导方式。

第二，帮助创业团队规避一些组合，防止创业团队无法有效形成交互记忆系统。根据对非高创业团队交互记忆系统前因条件组态路径分析可知，当创业团队面临动荡的技术环境或高度竞争的市场环境，或创业团队内部具有很强的创业意愿时，创业团队不能没有有效的领导，否则创业团队就很难形成有效的交互记忆系统。

三、研究局限与展望

（一）研究局限

本研究强调创业团队交互记忆系统的形成需要团队领导与团队内外部因素有效匹配，同时也强调了缺乏有效的团队领导和内外部环境因素的有效匹配会抑制创业团队交互记忆系统的形成，对创业团队交互记忆系统形成的组态效应研究有一定理论新意，但仍存在以下不足。

（1）本研究仅对促进和阻碍创业团队交互记忆系统形成的组态机制中间解的一致性程度较高的5个路径进行了解释。使用 fsQCA 一般会同时研究原集和非集，即驱动创业团队交互记忆系统形成和抑制创业团队交互记忆系统形成的隶属集合。但本研究6个前置变量所生成的原集和非集组态已较多，因而只分析了驱动和抑制创业团队交互记忆系统形成的主要路径。

（2）在团队领导风格方面，本研究聚焦变革型与交易型两类领导风格，而仁慈与道德领导、家长式领导与精神型领导等领导风格或类型在交互记忆系统构建中的作用需要进一步探究。因而，后续研究可以基于不同领导方式来探究创业团队交互记忆系统形成的组态效应。

（二）研究展望

根据已有研究的不足，提出如下研究展望。

（1）未来的研究应该在减少变量组合的条件下，对原集与非集进行详细解释和说明。这样对理解创业团队交互记忆系统形成的驱动和抑制的组态效应会更加全面，也使交互记忆系统的研究价值更大。

（2）后续研究可以基于不同领导方式来探究创业团队交互记忆系统形成的组态效应。仁慈与道德领导、家长式领导与精神型领导等其他团队领导风格或类型在交互记忆系统构建中的作用需要进一步探究，后续研究应该从不同的领导风格或类型去探究创业团队交互记忆系统形成的组态机制。

第六章 创业团队交互记忆系统 与市场双元

市场双元是新创企业兼顾利用现有市场与培育潜在市场以应对成长悖论的重要手段，但对其形成机制的探究仍有待深化。本章从创业团队视角探讨新创企业市场双元的形成机制，运用定性比较分析方法，从创业团队交互记忆系统与组织内外部因素匹配的视角，分析新创企业市场双元构建的组态效应。

第一节 新创企业市场双元

本节首先从双元理论的概念、双元理论的应用等方面对双元理论进行探讨，然后基于双元理论分析市场双元的概念和分析逻辑，最后构建新创企业市场双元形成的组态模型。

一、双元理论及其拓展

(一)双元理论

双元理论的概念最早由 Duncan 提出并用以阐述组织能力，他认为成功的企业应同时具备有效运营当前业务与适应将来变革的双重能力(Duncan，1976)。双元理论近年来已取得迅猛发展，从关注组织双元性的内涵与特征，转变为如何开发组织双元性(Du et al.，2013)。此外，双元学习已成为战略管理、组织设计等众多研究领域的热点，如探索性学习和开发性(或应用性)学习、协作导向和适应导向、本地搜寻和远程搜寻、自发战略与诱发战略等(曹兴和金妍希，2022)。接着，Benner 和 Tushman(2003)将双元学习引入创新领域，根据知识基础与创新程度的不同，提出了利用式创新和探索式创新，认为两种创新方式是组织获得与保持持续竞争优势的关键要素。目前，学术界对双元理论的研究主要集中于双元学习和双元创新两个方面，对双元学习和双元创新的具体介绍如下。

1. 双元学习

1）双元学习的概念

双元学习作为企业获取和创新知识的一种有效方式，是提升企业竞争能力、促进企业可持续发展的关键（曹兴和金妍希，2022）。March（1991）将双元理论应用于组织学习领域，提出了探索式学习（exploration learning）和利用式学习（exploitation learning）的概念。其中，探索式学习是以"探索、变革、开发、试验、风险承担、应变、灵活性、创新"等术语来描述的学习行为，其特点是寻求与获取新知识。而利用式学习是以"提炼、筛选、效率、实施、执行"等术语来描述的学习行为，其特点是利用与开发已有的知识。Levinthal 和 March（1993）认为探索式学习是基于现有知识的基础，探索新的或未知的知识，短时期内所创造的产品难以满足市场需求，利用式学习是直接使用与改造已有知识，利用获取的知识，改进与完善现有技术和产品，进而短期内满足现实的市场需求。江旭和杨薇（2021）指出，战略联盟中的双元学习概念，包含焦点企业向伙伴企业所进行的探索式学习和利用式学习两种类型。探索式学习是指通过与联盟伙伴的合作交流共同探索新知识，是一种跳出焦点企业现有技术轨道，通过研究、发现、实验、冒险、创新等活动创造新知识或从现有知识中提炼新知识的学习行为；利用式学习是指焦点企业主动观察、学习合作伙伴的知识，将这些成熟的知识加以运用，是一种通过细微的改良、扩大再生产、提升效率、执行等方式应用、扩展已有知识的学习行为。吴鹏飞和林筠（2022）指出，探索性学习获取多领域、高复杂性新知识，旨在开发新产品、新技术和新工艺，在转移转化方面具有优势；利用性学习倾向于标准化和完善已有知识、技术和流程。先前的技术经验是理解新技术的关键，可使组织精确定义技术转移战略。

综上所述，已有文献研究对组织学习或能力的双元属性已达成共识，即通过探索式学习，企业能够开发新的技术、开辟新的市场，从而获得未来收益；通过利用式学习，企业可以挖掘、提炼和应用现有的知识与技术，从而保持现有市场的稳定，进而确保当前的利润（March，1991；曹兴和金妍希，2022）。利用式学习的收益在短期内一般较为确定，但探索式学习的收益一般是不确定的，短时间内需要企业付出更多的成本，但长远来看却可能为企业获得可持续的竞争优势提供帮助（March，1991；曹兴和金妍希，2022）。

2）双元学习的研究对象

随着对双元学习领域研究的不断深入，有学者发现双元学习虽然源自组织层面，但同样适用于个体、团队、组织间和产业这四个层面（Li et al.，2008；曹兴和金妍希，2022）。Edmondson（1999）从团队的视角出发，划分了内部学习和外部学习两种类型，内部学习指团队成员聚焦绩效以实现目标、获取新信息、检验假设以及创造新的可能性；外部学习是指团队搜索、探求新信息或向外部相关主体寻求反馈。以上划分体现了利用和探索的实质含义(曹兴和金妍希，2022)。Rosenkopf 和 Tushman(1994)基于结构双元理论，指出企业通过高度差异化且松散耦合的不同子单元分别开展探索和利用，可以在整体上获得竞争优势。Benner(2009)认为，探索或利用过程的外部化会增加对不同事业部之间进行战略整合的困难，因此更支持在企业内部同时进行探索和利用活动。Bierly 等(2009)探讨了战略联盟背景下的组织学习，认为探索性学习是联盟企业通过技术、知识等资源投入，合作研发、拓展新技术或新知识；利用式学习是联盟企业以市场需求为导向，通过协议等形式，获取并改造联盟合作伙伴所拥有的技术与知识，在短期内实现市场收益。肖瑶等(2019)基于组织视角，认为探索性学习偏向运用组织弱连接与隐性资源创造新的知识，并获取组织成长与绩效；利用性学习偏向运用组织强连接与现有资源和固有知识，进而获取组织稳定生产率。

3)双元学习平衡与互动

(1)双元学习平衡

双元学习(利用式学习/探索式学习)关系到企业短期生存和长远发展乃至永续生存(杨粟英，2020)。因此，双元学习平衡(利用式学习和探索式学习平衡)的重要性毋庸置疑。March(1991)最早认识到由于资源的有限性，利用式学习和探索式学习之间存在竞争关系，但寻求两者之间的共同发展对于项目组织近期生存和长远发展有着重要意义。由于探索式学习和利用式学习在目标、思维方式、组织结构、知识基础等方面差异显著，无法同时兼顾(朱朝晖和陈劲，2008；曹兴和金妍希，2022)。Tushman 和 Q'Reilly(1996)认为大多数企业很难平衡利用式学习和探索式学习，主要表现在组织资源的分配方面，增加一方的投资必然会减少对另一方的投资。在其他因素相同的情况下，二者自我强化机制有可能使企业陷入能力陷阱或失败陷阱，即利用式学习带来的基于已有知识基础和经验的正向、确定的回报，会不断增强组织行为惯性，导致强烈的路径依赖，逐渐削弱企业对外部环境变化的敏感度和适应程度，使企业无法对市场变化或技术变革迅速做出反应，陷入"能力陷阱"，走向自我毁灭(Gupta et al.，2006)。探索式学习虽然能使企业更好适应环境变化而获得成功(McGrath，2001)，但偏离了企业原有知识技术基础以及适应行为轨道，需要投入大量资金和人力用于新技术或新产品的研发和试验，面临知识、技术、方法等多方面的全新尝试，这种回报难以预估(March，1991)。若企业探索失败，则可能促使企业继续投入大量资源尝试新的试验，使企业处于失败和无回报变革的循环之中，陷入"失败陷阱"(Levinthal and March，1993)。

然而，尽管利用式学习能带来确定并且快速的回报，但却降低了组织发现更优解决方案的可能性，损害了在较长时期内适应环境的能力；虽然探索式学习可能发现潜在的全新解决方案，但其又会降低短期绩效水平，因为在搜寻新方案的过程中组织会不可避免地犯错误(Benner and Tushman，2003；Gibson and

Birkinshaw，2004；赵晨等，2014)。因此，学者们提出组织需要同时兼顾探索式学习和利用式学习，整合两种学习方式的优势，实现两种学习方式的双元平衡，从而提高组织适应环境变化的能力(Gibson and Birkinshaw，2004；Q'Reilly and Tushman，2004；赵晨等，2014)。也就是说，随着双元研究的不断深入，越来越多的双元研究者将重点逐渐转向如何实现双元平衡的问题上。双元平衡存在一种连续和此消彼长的关系，即双元要素间不可能同时处于高水平，二者的差距大小决定了双元平衡程度的高低(李树文和罗瑾琏，2020)。

双元平衡的实现方式主要包括结构性双元平衡和情境性双元平衡两个方面(赵晨等，2014)。其中，结构性双元平衡(structural ambidexterity)是指组织通过组织结构设计的方式兼顾探索式学习和利用式学习。例如，组织可被划分为不同的部门，研发等部门集中开展探索式学习，生产制造等部门集中开展利用式学习(Benner and Tushman，2003)。结构性双元的建构方式强调组织对相应的职能结构予以整合，由于组织内部各模块结构之间存在一定的专业化分工，组织可以根据外部的管理悖论形成差异化的组织结构，进而减少部门、模块或人员冲突与碰撞所引致的组织资源耗散(阳镇等，2021)。在结构性双元平衡中，组织通过合理分工的方式给绝大部分员工限定了学习方式，让一部分员工专注探索性学习，让另外一部分员工专注利用性学习。在结构性双元平衡的基础上，Gibson 和 Birkinshaw (2004)考虑到双元性不仅仅是组织的一种重要行为特征，更是组织的一种情境因素，因此提出了情境性双元平衡(contextual ambidexterity)。情境性双元平衡是指组织中的员工可以根据情境来自主决定如何将时间和精力在探索式学习和利用式学习这两种学习方式上进行划分。在情境性双元平衡中，员工被认为有能力自主实现探索式学习和利用式学习的平衡，组织的作用是通过营造适当的情境来激发组织中的员工开展双元思考并且采取双元行动。

学术界没有关于双元学习平衡的度量统一定论，但主要有以下几种观点：首先，将探索式学习和利用式学习相加代表双元学习(Li and Huang，2014)；第二，将探索式学习和利用式学习之差的绝对值代表双元学习(Cao et al.，2009)；第三，将探索式学习和利用式学习相乘代表双元学习(Jansen et al.，2006)。

(2) 双元学习互动

组织双元学习强调在组织内部同时进行探索式学习和利用式学习的行为(March，1991)，或是同时追逐两个彼此相异甚至矛盾目标的行为。而双元学习行为内含的矛盾特征主要体现为探索(获取新资源)和利用(提高现有资源利用效率)资源方向的差异化，二者存在难以调和的矛盾(March，1991；吴亮等，2016)，因此双元学习往往难以实现。然而，也有学者认为，双元学习能够转化为两种不同学习的优势整合与相互补充，从而提供更多增长空间并维持发展稳定性(Luo and Rui，2009)。双元学习的研究不仅从平衡维度，还从互动维度去探究探索式学习和利用式学习之间的互动效应水平。一方面，企业需要平衡探索式学习与利用式学习的相对水平，避免过于强调探索或者利用而带来的缺陷；另一方面，企业需要通过组织协调实现探索式学习与利用式学习的互补效应(李同正等，2013)。薛捷(2019)在研究技术探索、技术利用、市场探索、市场利用 4 种学习方式的基础上，对上述 4 种学习战略进行组合，进而拓展出单一探索、单一利用、技术双元、市场双元、技术开发和市场开发 6 种可能的双元性组合策略，从而探究其互动水平。范旭和梁碧婵(2021)借鉴这一观点，基于既有的"技术(市场)-探索(利用)"耦合下的 4 种学习战略和跨领域双元性组合思想，认为企业在发展过程中具有明显的双元互动策略学习动机与创新实践。

4)双元学习的前置因素

双元学习的过程和效果很大程度上决定了组织对获取知识的理解和应用程度，最终体现为不同企业之间创新能力的差异，由此引发了学者们对双元学习相关前置因素的关注(曹兴和金研希，2022)。已有研究主要集中在组织结构或情境、领导者特征、动态能力、跨界行为、联盟网络特征等影响因素的研究上。例如，Gibson 和 Birkinshaw(2004)认为组织结构对双元学习实现具有重要影响，为此组织应发展相应的结构机制、综合有机和机械组织的复杂结构以及平行结构(Sheremata，2000)，还包括组织非正式的横向联系(李桦等，2011)。曹勇等(2019)基于资源拼凑理论，探究资源拼凑与组织学习的关系时，发现资源拼凑影响组织学习的形成。赵富强等(2022)基于经验学习与归因理论，构建有调节的双中介作用理论模型框架，研究失败情境下创业韧性与再创意愿的因果关系机制时，发现创业韧性影响双元学习的形成。

5)双元学习的结果变量

对双元学习结果变量的研究，主要集中在绩效方面。例如，Tushman 和 Q'Reilly(1996)假设企业同时开展探索式学习和利用式学习有可能使得企业绩效显著提升，结果也证明双元学习对企业绩效的影响是直接正向的。Katila 和 Ahuja(2002)发现探索式和利用式学习活动的组合能够增强组织的生存能力，提高企业的财务绩效，进而促进组织学习和创新能力的提升。Lazer 和 Friedman(2007)认为达到双元型平衡的网络结构对企业的长期和短期绩效具有促进作用。韵江等(2015)从团队层面探讨了双元学习、创造力与绩效之间的关系，研究发现，双元学习影响团队绩效。王海花(2017)在研究中表明，组织学习(开发式学习和探索式学习)对企业创新绩效和协同创新绩效均具有显著正向影响。庄彩云和陈国宏(2017)基于网络嵌入性和组织学习理论，构建了产业集群知识网络多维嵌入性、企业双元学习能力与创新绩效之间相互关系的结构方程模型。研究结果表明，探索式学习在结构嵌入和知识嵌入与创新绩效作用过程中起完全中介作用，利用式学习在关系嵌入和知识嵌入与创新绩效作用过程中起完全中介作用。

2. 双元创新

1）双元创新的概念

双元创新指企业通过从事探索式与利用式创新活动，整合内外部创新资源，注重内部组织的自我调整与适应，构建独特的创新能力，助力企业快速地适应动态环境，进而实现繁荣发展（Wang et al.，2019）。李巍（2015）指出探索式创新是指企业开拓新领域与新技术，产生突破性产品从而获得不易复制的长期竞争优势。胡超颖和金中坤（2017）指出利用式创新是对现有产品技术进行改良和更新，其具有低风险、低投入的特征，促进企业短期经营绩效的提升。

关于双元创新，学术界主要存在两种观点：①能力观，即双元创新是一种动态能力（O'Reilly and Tushman，2008），有助于企业有效转换探索式与利用式创新；②行为观，即双元创新是一种行为活动（He and Wong，2004；Jansen et al.，2006），通过实施探索式和利用式创新活动，企业既能够改进现有的技术和产品，确保组织实现稳定发展，也可以探索新的可能性，以适应未来环境的变化。

综合两种观点可知，双元创新具有以下特征：①任务清晰，致力于在组织内部塑造双元生态环境；②意图明确，旨在提高企业的环境适应能力（董保宝等，2022）。因此，企业应寻求双元创新平衡，同时实现短期绩效和长期绩效增长，获得长期竞争优势，促进企业全面协同发展。

2）双元创新的内部关系

董保宝等（2022）通过梳理双元创新文献，发现探索式与利用式创新之间的关系主要有四种：竞争与对立、差异与分化、整合与集成、平衡与组合。从本质上讲，前两种关系将探索式与利用式创新当作连续统一体的两端（March，1991），但"竞争"强调两者相互排斥，"差异"强调两者可以实现平衡；后两种关系衍生自探索式与利用式创新的正交视角（Cao et al.，2009），即二者可以实现协同与整合，由此出现了平衡式和组合式双元创新。

（1）探索式创新与利用式创新的竞争与对立

双元创新对企业具有重要作用，企业利用现有资源可以维持目前的生存发展能力，而进行成功的探索则是为了在未来同样具有生存能力（Levinthal and March，1993）。探索式与利用式创新的竞争与对立体现为双方存在一定程度的张力，在同一组织内相互排挤（March，1991）。当企业选择一种创新活动进行投资后，会逐步产生路径依赖，强化探索式创新与利用式创新之间的排挤效应。然而，利用式创新的特征是改进、效率、挑选，在快速发展的知识经济时代（姚梅芳和宫俊梅，2022），过度强调利用式创新的企业会持续关注现有产品和技术，在面对环境威胁时无所适从，从而导致企业落入"能力陷阱"，在竞争中被淘汰。探索式创新有冒险、实验、创新等特征（He and Wong，2004），过度强调探索式创新的企业，可能会没有足够的资源分配至熟悉的产品和市场，在新领域未取得成功又无法弥补现有业务的损失，从而会使企业陷入资源窘境（Cao et al.，2009）。可见，仅仅强调探索式创新或利用式创新可能导致企业走向失败（O'Reilly and Tushman，2008）。

(2)探索式创新与利用式创新的差异与分化

差异与分化视角主张探索式创新与利用式创新不可在同一时空内并行，但企业可以采取一定的措施推动二者达到平衡，如结构双元和序列双元。结构双元性指组织中设置不同部门，一些主要开展试验、变革等创新活动，而另一些主要开展改进、优化等执行活动，两种类型的部门各司其职并相互协作以实现创新绩效（Tushman and O'Reilly，1996；赵错和向姝婷，2021）。序列双元是一种基于时间分离逻辑的双元模式，指组织有节奏地在探索和利用之间转换，最终两者达到一种间断式平衡（Siggelkow and Levinthal，2003；彭新敏和张帆，2019）。Andriopoulos和 Lewis（2009）指出，虽然结构双元和序列双元有助于实现平衡，但它们可能导致探索式创新与利用式创新的整合过程更加复杂。这是因为结构双元将不同的工作单位指向两个相反的目标，人为割裂了探索与利用；在序列双元下，探索式与利用式创新之间的平衡是间断的，且当企业形成支持某一种形式的创新惯例时，它们或可继续以这一模式开展活动，进而可能影响到另一种创新。然而，探索式创新与利用式创新需要经过协调和整合才能创造更高的双元价值。

(3)探索式创新与利用式创新的整合与集成

整合与集成视角认为，探索式创新与利用式创新不一定是根本性的竞争关系，相反，二者可以在同一时空内进行（董保宝等，2022）。具体来说，双元创新最终体现在员工的具体行为中，通过创造一种动态、灵活的组织情境，员工能够在探索式创新与利用式创新之间自由分配时间和精力。在这一情境作用下，员工能够利用相同的经验、能力和流程同时执行探索式创新与利用式创新活动，并实现二者的协调和整合（Lubatkin et al.，2006）。Gibson 和 Birkinshaw（2004）将以上现象解读为情境双元，并指出探索式创新与利用式创新平衡通过互动实现匹配和适应目标，情境双元有效避免了探索与利用的协调问题，是一种更高层次的双元实现路径。然而，情境双元未关注双元的平衡问题，这可能导致企业陷入过度探索或利用的不良局面。

(4)探索式创新与利用式创新的平衡与组合

探索式创新与利用式创新的平衡与组合视角认为，探索式创新与利用式创新之间的规模更接近，且二者间的张力可以转化为相互支持的动力（Cao et al.，2009），从而企业能够从二者的组合和互补中获取卓越绩效。探索式创新和利用式创新都会对公司的稀缺资源进行争夺（Lavie et al.，2010）。这两类创新行为会进行反复的自我强化。由于探索和开发在思维方式、组织管理方面完全不同，同时进行这两种创新几乎是不可能的，因此要进行双元平衡和双元组合。双元平衡和双元组合要求企业同时参与高度化的探索与开发活动（Jansen et al.，2005），而不是设法权衡两者之间的最佳平衡点（许晖等，2014）。

综上所述，根据董保宝等(2022)的研究观点，双元创新四个理论视角的对比分析如表 6-1 所示。

表 6-1　双元创新研究视角的对比分析(董保宝等，2022)

关系形式	本质属性	核心观点	实现路径
竞争与对立	连续统一体两端	探索式创新与利用式创新相互排挤	—
差异与分化	—	探索式创新与利用式创新保持平衡	结构双元、序列双元
整合与集成	正交关系	实现探索式创新与利用式创新整合和协调	情境双元
平衡与组合	—	探索式创新与利用式创新保持平衡且互补	多层次嵌套模型

3) 双元创新的基本思想和逻辑

双元创新是双元学习思想及逻辑在创新管理领域的延伸,同时体现技术创新、市场创新等特征。董保宝等(2022)总结了双元创新的基本思想与逻辑:①双元创新凸显了组织稳定适应性和变动灵活性的平衡;②双元创新打破了组织结构在划分上的独立性及组织功能的孤立性;③双元创新从动态平衡视角拓展了组织常规与惯例的新内涵;④双元创新呼应了经典的战略类型定位。

(1)双元创新凸显了组织稳定适应性和变动灵活性的平衡。成功的组织不仅可以适应稳定的环境,还可以适应动荡的环境,并且灵活做出调整。企业对环境的稳定适应性,要求企业能够不断适应多变的市场来进行战略调整,以快速地抓住新的市场机会。一个成功的企业不仅需要具备灵活性、创新性及前瞻性,还必须能够根据组织内外部环境的变化有效调整其组织结构与业务流程,开发与运用企业的资产价值,快速展开企业现有的营运模式以及降低营运成本,这被称为变动灵活性(Feldman and Pentlandb, 2003)。对一个永续经营的成功企业而言,必须同时具备适应性与灵活性,这也就是所谓的双元性。企业进行双元创新,即同时开展探索式创新与利用式创新,两种创新方式协同互补实现技术突破与产品革新(朱建民和崔心怡,2022)。

(2)双元创新打破了组织结构在划分上的独立性及组织功能的孤立性。双元创新是指企业不但满足了当前需求,而且能适应未来动态变化的环境,是企业提高市场竞争力和获得持续竞争优势的主要源泉(潘宏亮,2018)。目前,很多组织的组织结构在划分上具有独立性特征,这种组织结构划分上的独立性也会导致组织内部功能的孤立性,难以形成一致的战略认知,并执行一致的战略行动。双元创新突破了组织内部孤立性的局限,从战略高度通过确定双元创新的目标进而整合独立的组织结构,同时使组织内部突破孤立,实现功能性的整合(Patel et al., 2012),由此,双元创新在运作与组织架构方面使组织结构更有弹性。

(3)双元创新从动态平衡视角拓展了组织常规与惯例的新内涵。随着企业面临的市场环境更加动荡，组织的惯例和组织的常规并不能一成不变，而是要随着环境的变化发生改变和调整（Revilla and Rodriguez-Prado，2018）。Nelson 和 Nelson（2002）认为当组织原有惯例与外部环境不能实现有效匹配时，组织惯例要发生改变以与环境相适应。组织要想发展，必须进行创新，而组织的创新性转型必须打破组织的僵化状态，克服组织的固有惰性。双元创新保证了组织突破因环境"动态性静止"而带来的管理"刚性"与组织惰性（Raisch and Birkinshaw，2008），依托不断双元创新来突破既有路径依赖，凸显企业的市场位势以获得持续竞争优势。

（4）双元创新呼应了经典的战略类型定位。长期视角看，双元创新平衡策略有利于企业缓冲创新活动的不确定性，规避经营风险，同时实现短期绩效和长期绩效增长，获得长期竞争优势，促进企业全面协同发展（朱建民和崔心怡，2022）。平衡型双元创新的开展有利于闲置资源的利用，缓解利用式创新和探索式创新对组织资源争夺的压力的同时，实现资源效用最大化（李瑞雪等，2022）。企业所采取的战略类型可反映企业有效利用资源的方式，针对不同环境选取最佳创新竞争战略，进而与同行业的企业相互竞争，获取竞争优势。在众多战略类型分类讨论中，Miles 和 Snow（1978）的研究最具代表性，对后来的研究影响最大。他们通过分析企业营运形态与特色，以及企业在新产品与新市场的选择战略，提出了一种适应性的战略类型分析方法，将企业所采取的战略区分为前瞻者、防御者、分析者和反应者。双元创新在一定程度上呼应了战略类型定位的需求，即组织会根据其战略定位来决定究竟是采取探索式创新还是利用式创新。

4）双元创新的前置因素

现有研究从组织层面、团队层面和管理者层面探究双元创新的前置因素（董保宝等，2022）。就组织层面而言，组织结构、组织文化、战略导向、社会资本、盈利压力以及组织学习是驱动双元创新的重要因素。例如，许晖和李文（2013）从组织学习与创新之间的过程-结果关系出发，引入动态能力作为中介变量，构建组织学习、动态能力、双元创新的理论模型，发现组织学习对双元创新均有正向影响，但不同的组织学习方式对不同类型创新的正向影响程度不同，利用式学习主要促进渐进性创新，探索式学习主要促进突破性创新。就团队层面而言，高管团队异质性、团队行为整合和团队智力资本等是影响双元创新的重要前置因素。苏涛永等（2021）以双元创新为视角，基于高阶理论构建"高管团队异质性-双元创新-企业成长"逻辑分析框架进行研究时，发现高管团队异质性对双元创新具有正向影响。就管理者层面而言，CEO 权力强度、CEO 认知灵活性以及领导风格是驱动企业进行双元创新的关键力量。曹萍和张剑（2021）的研究表明，悖论式领导与双元创新显著正相关，悖论式领导所具有的双元特质有助于促进企业双元创新的实现。

5) 双元创新的结果变量

目前,对双元创新的结果变量主要从短期产出和长期产出两个视角探讨双元创新的作用结果。双元创新对企业短期产出具有积极影响,它可以促使企业通过创造一系列的短期竞争优势实现可持续发展。①生存与发展。在双元创新作用下,利用现有产品和探索新产品之间的相互作用,有助于企业构建独特的资源组合(Menguc and Auh,2008),进而促使企业开发新的价值创造机会,增加生存概率。②财务绩效。双元创新带来的短期财务绩效主要由利用式创新带来。因为利用式创新通过改善现有产品设计、提升服务质量、拓宽产品组合和分销渠道等方式,在降低成本的同时提高营销成功率,并能更好地为现有客户提供产品与服务,有利于当期运营效率和短期财务绩效水平提升(Benner and Tushman,2003;李瑞雪等,2019)。从长期来看,双元创新有助于企业获取竞争优势,实现可持续发展,并提高创新绩效(Jansen et al.,2006)。林筠等(2016)研究发现知识型企业的探索式创新通过探索全新领域和全新技术,可以对创新绩效产生驱动。张振刚等(2020)基于资源基础理论,探究创业创新对制造企业双元创新的影响时发现,双元创新影响企业的创新绩效;他们基于动机理论和高层梯队理论,探讨高管团队工作使命感对企业创新绩效的影响机制时发现,高管团队工作使命感正向影响双元创新,进而提升企业创新绩效。

二、双元理论在新创企业中的应用

新创企业常常因资源能力方面的劣势而陷入成长悖论:专注于现有市场的利用和开发可能导致路径依赖和组织惰性,使既有的市场变成新市场开发的障碍,导致企业丧失成长潜力和发展前景;聚焦于潜在市场的培育和探索又可能使企业面临不确定风险,并承担高昂的试错代价,引发企业当下的生存困境(Bingham et al.,2014)。因此,新创企业要活下来、走下去,必须有效地兼顾利用现有市场与培育潜在市场,进而实现市场开发与探索活动的均衡。

双元理论为新创企业有效应对成长悖论提供了理论指引。自 March(1991)开创性提出组织中存在探索式学习与开发式学习两种适应性流程后,围绕探索与开发活动的组织双元研究持续涌现,并从最初的组织学习领域逐步拓展到创新管理、知识管理、战略管理以及市场管理等研究领域(李巍,2015;Rothaermel and Alexandre,2009)。目前,从战略、能力或流程等视角探讨市场探索与开发议题已经成为双元理论在营销及市场管理领域的重要应用,虽已取得了重要进展但仍存在一些不足:首先,现有研究大多关注市场双元与企业绩效及创新之间的关系,比较关注其绩效输出,进而使市场双元的价值得到广泛证实,但对其如何形成和管理还知之甚少(Martin et al.,2017);其次,现有研究对市场双元的前置因素进行了积极探索,识别出市场导向(Kyriakopoulos and Moorman,2004)、社会资本

(Yener et al.，2017)、高管团队规模及异质性(Koryak et al.，2018)等因素，但还缺乏知识管理视角的探究。此外，目前有关市场探索与开发的研究大多围绕成熟企业开展，相关研究结论无法为缺乏资源能力的新创企业兼顾探索与开发活动提供有效指导(Dai et al.，2017)。因此，将市场双元嵌入创业情景，从创业团队及其知识管理视角探究新创企业市场双元的构建机制具有重要意义。

从知识管理视角看，创业活动很大程度依赖于团队成员的知识和专长，知识在创业团队内部的理解、学习、转化、共享和应用水平将直接影响团队成员的创业活动，以及新创企业识别和利用市场机会的能力(李巍等，2020)。交互记忆系统是指团队成员彼此对来自不同专业领域的知识进行协调、编码、存储、检索和交流的合作性分工系统。组织双元性研究表明，要在多元化结构中实现双元，需要团队进行有效的知识整合，并形成交互记忆系统。具体而言，交互记忆系统能通过协调和利用不同的专长和知识，为团队提供更广泛的知识库和网络，使其能够灵活地制定战略议程，以便追求彼此相悖的探索和开发活动(Heavey and Simsek，2017)。

三、新创企业市场双元

组织双元性的研究始于对探索式学习和开发式学习的探讨(March，1991)，并逐渐超越组织行为学视域，向战略、创新、营销及创业管理领域拓展。尽管探索与开发对组织发展至关重要，但二者本质涉及不同的活动，往往争夺组织有限的资源(O'Reilly and Tushman，2013)。早期研究认为，组织必须在探索性活动与开发性活动之间进行取舍。但随后研究发现过于关注任何一种活动都会给组织带来不利的影响，兼顾探索与开发活动，即组织双元是企业在资源限制条件下的最优选择(Martin et al.，2017)。

组织双元用以描述企业能够同时从事彼此存在差异且相互竞争活动的组织特征，是企业在利用现有资源能力的同时，展开对新知识和能力的搜寻，实现探索性活动和开发性活动的兼顾(Tushman and O'Reilly，1996)。组织双元要求企业创造性地感知、包容和支持矛盾思维，采取"两者都"而不是"二选一"的逻辑处理相互矛盾的多重任务(March，1991)。随着研究的深入，有关组织双元的探讨已不局限于技术创新和组织整体层面，Kyriakopoulos 和 Moorman(2004)率先将双元思想引入营销管理领域，探讨营销探索与开发战略的权衡，进而引发了营销及市场管理领域的探索与开发议题探究。

新创企业大多面临全新的市场需求与竞争环境，为了确保当下生存与未来发展，企业既要聚焦市场开发即整合现有市场知识或技术满足当前市场需求的活动，又必须重视市场探索即创造新的市场知识、技术搜寻或培育潜在市场需求的活动(Zhang et al.，2015)。然而，由于新创企业缺乏同时开展高水平市场探索与开发活动的资源条件，努力兼顾二者以实现对有限资源效用的最大化，便成为新创企业活下来、走下去的关键。

　　基于以上分析，并结合组织双元的理论观点(Kyriakopoulos and Moorman，2004；Tushman and O'Reilly，1996)，本书将新创企业市场双元视为企业在面临现有与潜在市场抉择时，合理配置市场资源，兼顾市场探索与开发活动的组织行为(图 6-1)。具体而言，市场探索是新创企业运用现有技术或顾客知识，生成和创造面向潜在"产品-需求"的市场供给，包含产品探索和需求探索两方面：前者指研发新技术或新系统解决方案，以推出革新性产品的组织活动，后者指超越现有市场范畴，发掘新顾客群体和市场需求的市场管理活动。市场开发是新创企业对技术或顾客层面现有知识的发掘与整合，以建立面向当前"产品-需求"的市场供给，包含产品开发和需求开发两方面活动：产品开发关注对现有技术产品的深度利用和持续改进，以实现对现有产业技术和产品组合商业潜力的充分挖掘；而需求开发则强调运用多样化竞争手段，以增强对现有顾客群体的深度渗透和充分利用。

　　此外，根据 Cao 等(2009)从结构均衡视角提出组织双元(平衡和互动两个维度)的观点，新创企业市场双元可以分为平衡双元和互动双元两种基本形式：市场平衡双元反映新创企业市场探索与开发活动在结构分离的条件下，二者并行的一致水平；市场互动双元则体现为新创企业市场探索与开发活动在结构交叉的条件下，二者互动的匹配程度。

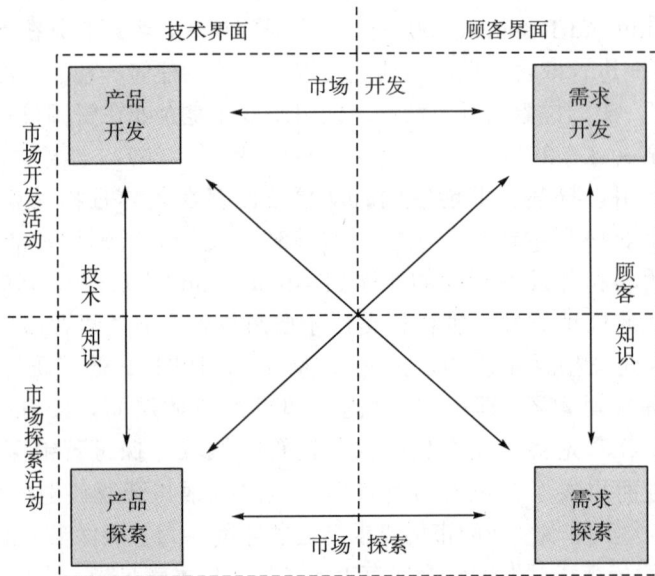

图 6-1　新创企业市场双元的基本内涵

四、新创企业市场双元形成的组态模型构建

定性比较分析(QCA)是对传统对称分析工具的补充,它考虑了所有先行条件相互依赖的可能性,并揭示了对结果变量来说足够多的条件组合,从而增强了对创业现象更为精细的理解,为构建有关这些现象的新理论提供了实证基础(Douglas et al.,2020)。因此,本研究试图在引入政策不确定性和技术不确定性两类环境因素,以及团队自省性和团队异质性两类组织因素的基础上,从创业团队知识管理视角,运用定性比较分析方法考察创业团队交互记忆系统与组织内外部环境的联动效应,探明新创企业市场双元构建的组态机制。

新创企业因资源能力的先天劣势,需要兼顾市场探索与开发活动,即实现市场双元以打破应对生存压力与打开未来窗口之间的成长悖论。研究表明,市场知识管理不仅是影响新创企业市场开发与探索活动的组织基础,也是联结两类市场活动的重要手段(Dai et al.,2017)。Zhang 等(2020)研究发现,探索与开发活动的焦点变移与知识、能力及学习密切相关;市场探索需要企业创造新知识并分享隐性知识,市场开发则主要涉及显性知识的交流以及现有知识的利用和重组(Lavie and Rosenkopf,2006)。对新创企业而言,兼顾探索与开发活动极大地依赖创业团队成员的专长和知识。增强创业团队知识储备,以及链接不同团队成员所掌握专业知识的共享方式是新创企业获取市场双元的重要条件(Zhang et al.,2020)。因此,交互记忆系统作为团队成员所拥有知识存量的总和及知识领域的集体意识,势必对新创企业的市场探索和市场开发活动产生重要影响。

新创企业的市场活动离不开特定的组织环境,内外部环境因素会对市场探索及开发活动产生影响。从外部环境看,中国转型经济具有的"市场化、全球化、分散化"三重叠加特征,为创业活动带来了重要的制度与市场环境,使创业企业面临比其他经济体更为复杂和动荡的外部环境(He et al.,2019)。持续演化的政策环境影响新创企业的经营活动及成效,同时,伴随着市场需求的不断变化,产品技术的变革也越发快速且难以预测,技术不确定性成为转型经济下创业企业面临的重要外部环境特征(Jiao et al.,2019)。从内部视角看,随着创业活动从个体创业模式向团队创业模式的转变,创业团队已成为决定新创企业生存和发展的关键力量(De Mol et al.,2015)。创业团队的决策和行为依赖于团队成员带来的各种资源和信息,团队异质性体现团队成员所拥有的知识和经验丰富程度,是创业团队信息和资源的重要来源(Zhang et al.,2019)。同时,团队自省性反映团队成员对自身行为及效果的反思水平。拥有反思能力的团队能够在团队成员的沟通和互动过程中,不断挖掘内部存在的问题,探索促进创新发展的新知识,加快团队内部知识库的存储和更新(Li et al.,2018)。

基于以上分析，本书试图从创业团队交互记忆系统及其与内外部环境因素的匹配视角，探究新创企业市场双元构建的组态效应机制。在环境因素方面，主要从政策不确定性和技术不确定性两个层面对其进行解构：政策不确定性反映了政策持续演进和主政官员不断变更带来的不确定性(吕相伟，2018)；技术不确定性是指企业感知到的行业内技术变化的不稳定性和不可预测性(Jiao et al.，2019)。在团队因素方面，主要从团队异质性与团队自省性两方面进行探讨。其中，团队异质性反映团队成员在人口特征(如性别、年龄)、职业背景(如专业、知识、从业经验)和价值观等方面的差异(Lui et al.，2019)；团队自省性体现团队成员对内部计划、流程、方案进行反思，进而调整行动使其符合团队目标的程度(Li et al.，2018)。根据上述分析思路，形成本研究的研究框架，如图 6-2 所示。

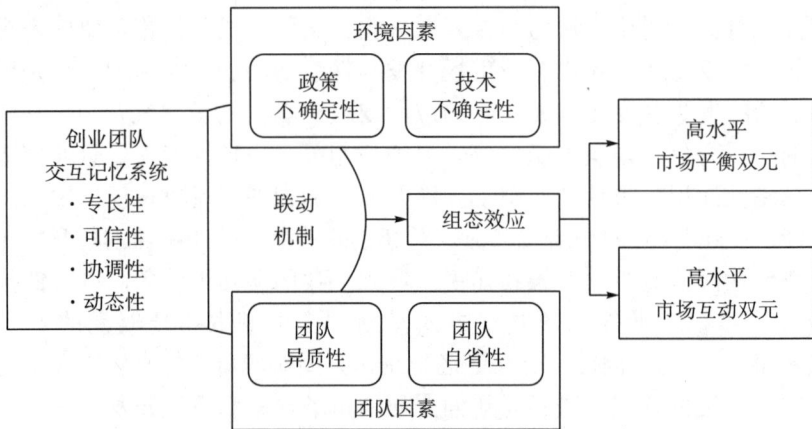

图 6-2 新创企业市场双元构建机制模型

第二节 市场双元的关键影响因素

本节依据新创企业市场双元构建机制模型，从驱动新创企业市场双元的三类因素出发，对创业团队交互记忆系统、环境因素(政策不确定性、技术不确定性)以及创业团队因素(创业团队异质性和自省性)进行概念界定、理论推演和模式构建。

一、创业团队交互记忆系统

交互记忆的概念衍生自"外源记忆"，是指具有亲密关系的个体对不同专业领域的信息进行编码、储存、检索和交流的共享认知劳动分工(Wegner，1987)。在具有亲密关系的群体中，当个体通过某种方式了解到其他个体拥有的知识和信息时，个体之间便有可能共享记忆细节，此时便产生交互记忆(Lewis，2003)。交互记忆存在于更多个体间时，团队间将会形成一个交互记忆系统，交互记忆系统是对交互记忆概念在团队层面的延伸(李巍等，2020)。

交互记忆系统是团队成员知识的总和以及从不同专业领域整合和分发知识的共享机制(Dai et al.，2017)。交互记忆系统是整合团队成员知识资源的有效工具，既是成员知识的系统集合，又是协调成员认知的分工系统(Huang and Chen，2018)。创业情境下的知识基础观认为，创业是创业团队或企业的知识整合及应用过程(崔杰，2020)；创业团队成员拥有不同领域的经验及知识，只有当团队成员之间实现知识整合和共享，才能完成团队知识的创造，进而促进产品创新及市场机会的识别和利用。与一般团队类似，创业团队交互记忆系统是一种团队层面的认知机制，它通过有效协调分布于不同成员之间的知识和专长，使团队成员集成专业知识，从而增强对新知识的应用和创造能力(Dai et al.，2017)。但在表现形式和价值指向上，创业团队交互记忆系统与高管团队、研发团队、虚拟团队等又存在显著差异(李巍等，2020)。基于此，本书将创业团队交互记忆系统视为创业团队成员共同编码、存储、检索和分享彼此专业知识，识别和利用创业机会以创造价值的知识协同机制。

二、环境因素

(一) 政策不确定性

政策不确定性是指企业无法有效预知政府是否、何时以及如何改变现行经济政策而产生的模糊性(Gulen and Ion，2015)。企业面临的政策不确定性集中体现在两方面：一是在政策出台前，企业难以准确预测未来政策指向；二是在政策出台后，企业难以准确评估政策实施的强度与效果(He et al.，2020)。政策不确定性给企业带来的影响在转型经济背景下尤为突出，这是因为处于经济转型期的国家不仅面临来自全球经济波动的冲击，且由于自身体制的不完善，不可避免地会频繁地进行"政策试验"，从而加剧政策不确定性及其影响效应(吕相伟，2018)。

当新创企业面临政策不确定性时，创业团队的决策和行动将受到更大的挑战，从而影响企业的市场探索及开发活动。事实上，当政策不确定性较强时，企业固有的有限理性程度会加深，规避风险的动机将增强，企业会在信息不完备的情况下求得满意解而非最优解(He et al.，2020)。具体到经营决策行为，企业会因无力改变外部环境而采取保守的市场开发活动，进一步满足现有市场或顾客的需求，提升顾客忠诚度，从而获取短期利益并维持自身优势(Tran，2019)。同时，由于主政官员变更引发的政策不确定性让企业面临的经营风险增加，企业对未来现金流的忧虑也驱使其压缩高风险的市场探索活动以留存更多现金(陈德球等，2016)。

因此，政策不确定性可能会通过影响企业内部的资源配置和创新行为，进而对市场双元活动产生权变影响。

(二)技术不确定性

技术不确定性是指企业所感知到的技术变化的不稳定性、动态性和不可预测性，具体表现为行业内技术迭代快、缺乏主导技术范式，企业难以预测技术发展的趋势(于晓宇和蔡莉，2013)，它影响新创企业为确保生存及发展而实施的组织响应活动，并且驱动企业吸收内化外部技术知识以革新内部知识基础(Jiao et al.，2019)。

新创企业所面临的技术环境影响创业团队整合及利用知识的方式及效用。在技术较为稳定的环境中，技术模式单一的企业仍然能够通过专注现有市场获取一定市场回报，进而缺乏探索技术和产品多样化的动力。然而，当技术不确定性较高时，新知识应用速度加快，要求企业保持灵活性，不断更新知识以适应外部环境的变化。一方面，高水平的技术不确定性不仅缩短了产品和流程的生命周期，还加剧了技术知识的过时风险，迫使企业加快研发步伐，追求先动和高竞争力的战略以获取新的市场优势(Jiao et al.，2019)；另一方面，由于探索新技术和新产品的过程蕴含着高风险和高失败率，可能驱使新创企业将更多资源投入到短期可接受的、被认可的有用知识以维持现有竞争优势，避免将有限的资源分配到高度不确定性的探索活动中(Wu et al.，2017)。可见，技术不确定性会影响创业团队应用知识的方式及效率，进而塑造不同类型的市场探索及开发活动。

三、团队因素

(一)创业团队异质性

团队异质性反映团队成员在年龄、性别等人口统计特征，以及技能、经验、认知概念和价值观等方面的差异水平，是团队特性的重要体现(Jackson et al.，2003)。创业团队异质性是指由两个及以上个体构成的创业团队中，团队成员在教育背景、家庭、专业经验、信仰等方面的差异，这些差异对创业团队目标的实现及企业的成长具有重要影响(Dufays and Huybrechts，2016)。

社会分类理论认为，个体倾向将与自身相似的团队成员划分为"组内"，而将与自身有差异的成员划分为"组外"。这种组内外的差异对待，可能会导致团队的割裂，进而影响团队知识的集成水平及应用效果(Zhang Y and Zhang W，2019)。这意味着，异质性较高的创业团队，成员间出现沟通障碍和意见分歧的可能性较大，并不利于团队交互记忆系统形成以及其效用的发挥。然而，信息决策理论则强调异质性的信息优势，认为创业团队成员在工作经验和专业背景上的差异，促使其从不同角度考虑问题,将自身掌握的知识资源共享并整合到团队中,更有利于增强团队成员之间的凝聚力,提升团队创新创造力和决策水平(Kristinsson et al.,2016)。此外,社会资本理论认为,创业团队成员在教育背景和工作经验等方面的异质性,可以丰富创业团队的外部社会资本,为团队的创业行为提供更多支持(Lui et al.,2019)。因此,虽然现有研究对团队异质性的作用性质存在分歧,但不可否认的是,创业团队异质性会影响团队成员的知识共享及应用,进而可能会影响新创企业的市场探索与开发活动。

(二)创业团队自省性

创业活动面临高度的不确定性,创业团队要善于在不断试错中及时纠正,快速迭代,并根据环境变化适时调整经营策略,因而反思能力是创业团队不可或缺的特质之一(李巍等,2020)。团队自省性是指团队成员反思和交流团队的目标、战略和流程,并使其适应当前或预期环境的程度(Li et al.,2018)。通过团队反思,团队成员不仅能够自我洞悉和审视,挖掘自身存在的问题,促进团队变革,还能够通过交流和互动,使个人知识过渡为集体知识,进而提升团队内部的知识共享程度(史丽萍等,2013)。

作为一种关注并响应变化的团队行为特征,团队自省性涵盖了反思、计划、行动等多个流程,其中反思环节尤为重要。团队反思行为不仅能够促进团队内部知识、经验、技能的交流和共享,激发团队成员的创新灵感,从而形成新观点和新知识,还可以通过集体性识别、加工和提炼有价值的信息为团队所用,并根据内外部组织环境的变化适时调整现有工作思路和流程(李巍等,2020)。在执行诸如市场探索及开发这样的复杂任务时,尤其需要团队成员在创业行动中持续反思,不断调整观点和行动,以达成处于持续变化环境下的团队目标(Li et al.,2018)。因此,团队自省性是释放创业团队多样性潜力以适应内外部变化的关键特质,对团队知识共享及新创企业市场探索及开发活动具有显著影响。

第三节　数据测量、收集与分析

本节通过问卷调查的方式获取研究数据,而调查问卷中对研究所涉及核心概念的测量(除了本研究开发的创业团队交互记忆系统的测量量表)均尽可能借鉴或改编自成熟的研究量表,以保证测量的效度水平。因此,通过系统的文献梳理收集和整理相关测量工具,并有效地收集数据是确保研究数据科学性和有效性的首要保障,更是支撑研究假设检验以获取科学结论的关键基础。

一、问卷与测量

本研究通过问卷调查的方式获取数据，对所涉及概念的测量均借鉴或改编自成熟量表。市场双元的测量改编自 Zhang 等（2015）的测量工具，涵盖市场探索和市场开发两个层面。本研究聚焦于市场平衡和市场互动双元：市场平衡双元体现新创企业市场探索与开发活动之间结构分离、相对平衡的水平，用市场探索与市场开发测量值之差的绝对值表示；市场互动双元反映新创企业市场探索与开发活动之间结构互动、相互匹配的程度，用市场探索与市场开发测量值的乘积进行评价。

创业团队交互记忆系统的测量工具使用本书第三章开发的量表，从专长性、可信性、协调性和动态性四个方面进行测量。环境因素包括政策和技术不确定性两方面，对政策不确定性的测量借鉴吕相伟（2018）和李巍等（2020）的测量工具；技术不确定性的测量工具改编自于晓宇和蔡莉（2013）的研究量表。团队因素涵盖团队异质性和团队自省性两个方面，团队异质性的测量工具改编自 Jackson 等（2003）的量表；团队自省性的测量借鉴史丽萍等（2013）的量表。此外，研究根据新创企业的特点，将企业年龄和规模作为可能影响实证分析结果的变量进行控制。其中，企业年龄分为 3 组：42 个月以下=1、42 个月～5 年=2、6～8 年=3。企业规模分为 5 组：20 人以下=1、20～49 人=2、50～99 人=3、100～149 人=4、150 人及以上=5。除控制变量外，所有概念均使用利克特 5 点量表进行评价（1=完全不同意，5=完全同意）。

完成问卷开发后，通过小规模调研获取数据对问卷进行修正。在两所国家级备案众创空间（清研理工创业谷和立洋绿色创新空间）定向发放并回收调研问卷50 份，使用"相关系数平方（SMC）小于 0.5"和"修正问项总相关系数（CITC）小于 0.4"两项评价指标，删除对测量贡献较小的问项，同时根据调研过程中的反馈对问项措辞进行修改，最终形成包含 39 个测量问项的调查问卷。

二、数据收集与样本情况

目前理论界大多从成立年限来界定新创企业，本研究综合考虑问卷调研的科学性和可行性，借鉴 Cai 等（2017）的观点，面向成立 8 年以内的新创企业进行问卷调查，调查对象为位于成渝、京津、江沪和广深地区的新创企业。

问卷调查的主要步骤：第一，在位于重庆市和天津市的两所普通本科大学创业校友会以及上述四个地区 10 个众创空间的帮助下，获取符合调研条件的企业名单，并初步接触企业征询参与意愿，最终形成被调查企业名单。第二，按照地区配额向上述地区各发放 100 套调查问卷（完全相同的 A/B 卷），邀请创业团队负责人和其中一位核心成员分别填写 1 套问卷。第三，回收并整理调查问卷，对问卷数据进行复核，并对存在部分缺失项的问卷进行补充调查，形成研究数据库。

　　问卷调查历时两个月，共发放调查问卷 400 套，回收问卷 307 套，获得 272 个有效的创业团队案例数据，有效回收率为 68%。为避免数据同源导致的共同方法偏差，在调研过程中，每个创业团队的数据由创业团队负责人和一位核心成员所填写的 A/B 卷取均值构成。同时，本研究将不同区域的企业数据分组进行方差分析，没有发现样本数据之间存在显著差异。样本企业基本情况见表 6-2。

表 6-2　样本企业情况

企业年龄	少于 42 个月		42 个月~5 年		6~8 年
数量/家	90		76		106
占比/%	33.09		27.94		38.97
企业规模/人	<20 人	20~49 人	50~99 人	100~149 人	150 人以上
数量/家	88	42	44	36	62
占比/%	32.35	15.44	16.18	13.24	22.79

三、测量的信效度分析

　　本研究基于交互记忆系统的"三维度"观点，并在创业情境下结合创业团队特征，将创业团队交互记忆系统划分为专长性、可信性、协调性和动态性四个维度。为验证从四个维度解构创业团队交互记忆系统是最佳模型，运用验证性因子分析方法，分别对不同数量的因子模型进行比较。数据显示（表 6-3），四因子模型优于三因子、双因子和单因子模型，且指标值达到或优于标准值，表明将创业团队交互记忆系统划分为四个维度是比较理想的测量模型。

表 6-3　不同模型间的验证性因子分析

模型	χ^2	df	χ^2/df	RMSEA	GFI	CFI
单因子模型	374.058	90	4.156	0.153	0.693	0.721
双因子模型	286.464	89	3.219	0.128	0.750	0.806
三因子模型	223.676	87	2.571	0.108	0.786	0.866
四因子模型	109.593	84	1.305	0.048	0.904	0.975

注：双因子和三因子模型存在不同组合，表格内仅展示指标值相对最优的一个双因子和三因子模型。

　　本研究采用 Cronbach's α 系数及 CITC 值（修正问项总相关系数）两项指标对测量的信度水平进行检验。结果显示（表 6-4），全部核心概念的 Cronbach's α 值为 0.805~0.918，均高于 0.7 水平，且全部测量问项的 CITC 值均大于 0.4 水平，说明各测量问项的相关性较高，且内部一致性较好。因此，可以认为核心概念测量的信度水平较高。

表 6-4 测量的信度和收敛效度检验

核心概念		测量问项	因子载荷	CITC	AVE
市场探索 (α=0.879)		我们运用市场信息，通过市场测试提升产品或服务的消费体验	0.925	0.841	0.659
		我们运用来自关键顾客的信息，使企业掌握市场新情况	0.837	0.771	
		在当前市场环境，使用新颖的产品或服务不一定能获得成功	0.738	0.691	
		我们充分利用包含实验和高风险的市场信息和想法	0.731	0.666	
市场开发 (α=0.840)		我们充分利用反映当前产品市场体验的市场信息	0.821	0.734	0.576
		我们强调对当前顾客进行调研，以解决现有市场问题	0.699	0.628	
		我们充分利用有助于改进现有产品或服务的市场信息和想法	0.690	0.631	
		我们经常开展有助于强化现有产品或服务体验的营销活动	0.815	0.707	
创业团队 交互记忆 系统 (α=0.91)	专长性 (α=0.834)	团队成员拥有与工作任务相关的专业知识	0.855	0.765	0.600
		团队成员分别负责不同领域的专业知识或技能	0.716	0.660	
		团队成员具有的专门知识都是完成任务所需要的	0.660	0.592	
		团队成员知道其他成员在哪些特定领域有专长	0.781	0.655	
	可信性 (α=0.876)	团队成员愿意接受来自其他成员的工作建议	0.87	0.798	
		团队成员相信其他成员所掌握的与工作有关的知识	0.775	0.709	
		团队成员相信其他成员在讨论中提供的信息是可靠的	0.782	0.717	
		团队成员对其他成员提供的信息总想再检查一遍	0.775	0.707	
	协调性 (α=0.805)	团队成员在一起工作时协调得很好	0.828	0.716	
		团队成员对应该做什么很少产生误解	0.709	0.595	
		团队成员对于如何完成任务感到很困惑	0.761	0.653	
	动态性 (α=0.850)	团队成员愿意在彼此交流时分享他们的问题或疑惑	0.819	0.757	
		团队成员会坦率指出其他成员的不足或错误	0.832	0.737	
		团队成员相互整合或交换资源和信息	0.694	0.637	
团队异质性 (α=0.856)		团队成员教育背景及专业知识差异很大	0.763	0.701	0.602
		团队成员有丰富的职业经历	0.677	0.643	
		团队成员行事风格差异大	0.853	0.733	
		团队成员思维方式差异大	0.801	0.724	
团队自省性 (α=0.918)		团队经常调整目标来应对动态变化的环境	0.797	0.765	
		团队会经常探讨工作方法，以便高效完成工作	0.779	0.744	
		团队成员能分辨工作中的优势及需要改进之处	0.868	0.820	0.694
		团队成员清晰地理解持续改善的重要意义	0.884	0.833	
		团队成员对改善工作的方式持开放态度	0.832	0.787	

续表

核心概念	测量问项	因子载荷	CITC	AVE
政策不确定性 ($\alpha=0.881$)	本行业中相关政策及制度经常发生变化	0.846	0.782	0.655
	本行业中相关规范及标准时常发生变化	0.814	0.756	
	本行业在不断出台新的政策及规范	0.81	0.736	
	本行业中相关协会负责人经常变动	0.764	0.705	
技术不确定性 ($\alpha=0.810$)	本行业的相关技术变化非常迅速	0.751	0.646	0.591
	本行业中的技术变化创造了大量创业机会	0.739	0.641	
	本行业中的技术突破使很多创意变成新产品	0.814	0.692	

对核心概念的测量均改编自成熟的量表，并根据预调研结果对测量问项措辞进行了修正和完善，以确保测量的内容效度达到要求。运用验证性因子分析(CFA)对概念测量的收敛效度进行检验，数据显示(表 6-4)，所有问项的标准化因子载荷均高于 0.5 水平，且在 0.01 水平下呈显著性，表明测量问项聚合于相应因子的水平较高，测量的收敛效度非常理想。使用皮尔逊(Pearson)相关系数和 AVE 平方根两项指标对测量的判别效度进行检验。数据表明(表 6-5)，任意核心概念之间的相关系数不等于 1，且相关系数的绝对值均小于所对应概念的 AVE 平方根，表明测量的判别效度也非常理想。

表 6-5　测量的信度与判别效度检验

核心概念	均值	1	2	3	4	5	6	7
市场探索	3.586	0.812						
市场开发	3.526	0.216*	0.759					
创业团队交互记忆系统	3.590	0.242**	0.381**	0.775				
团队异质性	3.386	0.288**	0.303**	0.357**	0.777			
团队自省性	3.600	0.375**	0.406**	0.354**	0.410**	0.833		
政策不确定性	3.164	0.323**	0.320**	0.272**	0.433**	0.301**	0.809	
技术不确定性	3.402	0.254**	0.349**	0.230**	0.331**	0.294**	0.367**	0.769

注：对角线为概念的 AVE 平方根；*表示 $P<0.05$、**表示 $P<0.01$。

第四节　QCA 分析及组态结论

本节聚焦实证分析过程，使用 fsQCA3.0 软件对本研究的相关变量进行校准，然后分析新创企业市场双元构建的组态效应的必要性，最后识别和确定驱动新创企业市场双元的组态及效应机制。

一、变量校准

研究首先进行变量校准，即为案例赋予集合隶属。把变量校准为集合，需要依据理论和实际的外部知识或标准设定三个临界值：完全隶属、交叉点以及完全不隶属。转变后的集合隶属为0~1。参照Fiss(2011)的方法建议，本研究将5个条件变量和2个结果变量的3个锚点分别设定为样本数据分布的75%、50%、25%，并分别作为完全隶属、交叉点、完全不隶属的三个锚点。运用fsQCA3.0软件进行隶属度赋值。对于非高市场平衡双元和非高市场互动双元而言，其校准规则与原集合正好相反，即以样本数据的75%、50%、25%分别作为完全不隶属、交叉点、完全隶属的三个锚点，计算非集的隶属集合。计算后的各个变量校准锚点如表6-6所示。

表6-6   各变量校准锚点

研究变量		锚点		
		完全隶属	交叉点	完全不隶属
条件变量	交互记忆系统(TMS)	4.30	4.05	3.80
	团队异质性(TH)	4.25	3.75	3.25
	团队自省性(TR)	4.20	4.00	3.80
	政策不确定性(PU)	4.00	3.60	3.20
	技术不确定性(TU)	4.33	3.83	3.33
结果变量	市场平衡双元(MAB)	4.75	4.50	4.25
	市场互动双元(MAI)	16.88	14.94	13.00

二、数据分析

使用fsQCA3.0软件分析和识别出影响高市场平衡/互动双元的组态。遵循Fiss(2011)的建议，将解的一致性阈值设定为0.8，选择频数位为1。

(一)必要性分析

在进行真值表程序分析之前，首先要进行必要性检验。一个必要条件可以被视为结果的一个超集(super set)。需要指出的是，如果必要条件被包括在真值表分析中，它可能会在包含"逻辑余项"的解中被除去，即必要条件可能被简约解消除，因此，需要进行高市场平衡双元和高市场互动双元的必要条件检测。数据显示(表6-7)，各个单项前因条件对高市场平衡双元和高市场互动双元一致性的影响均未超过0.9水平，不构成必要条件。这就说明单项前置因素对市场平衡双元和市场互动双元的影响较弱。因此本研究通过fsQCA进行组态(条件组合)分析。

表 6-7　必要性检验

条件变量		结果变量			
		高水平市场平衡双元		高水平市场互动双元	
		一致性	覆盖率	一致性	覆盖率
交互记忆系统	TMS	0.565156	0.637122	0.657756	0.612518
	~TMS	0.511040	0.602105	0.434487	0.422857
团队异质性	TH	0.579579	0.673939	0.620365	0.595874
	~TH	0.479770	0.547799	0.480841	0.453512
团队自省性	TR	0.502233	0.628594	0.666255	0.688818
	~TR	0.587747	0.627384	0.486094	0.428610
政策不确定性	PU	0.600510	0.632222	0.675834	0.587745
	~PU	0.477983	0.608152	0.409302	0.430172
技术不确定性	TU	0.613784	0.630854	0.780130	0.662338
	~TU	0.439949	0.576711	0.294190	0.318554

(二) 组态分析

运用 fsQCA 分析会得到三类解：复杂解、简约解以及中间解。其中，复杂解不包含"逻辑余项"；简约解包含"逻辑余项"，但不评价其合理性；中间解仅限于将符合理论和实际知识的"逻辑余项"纳入解中。中间解的一个重要优点是它们不允许消除必要条件，一般而言，中间解优于另外两种解，因此本书选择中间解进行分析。

按照 fsQCA 的分析惯例，根据简约解和中间解来判断组态的核心条件和边缘条件：如果一个前因条件同时出现在简约解和中间解，则为核心条件，发挥主导和推动作用；若此条件仅出现在中间解，则将其记为边缘条件（辅助条件），即起辅助贡献的条件。运用 fsQCA3.0 软件分析可知，导致高水平市场平衡双元的影响因素共有 3 种组态（即条件组合），分别为组态 1：TMS*~TH*TU；组态 2：TMS*TR*PU*~TU；组态 3：TH*~TR*~TU。上述 3 种组态的解的一致率达到 0.817532（大于 0.8），说明解有意义。该模型解的覆盖率为 0.321378，说明该组态解释了约 32% 的高水平市场平衡双元产生的原因。组态 1 和组态 2 的一致性指标分别为 0.865609、0.863049，显示出高于组态 3 的一致性（0.802485），因此本研究着重解释组态 1 和组态 2。

同时，导致高水平市场互动双元的影响因素共有 5 种组态（即条件组合），分别为组态 1：TMS*TH*TR*；组态 2：TMS*~TH*TR*PU；组态 3：TMS*TH*~PU*TU；组态 4：TMS*TH*~TR*PU；组态 5：~TH*TR*PU*TU。上述 5 种组态的解的一致率达到 0.82829（大于 0.8），说明解有意义。该模型解的覆盖率为 0.376391，说明该组态解释了约 38% 的高水平市场互动双元产生的原因。组态 1、组态 2 和组态 3 的一致性指标分别为 0.880597、0.887552 和 0.876412，显著高于其他组态的一致性水平。因此，本研究着重探讨组态 1、组态 2 和组态 3 对高水平市场互动双元的影响效应。

　　因此，研究参考 Fiss(2011)的表述方式，用●表示核心变量出现，用⊗表示核心变量不出现，用•表示边缘变量出现，用⊗表示边缘变量不出现，空格表示变量可有可无，画出影响高水平市场平衡双元和高水平市场互动双元的主要组态因素(表 6-8)，定性比较分析结论如下。

表 6-8　高水平市场平衡/互动双元影响因素组合结果表

项目	高水平市场平衡双元的组态(High MAB)		高水平市场互动双元的组态(High MAI)		
	H1	H2	P1	P2	P3
交互记忆系统(TMS)	●	●	●	●	●
团队异质性(TH)	⊗		•	⊗	●
团队自省性(TR)		•	●	●	
政策不确定性(PU)		●		•	⊗
技术不确定性(TU)	●	⊗			•
一致性	0.865609	0.863049	0.880597	0.887552	0.876412
覆盖率	0.152393	0.119974	0.0729296	0.102441	0.203801
唯一覆盖率	0.0813018	0.0394384	0.0105068	0.0118974	0.00494438
解的一致性	0.817532		0.82829		
解的覆盖率	0.321378		0.376391		

　　第一，驱动高水平市场平衡双元形成有 2 条路径。其中，在组态 H1 中，无论团队自省性是否存在，在面临高水平的技术不确定性(核心条件)时，创业团队拥有高水平交互记忆系统(核心条件)，同时降低团队异质性，便能够形成高水平的市场平衡双元；组态 H2 表明，无论团队异质性是否存在，在面临高度政策不确定性时(核心条件)，创业团队具备高水平交互记忆系统(核心条件)和团队自省性(边缘条件)能够促进高水平市场平衡双元的形成。

　　第二，促进高水平市场互动双元形成的路径有 3 条。其中，在组态 P1 中，无论政策与技术不确定性是否存在，创业团队具备高水平交互记忆系统(核心条件)以及高水平团队异质性(边缘条件)与团队自省性(核心条件)，有助于促进高水平市场互动双元的形成；组态 P2 显示，当面临高度政策不确定性(边缘条件)时，创业团队拥有高水平交互记忆系统(核心条件)和团队自省性(核心条件)能够促进高水平市场互动双元的形成；组态 P3 显示，当新创企业面临高度技术不确定性(边缘条件)时，在不存在政策不确定性的行业环境中，创业团队具备高水平交互记忆系统(核心条件)，以及高水平团队异质性(核心条件)，有助于形成高水平的市场互动双元。

第五节　研究结论与管理建议

本节运用基于模糊集的定性比较分析法,从创业团队交互记忆系统的视角探讨如何将创业团队交互记忆系统与团队内外部环境(团队自省性、团队异质性、政策不确定性、技术不确定性)有效匹配以构建新创企业市场双元的组态效应。本研究将双元理论引入新创企业市场管理研究领域,从市场探索与开发活动的平衡和互动两个方面,拓展了双元理论的解释范围,并为组织双元基本范畴注入新的研究内涵。同时,丰富了市场双元的前置因素研究。

一、研究结论与讨论

(一)研究结论

本研究运用基于模糊集的定性比较分析法,从创业团队交互记忆系统的视角探讨如何将创业团队交互记忆系统与团队内外部环境(团队自省性、团队异质性、政策不确定性、技术不确定性)有效匹配以构建新创企业市场双元的组态效应。本研究运用 272 个创业团队案例进行分析,数据分析表明,不存在单一核心条件驱动新创企业市场双元的形成,但创业团队交互记忆系统在构建高水平市场平衡和互动双元中扮演着关键角色。组态效应的分析表明,驱动高水平市场平衡双元形成的路径有 2 条,驱动高水平市场互动双元形成的路径有 3 条,本研究共形成驱动市场平衡双元和市场互动双元形成的 5 条路径,具体的路径如下。

1. 驱动市场平衡双元形成的路径

(1)路径 1:高创业团队交互记忆系统(核心条件)×高技术不确定性(核心条件)×低团队异质性(核心条件);

(2)路径 2:高创业团队交互记忆系统(核心条件)×高政策不确定性(核心条件)×高团队自省性(边缘条件)×低技术不确定性(边缘条件)。

2. 驱动市场互动双元形成的路径

(1)路径 1:高创业团队交互记忆系统(核心条件)×高团队自省性(核心条件)×高团队异质性(边缘条件);

(2)路径 2:高创业团队交互记忆系统(核心条件)×高团队自省性(核心条件)×低团队异质性(边缘条件)×高政策不确定性(边缘条件);

(3)路径 3:高创业团队交互记忆系统(核心条件)×高团队异质性(核心条件)

×低政策不确定性(核心条件)×高技术不确定性(边缘条件)。

(二)研究讨论

根据得出的研究结论,讨论如下。

1. 政策不确定性条件下的新创企业市场双元构建路径的讨论

创业团队交互记忆系统是创业团队成员相互依赖与协调,共同编码、存储、检索与交流有差别但互补知识的协作体系,是创业团队识别和利用创业机会,确保新创企业生存和发展的知识互动机制。创业团队交互记忆系统促进市场双元的形成过程受环境的影响。因此,为构建新创企业市场双元,创业团队交互记忆系统必须与外部环境进行有效匹配才得以生效。

研究结论表明,在政策不确定的条件下,市场平衡双元与市场互动双元的形成在政策不确定的条件下有两条分析路径。高创业团队交互记忆系统(核心条件)×高政策不确定性(核心条件)×高团队自省性(边缘条件)×低技术不确定性(边缘条件)是驱动市场平衡双元形成的有效路径之一。高创业团队交互记忆系统(核心条件)×高团队自省性(核心条件)×低团队异质性(边缘条件)×高政策不确定性(边缘条件)是驱动市场互动双元形成的有效路径之一。一方面,当面临高度政策不确定性时,新创企业实现利用现有市场和培育潜在市场的横向平衡,即构建市场平衡双元,要求在创业团队形成高水平的交互记忆系统基础上,还需具备另外两项条件:一是企业所处技术环境相对比较稳定,行业技术趋势可预测性较强;二是团队成员对创业活动的决策及行动具有高水平的自省能力。另一方面,新创企业在高度政策不确定性条件下,要追求利用现有市场和培育潜在市场的纵向匹配,即构建市场互动双元,需要在具备高水平创业团队交互记忆系统的基础上,严格控制团队的异质性,并同时增强团队的自省性。研究结论表明,在面临高度政策不确定性时,团队自省性对创业团队交互记忆系统在驱动市场双元中的基础作用有重要影响,同时在新创企业追寻利用现有市场和培育潜在市场的分离并行与平衡推进方面起着关键作用;而控制创业团队的异质性在新创企业追求利用现有市场和培育潜在市场的互动匹配中意义重大。

2. 技术不确定性条件下的新创企业市场双元构建路径的讨论

本研究的研究结论表明,在技术不确定性的条件下,市场平衡双元与市场互动双元的形成在政策不确定的条件下有两条分析路径。高创业团队交互记忆系统(核心条件)×高技术不确定性(核心条件)×低团队异质性(核心条件)是驱动市场平衡双元形成的有效路径之一。高创业团队交互记忆系统(核心条件)×高团队异质性(核心条件)×低政策不确定性(核心条件)×高技术不确定性(边缘条件)是驱动市场互动双元形成的有效路径之一。可能的原因如下:首先,当面临高度技术不确定性时,创业团队具备高水平的交互记忆系统,同时确保团队异质性较低则能够帮助新创企业实现开发现有市场和探索潜在市场的平衡;其次,在高度技术不确定性条件下,处于政策比较稳定的行业中,创业团队具备高水平交互记忆系统和团队异质性便能够实现利用现有市场和培育潜在市场的互补。研究结论表明,在高度不确定的技术环境中,团队异质性是新创企业构建市场平衡双元和互动双元的关键因素;当团队异质性较高时,成员之间通过交互记忆系统相互碰撞和激发,有利于新创企业利用现有市场和培育潜在市场有机统一,实现创业过程中的资源动态匹配;一旦创业团队缺乏异质性,具有同质知识的创业团队交互记忆系统会促使新创企业强调当下资源的平衡分配,通过结构分离的方式,在开发现有市场和培育潜在市场两方面隔离并行。

3. 缺乏政策和技术不确定性外部环境驱动的市场双元构建路径的讨论

研究结论表明,当创业团队面临的外部环境缺乏政策环境和技术环境的驱动时,高创业团队交互记忆系统(核心条件)×高团队自省性(核心条件)×高团队异质性(边缘条件)是驱动市场互动双元形成的有效路径之一。也就是说,无论政策与技术不确定性水平如何,当创业团队具备高水平的交互记忆系统、团队异质性和自省性时,便能够驱动新创企业实现市场互动双元。这意味着,在任何技术与政策环境条件下,具有异质性的创业团队成员之间,积极地整合、分享和应用团队知识,并针对团队决策和行动的效果进行反思和调整,能够确保新创企业在充分利用现有市场的前提下,将有限资源用于潜在市场的培育和探索,进而确保企业现有业务与未来业务的良性互动以及相互激发和支撑。

二、研究价值与启示

(一)研究价值

本研究从组态分析视角,围绕交互记忆系统和新创企业内外部重要权变因素,探究高水平市场平衡双元与市场互动双元形成的组态机制,研究具有一定的理论贡献和价值,主要体现在以下三方面。

首先,在交互记忆系统现有观点基础上,结合创业团队的独特性,从专长性、可行性、协调性和动态性四个方面对创业团队交互记忆系统的维度进行解构,拓展了对交互记忆系统维度的理论认知。

其次,本研究将双元理论引入新创企业市场管理研究领域,从市场探索与开发活动的平衡和互动两个方面,拓展了双元理论的解释范围,并为组织双元基本范畴注入新的研究内涵。目前,学术界对双元理论的研究主要集中于双元学习和双元创新两个方面,并围绕双元学习和双元创新展开其前置因素、结果变量以及平衡双元与互动双元的系列研究。而本研究将双元理论应用到市场管理领域，探究市场平衡双元与市场互动双元形成的路径对于双元领域的研究具有重要意义。

最后，研究从交互记忆系统与关键内外部环境因素匹配视角，运用模糊集定性比较分析方法，明确了构建高水平市场平衡与互动双元形成的组态机制，丰富了市场双元的前置因素研究。现有对市场平衡双元与市场互动双元的研究鲜有基于组态分析视角，而本研究将双元理论应用到市场管理领域，探究市场平衡双元与市场互动双元形成的组态机制对市场双元的研究具有重要的研究价值。

（二）研究启示

本研究探究市场平衡双元与市场互动双元的组态机制，研究结论可为新创企业培育市场平衡双元和市场互动双元提供若干管理启示，主要体现在以下三方面。

第一，重视创业团队交互记忆系统在构建市场双元中的基础和核心作用。研究表明，产生高水平市场平衡和互动双元的组态中，创业团队交互记忆系统虽不是单一因素，但在所有组态中创业团队交互记忆系统都发挥核心作用，这充分凸显团队交互记忆系统在新创企业兼顾利用现有市场和培育潜在市场中的基础地位。新创企业创业团队在提升和培育团队的过程中，应该激励创业团队不断学习新技术和新技能，并通过共享的形式在团队形成知识管理系统，这就为新创企业利用现有市场和发掘潜在市场提供了重要的知识保障。

第二，若新创企业希望通过结构分离的方式，实现市场探索与开发活动的平衡，需要根据不同的政策与技术环境，选择"高技术不确定性+高创业团队交互记忆系统+低团队异质性"或"高政策不确定性+高创业团队交互记忆系统+高团队自省性+低技术不确定性"两条实现路径。

第三，若新创企业需要通过结构交互的方式，实现市场开发与探索活动的匹配，需要重视创业团队的特性。当创业团队成员具备高度异质性时，应该选择"高创业团队交互记忆系统+高团队自省性"或"高创业团队交互记忆系统+高技术不确定性+低政策不确定性"两条实现路径。

三、研究局限与展望

（一）研究局限

本研究从创业团队交互记忆系统的视角，对构建新创企业市场双元的组态效应进行了有益探索，但仍存在一些不足，主要体现在以下两方面。

在分析策略方面，本研究在对构建市场双元的组态讨论中，仅对一致性程度较高的 5 个路径进行了解释。一般而言，使用 fsQCA 方法可以同时研究原集和非集，即驱动和抑制高水平市场双元的两类隶属集合，但考虑到研究涉及的 5 个变量所生成的原集和非集组态较多，因此聚焦于驱动高水平市场平衡和互动双元的组态。

在关键变量选取方面，本研究从团队异质性和自省性两方面解构创业团队特征，从政策和技术不确定性两方面分析环境因素，但还存在诸如任务依赖性、关系强度等团队特征，以及竞争强度、市场不确定性等环境因素，对它们的研究可以加深对新创企业市场双元构建机制的理解。

（二）研究展望

根据已有研究的不足，提出如下研究展望。

（1）未来研究可以在聚焦变量组合的前提下，对抑制高水平市场平衡双元和高水平市场互动双元的组态进行分析和说明。这样对理解市场平衡双元和市场互动双元的组态效应会更加全面，对市场双元的研究价值也更大。

（2）未来研究可以增加关键变量的选取，例如选择任务依赖性、关系强度等团队特征，以及竞争强度、市场不确定性等环境因素拓展分析模型，丰富对新创企业市场双元前置因素及其影响机制的理解，进而对深化市场双元的研究具有重要意义。

参 考 文 献

蔡俊亚，党兴华.2015.交互记忆系统对团队绩效的影响机制研究——基于团队反思的中介效应和团队学习的调节效应[J].预测，34(5)：28-33.

蔡莉，朱秀梅.2005.科技型创业企业集群研究评述及展望[J].吉林大学社会科学学报，(4)：122-129.

蔡莉，单标安.2010.创业网络对新企业绩效的影响——基于企业创建期、存活期及成长期的实证分析[J].中山大学学报(社会科学版)，50(4)：189-197.

蔡莉，肖坚石，赵镝.2008.基于资源开发过程的新创企业创业导向对资源利用的关系研究[J].科学学与科学技术管理，(1)：98-102.

曹萍，张剑.2021.悖论式领导、二元智力资本与组织双元创新[J].商业研究，(3)：114-124.

曹兴，金妍希.2022.双元学习关系、平衡及绩效研究综述[J].吉首大学学报(社会科学版)，43(1)：66-77.

曹勇，杜蔓，肖琦，等.2019.企业创新氛围、双元组织学习与创新绩效——环境动态性的调节效应[J].科技管理研究，39(10)：17-22.

查尔斯·C.拉金.2019.重新设计社会科学研究：模糊集及超越[M].杜运周，等译.北京：机械工业出版社.

常路，符正平，顾汉杰.2011.中小企业集群信任机制研究——基于第三方制度干预的视角[J].管理评论，23(8)：63-71.

陈晨，秦昕，谭玲，等.2020.授权型领导——下属自我领导匹配对下属情绪衰竭和工作绩效的影响[J].管理世界，36(5)：145-162.

陈德球，金雅玲，董志勇.2016.政策不确定性、政治关联与企业创新效率[J].南开管理评论，(4)：27-35.

陈慧，梁巧转，丰超.2021.包容型领导如何提升团队创造力？——被调节的链式中介模型[J].科学学与科学技术管理，42(4)：142-157.

陈文华.2010.国际新创企业国际化过程特征研究[D].合肥：安徽大学.

陈肖飞，韩腾腾，栾俊婉，等.2021.新创企业的时空分异与区位选择——基于中国汽车制造业的实证研究[J].地理研究，40(6)：1749-1767.

陈晓刚，李雪，崔颖安.2014.交互记忆系统对知识分享的影响机制研究——基于开源软件团队的检验[J].科研管理，35(6)：145-153.

陈晓暾，程姣姣.2021.包容型领导研究述评与中国视域下的展望[J].科研管理，42(10)：174-181.

陈怡安，赵雪苹.2019.制度环境与企业家精神：机制、效应及政策研究[J].科研管理，40(5)：90-100.

陈忠卫，张广琦，胡登峰.2013.新创企业创业团队特征与离职倾向的关系研究[J].现代管理科学，(10)：3-5.

程建青，罗瑾琏，杜运周，等.2019.制度环境与心理认知何时激活创业？——一个基于 QCA 方法的研究[J].科学学与科学技术管理，40(2)：114-131.

程江.2017.创业团队异质性对创业绩效的影响研究综述[J].外国经济与管理，39(10)：3-17.

程婷婷.2011.创业团队异质性,团队创业能力与创业绩效的关系研究[D].南京:南京理工大学.

崔杰.2020.母体知识资源分布对衍生企业创业机会影响研究:创业拼凑的调节作用[J].南开管理评论,(4):178-189.

崔遵康,刘平青,杨芳,等.2021.领导认同和自我决定整合视角下精神型领导与员工积极追随行为关系研究[J].管理学报,18(11):1649-1658.

邓志华,肖小虹,张亚军.2019.团队精神型领导与研发团队创新行为的关系——团队自省性和团队外部社会资本的影响[J].商业经济与管理,(12):66-77.

董保宝,程松松,张兰.2022.双元创新研究述评及开展中国情境化研究的建议[J].管理学报,19(2):308-316.

杜运周,贾良定.2017.组态视角与定性比较分析(QCA):管理学研究的一条新道路[J].管理世界,(6):155-167.

杜运周,李佳馨,刘秋辰,等.2021.复杂动态视角下的组态理论与QCA方法:研究进展与未来方向[J].管理世界,37(3):180-197.

范旭,梁碧婵.2021.机会识别和双元性战略组合协同作用下科技型中小企业的创新模式演进[J].管理学报,18(6):873-883.

方阳春,金惠红.2014.包容型领导风格对高校科研团队绩效影响的实证研究[J].技术经济,33(4):53-57.

冯小东.2014.柔性制造背景下组织支持与员工绩效关系研究[D].长春:吉林大学.

付宜强.2018.企业社会资本理论海内外二十年发展述评:1997—2018[J].东岳论丛,39(12):157-169.

傅慧,张少帅,康鹏胜.2021.创业团队冲突会削弱团队成员幸福感知吗——团队关系治理的调节作用[J].南方经济,(6):119-130.

高茜.2007.子公司知识来源与跨国公司知识转移组织机制的选择[J].生产力研究,(13):118-119.

葛宝山,生帆.2019.知识视角下跨界创业团队交互记忆系统作用机理研究[J].科技进步与对策,36(1):115-121.

葛宝山,王照锐.2019.创业团队行为整合、关系学习与创业绩效——创业团队行为复杂性的调节效应[J].南方经济,(10):34-46.

葛建华,汪振涛,雷玮.2022.新创企业合法性研究动向与路径演变[J/OL].研究与发展管理:1-17[2022-05-09].DOI:10.13581/j.cnki.rdm.20210844.

耿新,彭留英.2004.企业知识的分类、分布与转化机制研究——系统化视角下对SECI模型的一个扩展[J].管理科学,(4):43-48.

耿紫珍,马乾,丁琳.2021.从谏或噤声?家长式领导对团队创造力的影响[J].科研管理,42(5):200-206.

顾琴轩,张冰钦.2017.虚拟团队变革型和交易型领导对团队创造力的影响机理:共享领导视角[J].中国人力资源开发,(11):6-16.

顾琴轩,刘美琳,许淼鑫.2020.共享领导和参与安全氛围视角下共享领导胜任力的有效性研究[J].管理学报,17(12):1786-1794.

管春英,汪群,杨燕.2016.本土多元文化情境下包容性领导的现实基础和路径构建[J].湘潭大学学报(哲学社会科学版),40(2):27-31.

郭桂梅,段兴民.2008.变革型领导行为与创造性:内在动机和创造性工作氛围的中介作用——针对中国企业管理实践的分析[J].科学学与科学技术管理,(3):189-196.

郭润萍.2016.手段导向、知识获取与新企业创业能力的实证研究[J].管理科学,29(3):13-23.

郭润萍,尹昊博,陆鹏.2022.竞合战略、双元能力与数字化新创企业成长[J].外国经济与管理,44(3):118-135.

郭小兵,王勇,许庆瑞.2003.组织学习理论:喧嚣中的蠕行[J].研究与发展管理,(4):1-6,34.

韩晋.2019.交易型领导风格对远程工作者工作满意度的影响:基于员工自我效能感的中介效应[D].南京:南京大学.

何静.2021.社会认知是一个预测过程吗?[J].哲学动态,(2):121-127.

何霞,苏晓华.2015.战略联盟对新创企业合法性获取的影响研究——组织学习的中介作用[J].产经评论,6(3):81-93.

洪晓楠.2001.中国文化的现代疏释——论徐复观的文化哲学思想[J].大连理工大学学报(社会科学版),(3):41-48.

侯飞,粟郁,张紫萱,等.2022.创业团队异质性真能促进团队创造力提升吗——一个有中介的调节模型[J].科技进步与对策,39(4):141-151.

胡超颖,金中坤.2017.探索式创新、利用式创新与企业绩效关系的元分析[J].企业经济,36(5):79-85.

胡望斌,张玉利.2011.新企业创业导向转化为绩效的新企业能力:理论模型与中国实证研究[J].南开管理评论,(1):85-97.

花常花,罗瑾琏,闫丽萍.2022.知识权力视角下悖论式领导对研发团队创新的作用及影响机制研究[J].科技进步与对策,39(2):139-149.

黄海艳.2014.交互记忆系统与研发团队的创新绩效:以心理安全为调节变量[J].管理评论,26(12):91-99.

黄海艳,李乾文.2011.研发团队成员人格异质性与创新绩效:以交互记忆系统为中介变量[J].情报杂志,30(4):186-191.

黄昱方,耿叶盈.2016.基于组织自尊中介作用的工作团队咨询网络对交互记忆系统的影响机制研究[J].管理学报,13(5):680-688.

贾建锋,焦玉鑫,闫佳祺.2020.伦理型领导对员工主动性行为的影响机制研究[J].管理学报,17(9):1327-1335.

江旭,杨薇.2021.双元学习、联盟管理实践转移与联盟成功[J].管理评论,33(6):213-223.

蒋日富,霍国庆,郭传杰.2006.现代知识管理流派研究[J].管理评论,(10):23-29.

金杨华.2009.团队交互记忆系统对群体智力的影响[J].科研管理,30(5):12-16.

李超平,时勘.2005.变革型领导的结构与测量[J].心理学报,(6):97-105.

李冬伟,吴菁.2017.高管团队异质性对企业社会绩效的影响[J].管理评论,29(12):84-93.

李浩,黄剑.2018.团队知识隐藏对交互记忆系统的影响研究[J].南开管理评论,21(4):134-147.

李宏贵,张月琪,陈忠卫.2017.技术逻辑、制度逻辑与新创企业创新绩效——基于新创企业发展阶段的分析[J].科技进步与对策,34(10):83-89.

李桦,储小平,郑馨.2011.双元性创新的研究进展和研究框架[J].科学学与科学技术管理,(4):58-65.

李金生,时代.2021.悖论式领导对团队创新绩效的影响研究——失败学习与技术动荡性的作用[J].技术经济,40(12):37-50.

李利,陈进.2020.创业团队异质性对科技型企业创新绩效的影响[J].技术与创新管理,41(1):69-82.

李琳,陈维政.2015.国企改革情景下变革型领导的特征与测量[J].华东经济管理,29(6):41-48.

李梅,陈鹿.2021.海外研发地理多样化与创新绩效:组织学习视角[J].科学学研究,39(5):940-950.

李锐,田晓明,柳士顺.2015.仁慈领导会增加员工的亲社会性规则违背吗?[J].心理学报,47(5):637-652.

李瑞雪,彭灿,杨晓娜.2019.双元创新与企业可持续发展:短期财务绩效与长期竞争优势的中介作用[J].科技进步与对策,36(17):81-89.

李瑞雪，司孟慧，张汉飞.2022.金融集聚对工业绿色全要素生产率的影响研究——基于长三角地区的实证[J].华东经济管理，36(5)：34-47.

李树文，罗瑾琏.2020.领导-下属权力距离一致性对双元领导的权变影响[J].财贸研究，31(10)：71-80.

李同正，孙林岩，魏泽龙.2013.开放式学习、双元创新对企业绩效的影响分析[J].河南师范大学学报(哲学社会科学版)，40(3)：74-78.

李巍.2015.战略导向均衡对产品创新与经营绩效影响研究[J].科研管理，(1)：143-151.

李巍，Wang Q，杨雪程.2021.新创企业市场双元驱动创业绩效的机制研究：商业模式创新的中介效应[J].管理评论，33(3)：118-128.

李巍，冯珠珠，谈丽艳，等.2020.团队领导对创业团队交互记忆系统的影响研究[J].管理学报，17(6)：881-890.

李翔龙，王庆金，王焕良，等.2021.军民融合社会关系网络对军民融合新创企业成长的影响[J].科技进步与对策，38(16)：125-134.

李燕萍，杨婷，潘亚娟，等.2012.包容性领导的构建与实施——基于新生代员工管理视角[J].中国人力资源开发，(3)：31-35.

李莹杰，郝生跃，任旭.2015.认知与情感信任对团队知识共享的影响研究——交互记忆系统的中介作用[J].图书馆学研究，(9)：57-62.

林枫，邵莛苇，张雄林，等.2017.新创企业合法性获取机制：研究回顾与管理框架[J].科技进步与对策，34(3)：94-99.

林筠，王蒙.2014.交互记忆系统对团队探索式学习和利用式学习的影响：以团队反思为中介[J].管理评论，(6)：143-150.

林筠，高霞，张敏.2016.利用性与探索性创新对知识型企业创新绩效的双元驱动[J].软科学，30(5)：59-63.

林筠，乔建麒，吴莹莹.2017.科技型企业专才和通才、交互记忆系统与双元创新关系研究[J].软科学，31(2)：14-18.

林晓敏，林琳，王永丽，等.2014.授权型领导与团队绩效：交互记忆系统的中介作用[J].管理评论，26(1)：78-87.

林姿葶，郑伯埙.2012.华人领导者的嘘寒问暖与提携教育：仁慈领导之双构面模式[J].本土心理学研究，(37)：253-302.

刘帮成，吕晓俊，樊博.2010.基于交互记忆系统开发的学习效果改善研究[J].情报杂志，29(2)：90-95.

刘盾，徐岩.2021.体面劳动的内涵结构与指标测量——基于质性访谈的量表开发与验证性因子分析[J].管理评论，33(2)：227-238.

刘刚，孔文彬.2021.商业模式执行与新创企业绩效——基于内部资源与外部网络整合的视角[J].外国经济与管理，43(12)：68-84.

刘刚，李超，吴彦俊.2017.创业团队异质性与新企业绩效关系的路径：基于动态能力的视角[J].系统管理学报，26(4)：655-662.

刘佳.2020.工程项目团队内魅力型领导对知识转移影响研究[D].北京：北京交通大学.

刘军，章凯，仲理峰.2009.工作团队差序氛围的形成与影响：基于追踪数据的实证分析[J].管理世界，(8)：92-101.

刘园园，刘平青，杨征，等.2022.精神型领导对员工工匠精神的影响[J].外国经济与管理，44(2)：102-116.

卢俊婷，张喆，贾明.2017.公仆型领导对员工组织公民行为影响的跨层次研究：一个有中介的调节模型[J].管理评论，29(7)：187-199.

罗瑾琏，赵莉，韩杨，等.2016.双元领导研究进展述评[J].管理学报，（12）：1882-1889.

罗志达.2020.社会认知与同感现象学[J].现代哲学，（1）：89-96.

吕途，周建林，于德.2020.创业团队认知能力与创业决策关系的实证研究[J].山东社会科学，（2）：119-124.

吕相伟.2018.政策不确定性与企业家活动配置[J].经济管理，（3）：22-39.

吕霄，樊耘，马贵梅，等.2020.内在职业目标与个性化交易及对员工创新行为的影响机制——基于社会认知理论的
　　研究[J].管理评论，32（3）：203-214.

吕逸婧，陈守明，邵婉玲.2018.高管团队交互记忆系统与组织绩效:战略柔性的中介作用[J].南开管理评论，21（1）：
　　216-224.

马鸿佳，唐思思，郑莉莉.2022.创业团队多样性对惯例更新的影响：知识共享的中介和共享领导的调节作用[J/OL].
　　南开管理评论：1-17[2022-05-09]. DOI: http://kns.cnki.net/kcms/detail/12.1288.F.20211111.1646.010.html.

马长龙，于淼.2019.共享认知对科研团队绩效影响的实证研究[J].科技管理研究，39（23）：176-181.

买忆媛，熊婵.2012.创业团队的认知锁定对创业团队稳定性的影响——基于创业团队的多案例研究[J].科学学研究，
　　30（3）：425-433.

毛江华，张光磊，章发旺.2020.伦理型领导与道德污名工作对下属道德情绪和亲社会行为的交互影响[J].南开管理
　　评论，23（3）：132-140.

梅伟惠，徐小洲.2012.大学生创业技能要素模型研究[J].高等工程教育研究，（3）：57-61.

孟彬，马捷，张龙革.2006.论知识的生命周期[J].图书情报知识，（3）：92-95.

苗宏慧.2019.变革型和交易型领导风格对员工创新绩效的影响[J].社会科学战线，294（12）：247-251.

莫申江，谢小云.2009.团队学习、交互记忆系统与团队绩效：基于IMOI范式的纵向追踪研究[J].心理学报，41（7）：
　　639-648.

潘宏亮.2018.创业者吸收能力、双元创新战略对天生国际化企业成长绩效的影响[J].科学学与科学技术管理，
　　39（12）：94-110.

潘宏亮.2021.数字技术应用驱动国际新创企业国际化绩效提升研究[J].中国科技论坛，（4）：110-117.

庞立君，任颋，王向阳.2019.CEO变革型领导与企业绩效关系研究——失败学习的非线性中介作用[J].研究与发展
　　管理，31（4）：114-126.

彭灿，吕潮林，李辉.2020.双元领导对员工创新绩效的影响研究——内部人身份感知和知识共享意愿的链式中介作
　　用[J].研究与发展管理，32（2）：72-81.

彭坚，冉雅璇，康勇军，等.2016.事必躬亲还是权力共享？——内隐追随理论视角下领导者授权行为研究[J].心理
　　科学，39（5）：1197-1203.

彭新敏，张帆.2019.技术变革、次序双元与后发企业追赶[J].科学学研究，37（11）：2016-2025.

彭正龙，覃卫国，吴梦颖. 2019.领导风格对员工工作场所偏离行为的影响：基于全范围领导理论的研究[J].预测，
　　38（2）：1-8.

齐丽云，李腾飞，尚可.2017.企业社会责任的维度厘定与量表开发—基于中国企业的实证研究[J].管理评论，29（5）：
　　143-152.

屈晓倩，刘新梅.2016.信息型团队断裂与团队创造力关系的实证研究——交互记忆系统的中介作用[J].研究与发展
　　管理，28（1）：52-61.

曲刚，李伯森.2011.软件外包项目发包方对承接方团队绩效的影响——基于交互记忆系统的行为特征[J].南开管理评论，14(3)：34-41.

曲刚，土晓宇，赵汉.2020.社会网络情境下交互记忆系统与团队绩效关系研究[J].管理评论，32(12)：168-179.

任迎伟，毛竹，张碧倩.2019.创业团队异质性对创新绩效的影响机制研究：战略柔性和制度环境的作用[J].四川大学学报(哲学社会科学版)，(6)：176-185.

荣鹏飞，葛玉辉，徐敏.2013.TMT交互记忆系统、自反性与战略一致性[J].工业工程与管理，18(6)：14-19.

沈波，卢宜芳，吴甜.2020.组织学习对知识创新的影响：以组织忘记为中介[J].管理评论，32(12)：135-145.

生帆.2019.交互记忆系统、知识共享和整合与跨界创业团队创造力关系研究[D].长春：吉林大学.

施涛，苑双杰，李忆.2018.组织学习影响顾客满意度——创新的中介与领导风格的调节作用[J].软科学，32(10)：75-79.

史丽萍，刘强，唐书林.2013.团队自省性对团队学习能力的作用机制研究：基于交互记忆系统的中介作用和内部控制机制的调节作用[J].管理评论，(5)：102-115.

舒成利，胡一飞，江旭.2015.战略联盟中的双元学习、知识获取与创新绩效[J].研究与发展管理，(6)：97-106.

苏涛永，毛宇飞，单志汶.2021.高管团队异质性、双元创新与企业成长——行业竞争与冗余资源的调节效应[J].科学管理研究，39(6)：75-81.

苏郁锋，吴能全，周翔.2016.团队创业导向与绩效关系研究——基于团队资源获取与团队领导说服力的中介调节模型[J].软科学，(2)：93-97.

苏郁锋，罗顺均，冉佳森.2020.双重劣势情境国际新创企业制度拼凑策略研究——以中国在非洲新创企业为例[J].南开管理评论，23(6)：27-38.

孙华，丁荣贵，王楠楠.2018.研发团队共享领导力行为的产生和对创新绩效的作用：基于垂直领导力的影响[J].管理科学，31(3)：17-28.

孙继伟，邓莉华.2021.创业团队冲突导致创业失败的探索性研究[J].科技进步与对策，38(17)：134-143.

孙丽军，石磊.2003.社会资本：文献与进一步的研究[J].社会科学，(1)：20-25.

孙卫，张颖超，尚福菊，等.2014.创业团队冲突管理、团队自省性与创业绩效的关系[J].科学学与科学技术管理，35(6)：137-143.

谭凌峰.2016.创新文化、双元学习与动态能力的关系研究[D].长春：吉林大学.

陶成武，周建社，李萍.2020.社会资本理论视域下体育社团主体职能转变探骊[J].西安体育学院学报，37(1)：66-72.

田莉，张劼浩，袁国真.2021.创业团队身份异质性对团队冲突过程与结果的影响——基于团队断裂带的多案例研究[J].管理评论，33(12)：324-338.

王传征，葛玉辉.2021.高管团队内部社会资本、交互记忆系统与决策绩效的关系[J].系统管理学报，30(2)：384-392.

王端旭，武朝艳.2010.团队交互记忆系统的动态演化及其效应研究[J].科学学与科学技术管理，31(12)：182-188.

王端旭，武朝艳.2011.变革型领导与团队交互记忆系统：团队信任和团队反思的中介作用[J].浙江大学学报(人文社会科学版)，41(3)：170-179.

王国红，黄昊.2021.协同价值创造情境中科技新创企业的资源编排与成长机理研究[J].管理学报，18(6)：884-894.

王海花.2017.技术复杂性会抑制双元学习对创新绩效的影响吗[J].科技进步与对策，34(16)：140-147.

王海花，熊丽君，李玉.2020.众创空间创业环境对新创企业绩效的影响[J].科学学研究，38(4)：673-684.

王辉，武朝艳，张燕，等.2008.领导授权赋能行为的维度确认与测量[J].心理学报，40(12)：1297-1305.

王磊.2021.社会力量参与公共危机治理的路径探究——基于社会资本理论[J].辽宁大学学报(哲学社会科学版)，49(2)：50-57.

王玲，冯永春.2021.生态情境下双元网络拼凑对新创企业绩效的影响研究[J].科学学与科学技术管理，42(12)：3-18.

王凌剑，廖述梅，陈敏华，等.2013.虚拟团队中交互记忆系统理论研究现状述评[J].心理科学进展，21(8)：1512-1520.

王琼，蔡子君，钱婧.2021.主动性人格会影响组织越轨行为吗——基于社会交换理论的研究[J].经济管理，43(8)：124-140.

王石磊，彭正龙.2013.新员工反馈寻求行为对其创新行为的影响研究[J].管理评论，25(12)：156-164.

王巍，崔文田，孙笑明，等.2017.多维接近性对关键研发者知识搜索的影响研究[J].科学学与科学技术管理，38(10)：107-119.

王伟.2005.组织学习理论研究述评[J].郑州大学学报(哲学社会科学版)，(1)：68-71.

王文韬，张俊婷，李晶，等.2020.社会交换理论视角下学术社交网络用户知识贡献博弈分析及启示[J].现代情报，40(8)：58-65.

王晓红，徐峰.2018.协同创新团队交易型领导力与动态能力关系实证研究：调节定向的中介作用[J].科技进步与对策，35(22)：138-144.

王颖，彭灿.2012.知识异质性与知识创新绩效的关系研究[J].科技进步与对策，29(4)：119-123.

王永伟，马洁，吴湘繁，等.2012.变革型领导行为、组织学习倾向与组织惯例更新的关系研究[J].管理世界，(9)：110-119.

王钰，胡海青，张琅.2021.知识产权保护、社会网络及新创企业创新绩效[J].管理评论，33(3)：129-137.

王媛，曾德明，陈静，等.2020.技术融合、技术动荡性与新产品开发绩效研究[J].科学学研究，(3)：488-495.

王震，孙健敏，赵一君.2012.中国组织情境下的领导有效性:对变革型领导、领导-部属交换和破坏型领导的元分析[J].心理科学进展，20(2)：174-190.

文旭.2019.基于"社会认知"的社会认知语言学[J].现代外语，42(3)：293-305.

吴灿英.2006.技术与市场不确定性对企业新产品开发绩效的影响研究[D].杭州：浙江大学.

吴川徽，黄仕靖，袁勤俭.2020.社会交换理论及其在信息系统领域的应用与展望[J].情报理论与实践，43(8)：70-76.

吴江，胡斌，刘天印.2009.交互记忆系统影响人群与工作交互的模拟研究[J].管理科学，22(6)：48-58.

吴静，周嘉南.2020."中国合伙人"为何"分手"：创业团队冲突演化路径分析[J].管理评论，32(10)：181-193.

吴亮，赵兴庐，张建琦，等.2016.资源组拼视角下双元创新与企业绩效的中介机制研究[J].科学学与科学技术管理，37(5)：75-84.

吴鹏飞，林筠.2022.实验室验证对技术转移影响研究：双元学习视角[J].科研管理，43(3)：164-172.

吴志明，武欣.2006.高科技团队变革型领导、组织公民行为和团队绩效关系的实证研究[J].科研管理，(6)：74-79.

项国鹏，万时宜，黄大明.2020.新创企业合法性门槛的跨越机制——基于事件系统理论的案例研究[J].南方经济，(12)：108-125.

肖久灵.2007.我国海外企业知识转移与绩效评价[M].北京：经济科学出版社.

肖乐.2020.湖北省高校龙舟队教练领导行为对团队凝聚力的影响[D].武汉：华中师范大学.

肖瑶，向希尧，成泷.2019.破坏事件对创新组织双元学习的影响研究[J].科学学研究，37(8)：1517-1528.

解志韬，王辰轩.2020. 科研团队授权型领导对交互记忆系统的影响研究[J].中国科技论坛，(11)：137-146.

熊家阔，赵卫东，梁莹，等.2022.TMT 的乐观与企业绩效的关系：基于社会认知的视角[J].管理工程学报，36(3)：118-130.

徐放达，王增涛.2021.高智力劳动力、知识扩散绩效对新创企业成长的影响机理研究[J].财经理论与实践，42(2)：106-111.

徐可，于渓川，陈卫东.2019.在孵企业创新驱动研究：网络权力与关系承诺视角[J].南开管理评论，(5)：38-48.

许晖，李文.2013.高科技企业组织学习与双元创新关系实证研究[J].管理科学，26(4)：35-45.

许晖，许守任，冯永春.2014.新兴国际化企业的双元平衡及实现路径——基于产品-市场情境矩阵的多案例研究[J].管理学报，11(8)：1132-1142.

许运娜.2003.论战略联盟中的知识管理——基于动态能力的观点[D].北京：对外经济贸易大学.

薛捷.2019.技术-市场双元性组合对破坏性创新的影响——以科技型小微企业为研究对象[J].科研管理，40(3)：10-20.

薛丽莉.2008.个人向组织知识转移的影响因素研究[D].杭州：浙江工业大学.

闫小红.2020.社会资本理论视角下家庭养老替代模式选择及路径构建——以济南市 D 社区综合养老服务中心个案研究为例[J].广西社会科学，(4)：73-78.

严亚兰，廖梦晗，查先进.2019.国外交互记忆系统研究进展[J].情报理论与实践，42(11)：171-176.

阳银娟，陈劲.2015.开放式创新中市场导向对创新绩效的影响研究[J].科研管理，(3)：103-110.

阳银娟，陈劲.2018.战略创业对组织学习的影响——基于杭开集团的案例研究[J].技术经济，37(11)：78-85.

阳镇，陈劲，尹西明.2021.平台企业双元属性下的社会责任治理创新——理解数字化平台的新视角[J].财贸研究，32(12)：1-12.

阳镇，李纪珍，凌鸿程.2022.政策不确定性与创新数字化——双元创新的视角[J].科研管理，43(4)：1-10.

杨春江，冯秋龙，田子州.2015.变革型领导与员工任务绩效：主动性人格和领导-成员交换的作用[J].管理工程学报，29(1)：39-46.

杨帆，曹艳春.2019.基于社会交换理论的我国时间银行养老服务模式影响因素分析[J].东北大学学报(社会科学版)，21(4)：381-387.

杨付，刘军，张丽华.2014.精神型领导、战略共识与员工职业发展：战略柔性的调节作用[J].管理世界，(10)：100-113.

杨俊，田莉，张玉利，等.2010.创新还是模仿：创业团队经验异质性与冲突特征的角色[J].管理世界，(3)：84-96.

杨凯，马剑虹.2009.变革型领导力和交易型领导力：团队绩效的预测指标[J].心理学探新，29(3)：82-88.

杨青，王玉.2019.创业团队成员相同价值观会带来绩效提高吗？——股权配置公平的调节效应[J].科技进步与对策，36(2)：110-117.

杨嵩.2021.观察学习理论下学徒制默会知识传递路径的质性研究[J].高教探索，(8)：103-108.

杨粟英.2020.双元管控对项目组织双元学习的影响：基于平衡视角[J].科学学与科学技术管理，41(4)：34-48.

杨栩，廖姗，张平.2020.生态创新、利益相关者关系嵌入性与新创企业合法性关系研究[J].管理评论，32(9)：107-117.

杨振芳，陈庆文，朱瑜，等.2016.精神型领导是员工主动性行为的驱动因素吗？——一个多重中介效应模型的检验[J].管理评论，28(11)：191-202.

姚梅芳, 宫俊梅.2022.学习导向与资源调配的交互对双元创新的影响——基于政治网络调节作用的研究[J].武汉大学学报(哲学社会科学版), 75(3): 93-103.

叶传盛, 陈传明.2019.组织学习对创业者社会资本与绩效的中介机制: 以环境复杂性为调节变量[J].科技进步与对策, 36(17): 11-19.

殷融.2022.论班杜拉三元交互决定论中蕴含的先锋思想[J].心理研究, 15(2): 115-120.

于晓宇, 蔡莉.2013.失败学习行为、战略决策与创业企业创新绩效[J].管理科学学报, (12): 37-56.

于晓宇, 陈依.2019.调节定向、交互记忆系统与项目失败中的机会识别[J].系统管理学报, 28(6): 1001-1013.

于晓宇, 席瑞, 陈依, 等.2019.交互记忆系统与产品创新性:创业拼凑的中介作用[J].科学学与科学技术管理, 40(3): 83-98.

俞兆渊, 鞠晓伟, 余海晴.2020.企业社会网络影响创新绩效的内在机理研究——打开知识管理能力的黑箱[J].科研管理, 41(12): 149-159.

原长弘, 赵文红, 周林海.2012.政府支持、市场不确定性对校企知识转移效率的影响[J].科研管理, 33(10): 106-113

韵江, 卢从超, 杨柳.2015.双元学习与创造力对绩效的影响——一个团队层面的研究[J].财经问题研究, (5): 3-11.

张钢, 倪旭东.2007.知识差异和知识冲突对团队创新的影响[J].心理学报, (5): 926-933.

张钢, 熊立.2009.成员异质性与团队绩效: 以交互记忆系统为中介变量[J].科研管理, 30(1): 71-80.

张广琦, 陈忠卫, 李宏贵.2016.什么样的创业团队才有助于降低离职倾向?——基于人际信任的视角[J].管理评论, 28(12): 127-144.

张鸿萍, 赵惠.2017.交互记忆系统对团队创造力的影响路径研究[J].山东大学学报(哲学社会科学版), (1): 106-114.

张明, 杜运周.2019.组织与管理研究中QCA方法的应用: 定位、策略和方向[J].管理学报, 16(9): 1312-1323.

张谦, 刘人境, 李根强.2015.团队网络结构、交互记忆系统与团队绩效关系的实证研究[J].科技管理研究, 35(19): 144-148+170.

张文慧, 王辉. 2009.长期结果考量、自我牺牲精神与领导授权赋能行为: 环境不确定性的调节作用[J].管理世界, (6): 115-123.

张笑峰, 席酉民.2014.伦理型领导: 起源、维度、作用与启示[J].管理学报, 11(1): 142-148.

张秀娥, 徐雪娇.2019.创业学习对新创企业成长的影响机制研究[J].管理科学, 32(6): 86-97.

张秀娥, 张坤.2021.学习导向与新创企业绩效——吸收能力的链式中介效应[J].管理科学, 34(1): 16-27.

张亚军, 张金隆, 张千帆, 等.2015.威权和授权领导对员工隐性知识共享的影响研究[J].管理评论, 27(9): 130-139.

张银普, 钱思, 石伟.2020.创业团队共享领导对企业创新绩效的影响机制[J].管理科学, 33(3): 3-15.

张永军.2017.伦理型领导与员工反生产行为: 领导信任、领导认同与传统性的作用[J].管理评论, 29(12): 106-115.

张勇.2020.期望确认和交互记忆系统视角下持续学术知识搜寻研究[D].武汉: 武汉科技大学.

张振刚, 易欢, 陈雪瑶.2020.创新网络资源整合、双元创新对制造企业创新绩效的影响——环境不确定性的调节作用[J].技术经济, 39(3): 58-65.

张志学, Paul S H, 韩玉兰, 等.2006.高技术工作团队的交互记忆系统及其效果[J].心理学报, (12): 271-280.

章凯.2004.兴趣的自组织目标-信息理论[J].华东师范大学学报(教育科学版), (1): 62-66.

章凯, 吴志豪, 陈黎梅.2022.领导与权力分界视野下威权领导本质的探索研究[J].管理学报, 19(2): 187-196.

赵晨, 陈国权, 高中华.2014.领导个人学习对组织学习成效的影响: 基于情境型双元平衡的视角[J].管理科学学报, 17(10): 38-49.

赵富强, 胡思源, 陈耘, 等. 2022.创业叙事对创业绩效的影响研究——组织双元性、资源获取与修辞策略的作用[J/OL].南开管理评论: 1-28.http://kns.cnki.net/kcms/detail/12.1288.f.20220728.1610.002.html.

赵锴, 向姝婷.2021.如何解决团队创新悖论? 基于成员认知风格"组型"与"构型"视角的探究[J].心理科学进展, 29(1): 1-18.

赵燕.2021.乡村定向师范生政策生源吸引力分析——基于社会交换理论的视角[J].教育学术月刊, (1): 64-70.

赵宜萱, 赵曙明, 徐云飞.2019.基于20年成就方式数据的中国员工代际差异研究[J].管理学报, 16(2): 1751-1760.

钟竞, 邓婕, 罗瑾琏.2018.包容型领导对团队绩效及员工创新绩效的影响——有调节的中介模型[J].科学学与科学技术管理, 39(9): 137-148.

周城雄.2004.隐性知识与显性知识的概念辨析[J].情报理论与实践, (2): 127-129.

周如意, 龙立荣.2017.自我牺牲型领导研究述评与展望[J].外国经济与管理, 39(11): 77-89.

周琰喆, 倪旭东, 郝雅健, 等.2016.基于交互记忆系统的知识整合研究[J].人类工效学, 22(3): 23-28.

朱朝晖, 陈劲.2008.探索性学习和挖掘性学习的协同与动态: 实证研究[J].科研管理, (10): 1-9.

朱慧, 周根贵.2016.变革型领导行为有效吗? ——基于Meta分析的变革型领导与组织绩效关系的研究[J].管理评论, 28(7): 179-187.

朱建民, 崔心怡.2022.国际技术并购因素组态与双元创新绩效关系研究[J].科学学研究, 40(8): 1527-1536.

朱仁宏, 曾楚宏, 代吉林. 2012.创业团队研究述评与展望[J].外国经济与管理, 34(11): 11-18.

朱仁宏, 周琦, 伍兆祥. 2018.创业团队契约治理真能促进新创企业绩效吗: 一个有调节的中介模型[J].南开管理评论, (5): 30-40.

朱瑜, 钱姝婷.2014.包容型领导研究前沿探析与未来展望[J].外国经济与管理, 36(2): 55-64.

朱哲慧, 袁勤俭.2018.交互记忆系统及其在信息系统研究中的应用与展望[J].现代情报, 38(11): 156-162.

庄彩云, 陈国宏.2017.产业集群知识网络多维嵌入性与创新绩效研究——基于企业双元学习能力的中介作用[J].华东经济管理, 31(12): 53-59.

邹文篪, 田青, 刘佳.2012."投桃报李"——互惠理论的组织行为学研究述评[J].心理科学进展, 20(11): 1879-1888.

曾楚宏, 李敏瑜. 2022.创业团队异质性对创业绩效的影响: 团队治理的中介作用[J].科技进步与对策, 39(14): 132-142.

曾楚宏, 朱仁宏, 李孔岳. 2009.新创企业成长的组织合法性获取机制[J].财经科学, (8): 64-72.

Agarwal R, Echambadi R, Sarkar F. 2004. Knowledge transfer through inheritance: Spin-out generation, development, and survival[J]. Academy of Management Journal, 47(4): 501-522.

Ahearne M, Mathieu J, Rapp A. 2005. To empower or not to empower your sales force? An empirical examination of the influence of leadership empowerment behavior on customer satisfaction and performance[J]. Journal of Applied Psychology, 90(5): 945.

Akgun A E, Byrne J, Keskin H, et al. 2005. Knowledge networks in new product development projects: A transactive memory perspective[J]. Information and Management, 42(8): 1105-1120.

Alavi M, Leidner D E. 2001. Knowledge management and knowledge management systems: Conceptual foundations and research issues[J]. MIS Quarterly, 25:107-136.

Aldrich H E, Martinez M A. 2007. Many are called, but few are chosen: An evolutionary perspective for the study of entrepreneurship[J]. Entrepreneurship: 293-311.

Ali A, Wang H, Khan A N. 2019. Mechanism to enhance team creative performance through social media: A transactive memory system approach[J]. Computers in Human Behavior, 91 (2):115-126.

Ali-Hassan H, Nevo D, Wade M. 2015. Linking dimensions of social media use to job performance: The role of social capital[J]. The Journal of Strategic Information Systems, 24 (2): 65-89.

Allee V. 2009. Value-creating networks: Organizational issues and challenges[J]. The Learning Organization,16 (6):427-442.

Amabile T M. 1983. The social psychology of creativity: A componential conceptualization[J]. Journal of Personality and Social Psychology, 45 (2): 357.

Amabile T M, Schatzel E A, Moneta G B, et al. 2004. Leader behaviors and the work environment for creativity: Perceived leader support[J]. The Leadership Quarterly, 15 (1): 5-32.

Anderson J C, Gerbing D W. 1988. Structural equation modeling in practice: A review and recommended two-step approach[J]. Psychological Bulletin, 103 (3): 411.

Andriopoulos C, Lewis M W. 2009. Exploitation-exploration tensions and organizational ambidexterity: Managing paradoxes of innovation[J]. Organization Science, 20 (4): 696-717.

Arad S, Hanson M A, Schneider R J A. 1997. Framework for the study of relationships between organizational characteristics and organizational innovation[J]. The Journal of Creative Behavior, 31 (1):42-58

Argote L. 2012. Organizational Learning: Creating, Retaining and Transferring Knowledge[M]. Berlin, Heidelberg:Springer Science & Business Media.

Argyris C, Schon D. 1978. Organizational Learning[M]. Reading: MA: Addison-Wesley.

Austin J R. 2003. Transactive memory in organizational groups: The effects of content, consensus, specialization, and accuracy on group performance[J]. Journal of Applied Psychology, 88 (5):866-878.

Bachrach D, Lewis K, Kim Y, et al. 2019. Transactive memory systems in context: A meta-analytic examination of contextual factors in transactive memory systems development and team performance[J]. Journal of Applied Psychology, 104 (3): 464-493.

Bachrach D, Mullins R, Rapp A. 2017. Intangible sales team resources: Investing in team social capital and transactive memory for market-driven behaviors, norms and performance[J]. Industrial Marketing Management,62: 88-99.

Bachrach D, Mullins R. 2019. A dual-process contingency model of leadership, transactive memory systems and team performance[J]. Journal of Business Research, 96 (3): 297-308.

Balu P. 1964. Exchange and Power in Social Life[M].New York :New Brunswick, .

Bandura A. 1977. Self-efficacy: Toward a unifying theory of behavioral change[J]. Psychological Review, 84 (2): 191.

Bandura A. 1999. Social cognitive theory: An agentic perspective[J]. Asian Journal of Social Psychology, 2 (1): 21-41.

Bandura A. 2001. Social cognitive theory: An agentic perspective[J]. Annual Review of Psychology, 52 (1): 1-26.

Bandura A. 2012. On the functional properties of perceived self-efficacy revisited[J]. Journal of Management, 38(1): 9-44.

Bandura A. 2015. On deconstructing commentaries regarding alternative theories of self-regulation[J]. Journal of Management, 41(4): 1025-1044.

Barney J. 1991. Firm resources and sustained competitive advantage[J]. Journal of Management, 17(1): 99-120.

Bass B M. 1985. Leadership and Performance Beyond Expectations[M]. London:Collier Macmillan.

Bass B M. 1995. Comment: transformational leadership: Looking at other possible antecedents and consequences[J]. Journal of Management Inquiry, 4(3): 293-297.

Bass B M. 1996. New Paradigm of Leadership: An Inquiry into Transformational Leadership[M]. Alexandria, VA:US Army Research Institute for the Behavioral and Social Sciences.

Batra S, Dey A. 2019. When do entrepreneurial firms benefit from transactive memory systems? [J]. South Asian Journal of Business Studies, 8(3): 387-400.

Beckman C M, Haunschild P R, Phillips D J. 2004. Friends or strangers? Firm-specific uncertainty, market uncertainty, and network partner selection[J]. Organization Science, 15(3): 259-275.

Benner M J. 2009. Dynamic or static capabilities? Process management practices and response to technological change[J]. Journal of Product Innovation Management, 26(5): 473-486.

Benner M J, Tushman M L. 2003. Exploitation, exploration, and process management: The productivity dilemma revisited[J]. Academy of Management Review, 28(2): 238-256.

Bennis W. 2007. The challenges of leadership in the modern world: Introduction to the special issue[J]. American Psychologist, 62(1): 2.

Bhatti N, Maitlo G M, Shaikh N, et al. 2012. The impact of autocratic and democratic leadership style on job satisfaction[J]. International Business Research, 5(2): 192.

Biemann T, Kearney E, Marggraf K. 2015. Empowering leadership and managers' career perceptions: Examining effects at both the individual and the team level[J]. The Leadership Quarterly, 26(5): 775-789.

Bierly III P E, Damanpour F, Santoro M D. 2009. The application of external knowledge: Organizational conditions for exploration and exploitation[J]. Journal of Management Studies, 46(3): 481-509.

Bingham C, Furr N, Eisenhardt K. 2014. The opportunity paradox: Flexibility vs. focus[J]. MIT Sloan Management Review, 56(1):29-35.

Blau P M. 1968. Social exchange[J]. International Encyclopedia of the Social Sciences, 7(4): 452-457.

Boulding K E. 1956. General systems theory—the skeleton of science[J]. Management Science, 2(3): 197-208.

Bounckena R, Fredricha V, Krausb S, et al. 2020. Innovation alliances: Balancing value creation dynamics, competitive intensity and market overlap[J]. Journal of Business Research, 112(5): 240-247.

Bourdieu P.1992. Three approaches to social capital[J/OL]. https://www.docin.com/p-425703339.html.

Brandon D P, Hollingshead A B. 2004. Transactive memory systems in organizations: Matching tasks, expertise, and people[J]. Organization Science, 15(6):633-644.

Brewer M B, Hewstone M E. 2004. Self and Social Identity[M]. Oxford :Blackwell Publishing.

Brockman B K, Morgan R M. 2003. The role of existing knowledge in new product innovativeness and performance[J]. Decision Sciences, 34 (2) :385-419.

Brown M E, Trevino L K, Harrison D A. 2005. Ethical leadership: A social learning perspective for construct development and testing[J]. Organizational Behavior and Human Decision Processes, 97 (2) :117-134

Bruner J, Postman L.1949. Perception, cognition, and behavior[J]. Journal of Personality,23: 15-32.

Burns J M. 1978. Leadership[M]. New York: Harper & Row .

Burt R S. 1995. Structural Holes[M]. Massachusetts: Harvard University Press.

Cai L, Guo R, Fei Y. et al. 2017. Effectuation, exploratory learning and new venture performance: Evidence from China[J]. Journal of Small Business Management, 55 (3) : 388-403.

Cangelosi V E, Dill W R. 1965. Organizational learning: Observations toward a theory[J]. Administrative Science Quarterly, 25:175-203.

Cao Q, Gedajlovic E, Zhang H. 2009.Unpacking organizational ambidexterity: Dimensions, contingencies, and synergistic effects[J]. Organization Science,20 (4) : 781-796.

Carmeli A, Reiter-Palmon R, Ziv E. 2010. Inclusive leadership and employee involvement in creative tasks in The workplace: The mediating role of psychological safety[J]. Creativity Research Journal, 22 (3) : 250-260.

Castañeda Z, Ignacio D. 2015. Knowledge sharing: The role of psychological variables in leaders and collaborators[J]. Suma Psicológica, 22 (1) : 63-69.

Chen M H, Chang Y Y, Chang Y C. 2017. The trinity of entrepreneurial team dynamics: Cognition, conflicts and cohesion[J]. International Journal of Entrepreneurial Behaviour and Research, 23 (6) : 934-951.

Chen M L, Lin C P. 2013. Assessing the effects of cultural intelligence on team knowledge sharing from a socio-cognitive perspective[J]. Human Resource Management, 52 (5) : 675-695.

Chen T, Li F, Chen X, Ou Z. 2018. Innovate or die: How should knowledge-worker teams respond to technological turbulence? [J]. Organizational Behavior and Human Decision Processes, 149 (3) : 1-16.

Chen X P, Farh J L. 1999. The effectiveness of transactional and transformational leader behaviors in Chinese organizations: Evidence from Taiwan[R]. Chicago :Acadamy of Management Annul Meeting.

Cheng B S, Chou L F, Wu T Y, et al. 2004. Paternalistic leadership and subordinate responses: Establishing a leadership model in Chinese organizations[J]. Asian Journal of Social Psychology, 7 (1) : 89-117.

Cheong M, Spain S M, Yammarino F J, et al. 2016. Two faces of empowering leadership: Enabling and burdening[J]. The Leadership Quarterly, 27 (4) : 602-616.

Chiang Y H, Shih H A, Hsu C C. 2014. High commitment work system, transactive memory system, and new product performance[J]. Journal of Business Research, 67 (4) : 631-640.

Choi S Y, Lee H, Yoo Y J. 2010. The impact of information technology and transactive memory systems on knowledge sharing, application, and team performance[J]. MIS Quarterly,34 (4) :855-870.

Choi Y, Mai-Dalton R R. 1998. On the leadership function of self-sacrifice[J]. The Leadership Quarterly, 9 (4) : 475-501.

Chow W S, Chan L S. 2008. Social network, social trust and shared goals in organizational knowledge sharing[J]. Information & Management, 45(7): 458-465.

Chuang C H, Jackson S E, Jiang Y. 2016. Can knowledge-intensive teamwork be managed? Examining the roles of HRM systems, leadership, and tacit knowledge[J]. Journal of Management, 42(2): 524-554.

Chung N, Lee S J, Han H. 2015. Understanding communication types on travel information sharing in social media: A transactive memory systems perspective[J]. Telematics and Informatics, 32(4): 564-575.

Coviello N E. 2006. The network dynamics of international new ventures[J]. Journal of International Business Studies, 37(5): 713-731.

Cropanzano R, Byrne Z S, Bobocel D R, et al. 2001. Moral virtues, fairness heuristics, social entities, and other denizens of organizational justice[J]. Journal of Vocational Behavior, 58(2): 164-209.

Cropanzano R, Mitchell M S. 2005. Social exchange theory: An interdisciplinary review[J]. Journal of Management, 31(6): 874-900.

Cyert R M, March J G. 1963. A Behavioral Theory of the Firm[M]. Cambridge: Blackwell.

Dai Y, Du K, Byun G, et al. 2017. Ambidexterity in new ventures: The impact of new product development alliances and transactive memory systems[J].Journal of Business Research, 75(6): 77-85.

De Cremer D, Van Knippenberg D. 2004. Leader self-sacrifice and leadership effectiveness: The moderating role of leader self-confidence[J]. Organizational Behavior and Human Decision Processes, 95(2): 140-155.

De Mol E, Khapova N, Elfring T. 2015. Entrepreneurial team cognition: A review[J]. International Journal of Management Reviews, 17(2): 232-255.

DeChurch L A, Mesmer-Magnus J R. 2010.The cognitive underpinnings of effective teamwork: A meta-analysis[J]. Journal of Applied Psychology, 95(1): 32.

Demarest M. 1997. Understanding knowledge management[J]. Long Range Planning, 30(3): 374-384.

Dew N, Velamuri S R, Venkataraman S. 2004. Dispersed knowledge and an entrepreneurial theory of the firm[J]. Journal of Business Venturing, 19(5): 659-679.

Dodgson M. 1993. Organizational learning: A review of some literatures[J]. Organization Studies, 14(3): 375-394.

Douglas E, Shepherd D, Prentice C. 2020. Using fuzzy-set qualitative comparative analysis for a finer-grained understanding of entrepreneurship[J]. Journal of Business Venturing, 35(1): 1-17.

Downton J V. 1973. Rebel Leadership: Commitment and Charisma in the Revolutionary Process[M]. New York:Free Press.

Drouin N, Bourgault M. 2013. How organizations support distributed project teams: Key dimensions and their impact on decision making and teamwork effectiveness[J]. Journal of Management Development, 32(8): 865-885

Drucker P F. 1988.The coming of the new organization[J]. Harvard Business Review, 66(1):45-53

Du J, Leten B, Vanhaverbeke W. 2014. Managing open innovation projects with science-based and market-based partners[J]. Research Policy, 43(5): 828-840.

Du W, Pan S L, Zuo M. 2013. How to balance sustainability and profitability in technology organizations: An ambidextrous perspective[J]. Engineering Management, IEEE Transactions on, 60(2): 366-385

Dufays F, Huybrechts B. 2016. Where do hybrids come from? Entrepreneurial team heterogeneity as an avenue for the emergence of hybrid organizations[J]. International Small Business Journal, 34(6): 777-796.

Duncan R B. 1976. The Ambidextrous Organization: Designing Dual Structures for Innovation[M]// Killman R, Pond Y L, Sleven D, et al. The Nanagement of Organizational Design. New York: North Holland: 167-188.

Earl M. 2001. Knowledge management strategies: Toward a taxonomy[J]. Journal of Management Information Systems, 18(1): 215-233.

Edmondson A. 1999. Psychological safety and learning behavior in work teams[J]. Administrative Science Quarterly, 44(2): 350-383.

Eldor L. 2019. How collective engagement creates competitive advantage for organizations: A business-level model of shared vision, competitive intensity, and service performance[J]. Journal of Management Studies, 57(1): 37-63.

Emerson R M. 1962. Power-dependence relations[J]. American Sociological Review, 27(1): 31-41.

Emerson R M. 1976. Social exchange theory[J]. Annual Review of Sociology, 12:335-362.

Emerson R M.1981. Social Exchange Theory[M]//Rosenberg M, Turner R H.Social Psychology: Sociological Perspective. New York: Basic Books, Inc:30-65.

Enberg C. 2012. Enabling knowledge integration in coopetitive R&D projects—the management of conflicting logics[J]. International Journal of Project Management, 30(7): 771-780.

Engelmann T, Hesse F W. 2010. How digital concept maps about the collaborators' knowledge and information influence computer-supported collaborative problem solving[J]. International Journal of Computer-Supported Collaborative Learning, 2010, 5(3):299-319.

Espinosaa J A, Slaughterb S A, Kraut R E, et al. 2007. Team knowledge and coordination in geographically distributed software development[J]. Journal of Management Information Systems, 24(1): 135-169.

Fang C, Lee J, Schilling M A. 2010. Balancing exploration and exploitation through structural design: The isolation of subgroups and organizational learning[J]. Organization Science, 21(3): 625-642.

Faraj S, Sproull L. 2000. Coordinating expertise in software development teams[J]. Management Science, 46(12): 1554-1568.

Farh J L, Cheng B S. 2000. A Cultural Analysis of Paternalistic Leadership in Chinese Organizations[M] //Li J T,Anne S T,Weldon E. Management and Organizations in the Chinese Context. London: Palgrave Macmillan: 84-127.

Farh J L, Liang J, Chou L F, et al. 2008. Paternalistic leadership in Chinese organizations: Research progress and future research directions[J]. Leadership and Management in China: Philosophies, Theories, and Practices, 171-205.

Feldman M S, Pentlandb T. 2003. Re-conceptualizing organizational routines as a source of flexibility and change[J]. Administrative Science Quarterly, 48(1): 94-118.

Fiss P C. 2011. Building better causal theories: A fuzzy set approach to typologies in organization research[J]. Academy of Management Journal, 54(2): 393-420.

Forrester R. 2000. Empowerment: Rejuvenating a potent idea[J]. Academy of Management Perspectives, 14(3): 67-80.

Foss N J, Klein P G, Bjornskov C. 2019. The context of entrepreneurial judgment: Organizations, markets, and institutions[J]. Journal of Management Studies, 56(6): 1197-1213.

Fry L W. 2003. Toward a theory of spiritual leadership[J]. The Leadership Quarterly, 14 (6) : 693-727.

Gardner J W. 1990. Leadership and the future[J]. The Futurist, 24 (3) : 8.

Gelei M. 2016. Leadership in extreme contexts: Transformational leadership, performance beyond expectations? [J] Journal of Leadership and Organizational Studies, 23 (3) : 234-247.

Gibson C B, Birkinshaw J. 2004. The antecedents, consequences, and mediating role of organizational ambidexterity[J]. Academy of Management Journal, 47 (2) : 209-226.

Gino F, Argote L, Miron-Spektor E, et al. 2010. First, get your feet wet: The effects of learning from direct and indirect experience on team creativity[J]. Organizational Behavior and Human Decision Processes, 111 (2) : 102-115.

Gist M E, Mitchell T R. 1992. Self-efficacy: A theoretical analysis of its determinants and malleability[J]. Academy of Management Review, 17 (2) : 183-211.

Grant R M. 1996. Toward a knowledge-based theory of the firm[J]. Strategic Management Journal, 17 (S2) : 109-122.

Greenleaf R K. 1979. Servant leadership: A journey into the nature of legitimate power and greatness[J]. Business Horizons, 22 (3) : 91-92.

Greiner L E. 1997. Evolution and revolution as organizations grow: A company's past has clues for management that are critical to future success[J]. Family Business Review, 10 (4) : 397-409.

Gulen H, Ion M. 2015. Policy uncertainty and corporate investment[J]. The Review of Financial Studies, 29 (3) : 523-564.

Gupta A K, Smith K G, Shalley C E. 2006.The interplay between exploration and exploitation[J]. Academy of Management Journal, 49 (4) : 693-706.

Hambrick D C, Cho T S, Chen M J. 1996. The influence of top management team heterogeneity on firms' competitive moves[J]. Administrative Science Quarterly, 41 (1) :659-684.

Hamilton R T, Harper D A. 1994. The entrepreneur in theory and practice[J]. Journal of Economic Studies,21 (6) :3-18.

Hammedi W, Riel A C R V, Sasovova Z. 2013. Improving screening decision making through transactive memory systems: A field study[J]. Journal of Product Innovation Management, 30 (2) : 316-330.

He C, Lu J, Qian H. 2019. Entrepreneurship in China[J]. Small Business Economics, 53 (2) : 563-572.

He F, Ma Y, Zhang X. 2020. How does economic policy uncertainty affect corporate Innovation? —Evidence from China listed companies[J]. International Review of Economics & Finance, 67: 225-239.

He Z L, Wong P K. 2004. Exploration vs. exploitation: An empirical test of the ambidexterity hypothesis[J]. Organization Science, 15 (4) : 481-494.

Heavey C, Simsek Z. 2017.Distributed cognition in top management teams and organizational ambidexterity: The influence of transactive memory systems[J]. Journal of Management, 43 (3) : 919-945.

Hitt M A, Xu K. 2016.The transformation of China: Effects of the institutional environment on business actions[J]. Long Range Planning, 49 (5) : 589-593.

Hoch J E. 2013. Shared leadership and innovation: The role of vertical leadership and employee integrity[J]. Journal of Business and Psychology, 28 (2) : 159-174.

Hollander E P.2009. Inclusive Leadership: The Essential Leader-Follower Relationship[M]. New York: Routledge.

Hollander E. 2012. Inclusive Leadership: The Essential Leader-Follower Relationship[M]. London:Routledge.

Hollingshead A B. 1998. Communication, learning, and retrieval in transactive memory systems[J]. Journal of Experimental Social Psychology, 34(5): 423-442.

Hollingshead A B. 2001. Cognitive interdependence and convergent expectations in transactive memory[J]. Journal of Personality and Social Psychology, 81(6): 1080.

Homans G C. 1958. Social behavior as exchange[J]. American Journal of Sociology, 63(6): 597-606.

Homans G C. 1961. Social Behavior: Its Elementary Forms[M]. New York:Harcourt.

Hong D C, Zhang L Y. 2017. Does transactive memory systems promote knowledge integration directly? [J]. Procedia Computer Science,112:896-905.

Hood J N. 2003. The relationship of leadership style and CEO values to ethical practices in organizations[J]. Journal of Business Ethics, 43(4): 263-273.

Howell J M, Avolio B J. 1993. Transformational leadership, transactional leadership, locus of control, and support for innovation: Key predictors of consolidated-business-unit performance[J]. Journal of Applied Psychology, 78(6): 891.

Huang C, Chen P. 2018. Exploring the antecedents and consequences of the transactive memory system: An empirical analysis[J]. Journal of Knowledge Management, 22(1): 92-118.

Huang M. 2009. A conceptual framework of the effects of positive affect and affective relationships on group knowledge networks[J]. Small Group Research, 40(3): 323-346.

Huber G P. 1991. Organizational learning: The contributing processes and the literatures[J]. Organization Science, 2(1): 88-115.

Hyman J. 1999. How knowledge works[J]. The Philosophical Quarterly, 49(197): 433-451.

Inkpen A C, Tsang E W K. 2005. Social capital, networks, and knowledge transfer[J]. Academy of Management Review, 30(1): 146-165.

Jackson S E, Joshi A, Erhardt N L. 2003. Recent research on team and organizational diversity: SWOT analysis and implications[J]. Journal of Management, 29(6): 801-830.

Jansen J J P, Van den Bosch F A J, Volberda H W. 2005. Exploratory innovation, exploitative innovation, and ambidexterity: The impact of environmental and organizational antecedents[J]. Schmalenbach Business Review, 57(4): 351-363.

Jansen J J P, Van Den Bosch F A J, Volberda H W. 2006. Exploratory innovation, exploitative innovation, and performance: Effects of organizational antecedents and environmental moderators[J]. Management Science, 52(11): 1661-1674.

Jensen U, Andersen L, Bro L, et al. 2019. Conceptualizing and measuring transformational and transactional leadership[J]. Administration & Society, 51(1): 1-33.

Jiao H, Yang J, Zhou J, et al. 2019. Commercial partnerships and collaborative innovation in China: The moderating effect of technological uncertainty and dynamic capabilities[J]. Journal of Knowledge Management, 23(7): 1429-1454.

Jin L, Madison K, Kraiczy N D, et al. 2017. Entrepreneurial team composition characteristics and new venture performance: A meta-analysis[J]. Entrepreneurship Theory and Practice, 41 (5): 743-771.

Jucker R, Mathar R. 2015. Schooling for Sustainable Development in Europe[M]. Cham: Springer International Publishing.

Junstin J. 2005. Ambidextrous organizations: A multiple-level study of absorptive capacity, exploratory and exploitative innovation and performance[D].Rotterdam: Erasmus University.

Kalmanovich-Cohen H, Pearsall M J, Christian J S. 2018. The effects of leadership change on team escalation of commitment[J]. The Leadership Quarterly, 29 (5): 597-608.

Kamm J B, Shuman J C, Seeger J A, et al. 1990. Entrepreneurial teams in new venture creation: A research agenda[J]. Entrepreneurship Theory and Practice, 14 (4):7-17.

Kanawattanachai P, Yoo K Y. 2007. The impact of knowledge coordination on virtual team performance over time[J]. MIS Quarterly, 31 (4):783-808.

Katila R, Ahuja G. 2002. Something old, something new: A longitudinal study of search behavior and new product introduction[J]. Academy of Management Journal, 45 (6): 1183-1194.

Katzenbach J R, Smith D K. 1993. The rules for managing cross-functional reengineering teams[J]. Planning Review,21 (2):12-13.

Katz-Navon T Y, Erez M. 2005. When collective-and self-efficacy affect team performance: The role of task interdependence[J]. Small Group Research, 36 (4): 437-465.

Khodyakov D M. 2007. The complexity of trust-control relationships in creative organizations: Insights from a qualitative analysis of a conductorless orchestra[J]. Social Forces, 86 (1): 1-22.

Kier A S, McMullen J S. 2018. Entrepreneurial imaginativeness in new venture ideation[J]. Academy of Management Journal, 61 (6): 2265-2295.

Kiss A N, Libaers D, Barr P S, et al. 2020. CEO cognitive flexibility, information search, and organizational ambidexterity[J]. Strategic Management Journal, 41 (12): 2200-2233.

Knipfer K, Schreiner E, Schmid E, et al. 2018. The performance of pre-founding entrepreneurial teams: The importance of learning and leadership[J]. Applied Psychology, 67 (3): 401-427.

Kohtamakia M, Heimonenb J, Sjodinc D, et al. 2020. Strategic agility in innovation: Unpacking the interaction between entrepreneurial orientation and absorptive capacity by using practice theory[J]. Journal of Business Research, 118 (1): 12-25.

Koo H, Park C. 2017. Foundation of leadership in Asia: Leader characteristics and leadership styles review and research agenda[J]. Asia Pacific Journal of Management, 35 (3): 697-718.

Koryak O, Lockett A, Hayton J, et al. 2018. Disentangling the antecedents of ambidexterity: Exploration and exploitation[J]. Research Policy, 47 (2):413-427.

Kramer R M, Tyler T R. 1995. Trust in Organizations: Frontiers of Theory and Research[M]. Los Angeles: Sage Publications.

Kreiser P M, Kuratko D F, Covin J G, et al. 2021. Corporate entrepreneurship strategy: Extending our knowledge boundaries through configuration theory[J]. Small Business Economics, 56(2): 739-758.

Kristinsson K, Candi M, Sæmundsson R. 2016. The relationship between founder team diversity and innovation performance: The moderating role of causation logic[J]. Long Range Planning, 49(4): 464-476.

Kyriakopoulos K, Moorman C. 2004. Tradeoffs in marketing exploitation and exploration strategies[J]. International Journal of Research in Marketing, 21(3): 219-240.

Laub J A. 1999.Assessing the servant organization development of the servant organization leasership assessment (SOLA) instrument[J].Dissertation Abstracts International, 60(2):308-438.

Lavie D, Rosenkopf L. 2006. Balancing exploration and exploitation in alliance formation[J]. The Academy of Management Journal, 49(4): 797-818.

Lavie D, Stettner U, Tushman M L. 2010. Exploration and exploitation within and across organizations[J]. Academy of Management annals, 4(1): 109-155.

Lazer D, Friedman A. 2007. The network structure of exploration and exploitation[J]. Administrative Science Quarterly, 52(4): 667-694.

Lee J C, Wang Y T, Chen C Y. 2020. The effect of transactive memory systems on process tailoring in software projects: The moderating role of task conflict and shared temporal cognitions[J]. Journal of Systems and Software, 164: 110545.

Leite C, Volery T. 2017. Entrepreneurial leadership: Insights and directions[J]. International Small Business Journal, 35(2): 147-156.

Leonidou C, Talias A, Leonidou N. 2008. Exercised power as a driver of trust and commitment in cross-border industrial buyer-seller relationships[J]. Industrial Marketing Management, 37(1): 92-103.

Lepik K L, Krigul M. 2014. Challenges in knowledge sharing for innovation in cross-border context[J]. International Journal of Knowledge-Based Development, 5(4): 332-343.

Levinthal D A, March J G. 1993. The myopia of learning[J]. Strategic Management Journal, 14(S2): 95-112.

Lewis K. 2003. Measuring transactive memory systems in the field: Scale development and validation[J]. Journal of Applied Psychology, 88(4): 587-604.

Lewis K. 2004. Knowledge and performance in knowledge-worker teams: A longitudinal study of transactive memory systems[J]. Management Science, 50(11): 1519-1533.

Lewis K, Lange D, Gillis L. 2005. Transactive memory systems, learning, and learning transfer[J]. Organization Science, 16(6): 581-598.

Lewis K, Belliveau M, Herndon B, et al. 2007. Group cognition, membership change, and performance: Investigating the benefits and detriments of collective knowledge[J]. Organizational Behavior and Human Decision Processes, 103(2): 159-178.

Lewis K, Herndon B. 2011. Transactive memory systems: Current issues and future research directions[J]. Organization Science, 22(5): 1254-1265.

Li C, Li X, Lin C, et al. 2018. The influence of team reflexivity and shared meta-knowledge on the curvilinear relationship between team diversity and team ambidexterity[J]. Management Decision, 56(5):1033-1055.

Li H Y, Zhang Y. 2007. The role of managers' political networking and functional experience in new venture performance: Evidence from China's transition economy[J]. Strategic Management Journal, 28(8): 791-804.

Li Y H, Huang J W. 2013. Exploitative and exploratory learning in transactive memory systems and project performance[J]. Information & Management, 50(6): 304-313.

Li Y, Vanhaverbeke W, Schoenmakers W. 2008. Exploration and exploitation in innovation: Reframing the interpretation[J]. Creativity and Innovation Management, 17(2): 107-126.

Liang D W, Moreland R L, Argote L. 1995. Group versus individual training and group performance: The mediating role of transactive memory[J]. Personality and Social Psychology Bulletin, 21(4): 384-393.

Liao J, O'Brien A T, Jimmieson N L, et al. 2015. Predicting transactive memory system in multidisciplinary teams: The interplay between team and professional identities[J]. Journal of Business Research, 68(5): 965-977.

Lin H F. 2014. Contextual factors affecting knowledge management diffusion in SMEs[J]. Industrial Management & Data Systems,114(9):1415-1437.

Lin T C, Hsu S C, Cheng K T, et al. 2012. Understanding the role of behavioural integration in ISD teams: An extension of transactive memory systems concept[J]. Information Systems Journal, 22(3):211-234.

Littlepage G E, Hollingshead A B, Drake L R, et al. 2008. Transactive memory and performance in work groups: Specificity, communication, ability differences, and work allocation[J]. Group Dynamics: Theory, Research, and Practice, 12(3): 223.

Littunen H. 2000. Networks and local environmental characteristics in the survival of new firms[J]. Small Business Economics, 15(1): 59-71.

Lubatkin M H, Simsek Z, Ling Y, et al. 2006. Ambidexterity and performance in small-to medium-sized firms: The pivotal role of top management team behavioral integration[J]. Journal of Management, 32(5): 646-672.

Lui H, Lo Y, Ngai T. 2019. Does mandated RFID affect firm risk? The moderating role of top management team heterogeneity[J]. International Journal of Production Economics, 210: 84-96.

Luo B, Zheng S, Ji H, et al. 2018. Ambidextrous leadership and TMT-member ambidextrous behavior: The role of TMT behavioral integration and TMT risk propensity[J]. The International Journal of Human Resource Management, 29(2): 338-359.

Luo Y, Rui H. 2009. An ambidexterity perspective toward multinational enterprises from emerging economies[J]. Academy of Management Perspectives, 23(4): 49-70.

Major D A, Kozlowski S W J, Chao G T, et al. 1995. A longitudinal investigation of newcomer expectations, early socialization outcomes, and the moderating effects of role development factors[J]. Journal of Applied Psychology, 80(3): 418.

March J G. 1991. Exploration and exploitation in organizational learning[J]. Organization Science, 2(1): 71-87.

Marcus A. 1981. Policy uncertainty and technological innovation[J]. Academy of Management Review, 6(3): 443-448.

Margerison C J, McCann D J. 1990. Team Management: Understanding How People Work Together[M]. Melbourne :Business Library.

Marks M A, Sabella M J, Burke C S, et al. 2002. The impact of cross-training on team effectiveness[J]. Journal of Applied Psychology, 87(1): 3.

Martin A, Keller A, Fortwengel J. 2017. Introducing conflict as the microfoundation of organizational ambidexterity[J]. Strategic Organization, 17(1): 38-61.

Martin J A, Bachrach D G. 2018. A relational perspective of the microfoundations of dynamic managerial capabilities and transactive memory systems[J].Industrial Marketing Management,74: 27-38.

McGrath R G. 2001. Exploratory learning, innovative capacity, and managerial oversight[J]. Academy of Management Journal, 44(1): 118-131.

Mell J N, Knippenberg D V, Ginkel W V. 2014. The catalyst effect: The impact of transactive memory system structure on team performance[J]. Academy of Management Journal, 57(4): 1154-1173.

Menguc B, Auh S. 2008. The asymmetric moderating role of market orientation on the ambidexterity-firm performance relationship for prospectors and defenders[J]. Industrial Marketing Management, 37(4): 455-470.

Michinov N, Michinov E. 2009. Investigating the relationship between transactive memory and performance in collaborative learning[J]. Learning and Instruction, 19(1): 43-54.

Miles R E, Snow C C.1978. Organizational Strategy, Structure, and Process[M]. New York:McGraw-Hill.

Ming Y, Cao S, Zhang R, et al. 2017. Understanding hidden memories of recurrent neural networks[C]//IEEE Conference on Visual Analytics Science and Technology（VAST）.

Misangyi V F, Greckhamer T, Furnari S, et al. 2017. Embracing causal complexity: The emergence of a neo-configurational perspective[J]. Journal of Management, 43(1): 255-282.

Montez J, Ruiz-Aliseda F, Ryall M. 2018. Competitive intensity and its two-sided effect on the boundaries of firm performance[J]. Management Science, 64(6): 2716-2733.

Moreland R L, Myaskovsky L. 2000. Exploring the performance benefits of group training: Transactive memory or improved communication? [J]. Organizational Behavior and Human Decision Processes, 82(1): 117-133.

Morgan M, Hunt D. 1994. The commitment-trust theory of relationship marketing[J]. Journal of Marketing, 58(3): 20-38.

Müller R, Turner J R. 2007. Matching the project manager's leadership style to project type[J]. International Journal of Project Management, 25(1): 21-32.

Murphy W M, Burton J P, Henagan S C, et al. 2013. Employee reactions to job insecurity in a declining economy: A longitudinal study of the mediating role of job embeddedness[J]. Group &Organization Management, 38(4):512-537

Myers D G.1997. Social Psychology[M]. 8th ed. California: Mcgraw-Hill College.

Nelson R R, Nelson K. 2002. Technology, institutions, and innovation systems[J]. Research Policy, 31 (2): 265-272.

Nembhard I M, Edmondson A C. 2006. Making it safe: The effects of leader inclusiveness and professional status on psychological safety and improvement efforts in health care teams[J]. Journal of Organizational Behavior: The International Journal of Industrial, Occupational and Organizational Psychology and Behavior, 27(7): 941-966.

Nevis E C, DiBella A J, Gould J M. 1995. Understanding organizations as learning systems[J]. Sloan Management Review,36(2):73-85.

Nonaka I. 1994. A dynamic theory of organizational knowledge creation[J]. Organization Science, 5(1): 14-37.

Nonaka I, Takeuchi H. 1995. The Knowledge-Creating Company[M]. New York: Oxford University Press.

O'Reilly C A, Tushman M L. 2004. The ambidextrous organization[J]. Harvard Business Review, 82(4): 74-83.

O'Reilly III C A, Tushman M L. 2008. Ambidexterity as a dynamic capability: Resolving the innovator's dilemma[J]. Research in Organizational Behavior, 28: 185-206.

O'Reilly III C A, Tushman M L. 2013. Organizational ambidexterity: Past, present, and future[J]. Academy of Management Perspectives, 27(4): 324-338.

Oberfield Z W. 2014. Public management in time: A longitudinal examination of the full range of leadership theory[J]. Journal of Public Administration Research and Theory, 24(2): 407-429.

OECD. 1996. The knowledge-based economy[R]. General Distribution OCDE/GD: 102.

Ogbonna E, Harris L C. 2000. Leadership style, organizational culture and performance: Empirical evidence from UK companies[J]. International Journal of Human Resource Management, 11(4): 766-788.

Oriani R, Sobrero M. 2008. Uncertainty and the market valuation of R&D within a real options logic[J]. Strategic Management Journal, 29(4): 343-361.

Otte K, Konradt U, Oldeweme M. 2018. Effective team reflection: The role of quality and quantity[J]. Small Group Research, 49(6): 739-766.

Patel P C, Terjesen S, Li D. 2012.Enhancing effects of manufacturing flexibility through operational absorptive capacity and operational ambidexterity[J]. Journal of Operations Management, 30(3): 201-220.

Pearce C L, Conger J A. 2002. Shared Leadership: Framing the Hows and Whys of Leadership[M]. Los Angeles:Sage Publications.

Pearsall M J, Ellis A P J, Bell B S. 2010. Building the infrastructure: The effects of role identification behaviors on team cognition development and performance[J]. Journal of Applied Psychology, 95(1): 192.

Peltokorpi V. 2008. Transactive memory systems[J]. Review of General Psychology, 12(4): 378-394.

Peltokorpi V, Hasu M. 2016. Transactive memory systems in research team innovation: A moderated mediation analysis[J]. Journal of Engineering and Technology Management, 39(2): 1-12.

Podsakoff P M, Mackenzie S B, Moorman R H, et al. 1990. Transformational leader behaviors and their effects on followers' trust in leader, satisfaction, and organizational citizenship behaviors[J]. Leadership Quarterly, 1(2): 107-142.

Polanyi M. 1966. The logic of tacit inference[J]. Philosophy, 41(155): 1-18.

Putnam R. 1993. The prosperous community: Social capital and public life[J]. The American Prospect, 13(4):35-42.

Putnins J, Sauka A. 2019. Why does entrepreneurial orientation affect company performance? [J]. Strategic Entrepreneurship Journal, 13(1): 1-25.

Quick T L. 1992. Successful Team Building[M]. New York: Amacom Books.

Ragin C C. 2014. The Comparative Method[M].California: University of California Press.

Rahmani M, Roels G, Karmarkar U S. 2018. Team leadership and performance: Combining the roles of direction and contribution[J]. Management Science, 64(11): 5234-5249.

Raisch S, Birkinshaw J. 2008. Organizational ambidexterity: Antecedents, outcomes, and moderators[J]. Journal of Management, 34(3): 375-409.

Ramos M C, Ratliff C. 1997. The development and implementation of an integrated multidisciplinary clinical pathway[J]. Journal of WOCN, 24(2): 66-71.

Rau D. 2005. The influence of relationship conflict and trust on the transactive memory: Performance relation in top management teams[J]. Small Group Research, 36(6): 746-771.

Rauter S, Weiss M, Hoegl M. 2018. Team learning from setbacks: A study in the context of start-up teams[J]. Journal of Organizational Behavior, 39(6): 783-795.

Ren Y, Argote L. 2011. Transactive memory systems 1985-2010: An integrative framework of key dimensions, antecedents, and consequences[J]. Academy of Management Annals, 5(1): 189-229.

Ren Y, Carley M, Argote L. 2006. The contingent effects of transactive memory: When is it more beneficial to know what others know? [J]. Management Science, 52(5): 671-682.

Revilla E, Rodriguez-Prado B. 2018. Bulding ambidexterity through creativity mechanisms: Contextual drivers of innovation success[J]. Research Policy, 47(9): 1611-1625.

Reynolds P, Miller B. 1992. New firm gestation: Conception, birth, and implications for research[J]. Journal of Business Venturing, 7(5): 405-417.

Robert Jr L P, Dennis A R, Ahuja M K. 2008. Social capital and knowledge integration in digitally enabled teams[J]. Information Systems Research, 19(3): 314-334.

Robinson K. 1999. An examination of the influence of industry structure on eight alternative measures of new venture performance for high potential independent new ventures[J]. Journal of Business Venturing, 14(2): 165-187.

Roh H, Chun K, Ryou Y, et al. 2019. Opening the black box: A meta-analytic examination of the effects of top management team diversity on emergent team processes and multilevel contextual influence[J]. Group & Organization Management, 44(1): 112-164.

Rosenkopf L, Tushman M L.1994. Technology and organization[J]. Evolutionary Dynamics of Organizations, 35(1):403.

Rothaermel F, Alexandre M.2009. Ambidexterity in technology sourcing: The moderating role of absorptive capacity[J]. Organization Science, 20(4): 759-780.

Schippers M C, West M A, Dawson J F. 2015. Team reflexivity and innovation: The moderating role of team context[J]. Journal of Management, 41(3): 769-788.

Schjoedt L, Kraus S. 2009.Entrepreneurial teams: Definition and performance factors[J]. Management Research News, 32(6): 513-524.

Schmickl C, Kieser A. 2008. How much do specialists have to learn from each other when they jointly develop radical product innovations? [J]. Research Policy, 37(3):473-491.

Selvarajan T, Singh B,Solansky S. 2018. Performance appraisal fairness, leader member exchange and motivation to improve performance: A study of US and Mexican employees[J]. Journal of Business Research, 85: 142-154.

Senge P. 1994. Building learning organizations[J]. The Training and Development Sourcebook, 25: 379.

Shahzad K, Ali T, Takala J, et al. 2018. The varying roles of governance mechanisms on ex-post transaction costs and relationship commitment in buyer-supplier relationships[J]. Industrial Marketing Management, 71(5): 135-146.

Shalley C E, Zhou J,Oldham G R. 2004. The effects of personal and contextual characteristics on creativity: Where should we go from here? [J]. Journal of Management, 30(6): 933-958.

Sharma M,Ghosh A. 2007. Does team size matter? A study of the impact of team size on the transactive memory system and performance of IT sector teams[J]. South Asian Journal of Management, 14(4):564-590.

Sheng S, Zhou K Z,Li J J. 2011.The effects of business and political ties on firm performance: Evidence from China[J]. Journal of Marketing, 75(1):1-15.

Sheremata W A. 2000. Centrifugal and centripetal forces in radical new product development under time pressure[J]. Academy of Management Review, 25(2): 389-408.

Sherman F T, Torbert W R. 2000. Engaging New Forms of Social Inquiry and Social Action[M]// Sherman F T, Torbert W R.Transforming Social Inquiry, Transforming Social Action. Boston, MA: Springer:1-9.

Shi K, Zhang Y, Qin B, et al. 2019. Remote sensing of cyanobacterial blooms in inland waters: Present knowledge and future challenges[J]. Science Bulletin, 64(20): 1540-1556.

Shin M, Holden T,Schmidt R A. 2001. From knowledge theory to management practice: Towards an integrated approach[J]. Information Processing & Management, 37(2): 335-355.

Shonk J H. 1982.Working in Teams: A Practical Manual for Improving Work Groups[M]. New York: Amacom Books.

Siggelkow N,Levinthal D A. 2003. Temporarily divide to conquer: Centralized, decentralized, and reintegrated organizational approaches to exploration and adaptation[J]. Organization Science, 14(6): 650-669.

Sinkula J M. 1994. Market information processing and organizational learning[J]. Journal of Marketing, 58(1): 35-45.

Somech A. 2006. The effects of leadership style and team process on performance and innovation in functionally heterogeneous teams[J]. Journal of Management, 32(1): 132-157.

Sousa M J, Rocha Á. 2019. Strategic knowledge management in the digital age: JBR special issue editorial[J]. Journal of Business Research, 94: 223-226.

Spears L C. 2010. Character and servant leadership: Ten characteristics of effective, caring leaders[J]. The Journal of Virtues & Leadership, 1(1): 25-30.

Srivastava A, Bartol K M, Locke E A. 2006. Empowering leadership in management teams: Effects on knowledge sharing, efficacy, and performance[J]. Academy of Management Journal, 49(6): 1239-1251.

Stam E. 2015. Entrepreneurial ecosystems and regional policy: A sympathetic critique[J]. European Planning Studies, 23(9): 1759-1769.

Staniewski M W. 2016. The contribution of business experience and knowledge to successful entrepreneurship[J]. Journal of Business Research, 69(11): 5147-5152.

Sun T, Zhao X W, Yang L B, et al. 2012. The impact of psychological capital on job embeddedness and job performance among nurses: A structural equation approach[J]. Journal of Advanced Nursing, 68(1): 69-79.

Taggar S. 2002. Individual creativity and group ability to utilize individual creative resources: A multilevel model[J]. Academy of management Journal, 45(2): 315-330.

Tepper B, Dimotakis N, Lambert L, et al. 2018. Examining follower responses to transformational leadership from a dynamic, person-environment fit perspective[J]. Academy of Management Journal, 61(4): 1343-1368.

Toor S R, Ofori G. 2009. Ethical leadership: Examining the relationships with full range leadership model, employee outcomes, and organizational culture[J]. Journal of Business Ethics, 90(4): 533-547.

Tran Q T. 2019. Economic policy uncertainty and corporate risk-taking: International evidence[J]. Journal of Multinational Financial Management,45: 52-53.

Trevino L K, Hartman L P, Brown M. 2000. Moral person and moral manager: How executives develop a reputation for ethical leadership[J]. California Management Review, 42(4): 128-142.

Tushman M L, Anderson P. 1986. Technological discontinuities and organizational environments[J]. Administrative Science Quarterly, 31:439-465.

Tushman M L, O' Reilly III C A. 1996. Ambidextrous organizations: Managing evolutionary and revolutionary change[J]. California Management Review, 38(4): 8-29.

Tywoniak S A. 2007. Knowledge in four deformation dimensions[J]. Organization, 14(1): 53-76.

Van de Ven A H, Delbecq A L, Koenig Jr R. 1976. Determinants of coordination modes within organizations[J]. American Sociological Review, 41(2):322-338.

Van Knippenberg B,Van Knippenberg D. 2005. Leader self-sacrifice and leadership effectiveness: The moderating role of leader prototypicality[J]. Journal of Applied Psychology, 90(1): 25.

Vecchio R P, Justin J E, Pearce C L. 2008. The utility of transactional and transformational leadership for predicting performance and satisfaction within a path-goal theory framework[J]. Journal of Occupational and Organizational Psychology, 81(1): 71-82.

Venugopal A, Krishnan T N, Kumar M, et al. 2019. Strengthening organizational ambidexterity with top management team mechanisms and processes[J]. The International Journal of Human Resource Management, 30(4): 586-617.

Voss G B,Voss Z G. 2013.Strategic ambidexterity in small and medium-sized enterprises: Implementing exploration and exploitation in product and market domains[J]. Organization Science, 24(5): 1459-1477.

Vyakarnam S, Jacobs R, Handelberg J. 1999. Exploring the formation of entrepreneurial teams: The key to rapid growth business? [J]. Journal of Small Business and Enterprise Development, 6(2):153-165.

Wang S L, Luo Y, Maksimov V, et al. 2019. Achieving temporal ambidexterity in new ventures[J]. Journal of Management Studies, 56(4): 788-822.

Wang Y, Huang Q, Davison R M, et al. 2018. Effect of transactive memory systems on team performance mediated by knowledge transfer[J]. International Journal of Information Management, 41: 65-79.

Wegner D M, Erber R, Raymond P. 1991. Transactive memory in close relationships[J]. Journal of Personality and Social Psychology, 61(6): 923.

Wegner D M. 1987. Transactive memory: A contemporary analysis of the group mind[J]. Theories of Group Behavior: 185-208.

Wegner D M. 1995. A computer network model of human transactive memory[J]. Social Cognition, 13:319-339.

Wegner D M, Giuliano T, Hertel P T. 1985. Cognitive Interdependence in Close Relationships[M]. New York: Springer.

West M A. 2002. Sparkling fountains or stagnant ponds: An integrative model of creativity and innovation implementation in work groups[J]. Applied Psychology, 51(3): 355-387.

Widaman K F. 1993. Common factor analysis versus principal component analysis: Differential bias in representing model parameters? [J]. Multivariate Behavioral Research, 28(3): 263-311.

Wilson N, Martin L. 2015. Entrepreneurial opportunities for all? Entrepreneurial capability and the capabilities approach[J]. The International Journal of Entrepreneurship and Innovation, 16(3): 159-169.

Wood M S. 2005. Determinants of shared leadership in management teams[J]. International Journal of Leadership Studies, 1(1): 64-85.

Wu J Y, Li C I. 2015. Exploration of mediating models between spiritual leadership and organizational citizenship behavior: The importance of organization based self-esteem in service industries[J]. International Journal of Organizational Innovation (Online), 8(2): 128.

Wu L, Liu H, Zhang J. 2017. Bricolage effects on new-product development speed and creativity: The moderating role of technological turbulence[J]. Journal of Business Research, 70:127-135.

Yang L R, Huang C F, Wu K S. 2011. The association among project manager's leadership style, teamwork and project success[J]. International Journal of Project Management, 29(3): 258-267.

Yang M, Gabrielsson P. 2017. Entrepreneurial marketing of international high-tech business-to-business new ventures: A decision-making process perspective[J]. Industrial Marketing Management, 64: 147-160.

Ye Q, Wang D, Guo W. 2019. Inclusive leadership and team innovation: The role of team voice and performance pressure[J]. European Management Journal, 37(4): 468-480.

Yener M I, Kuscu Z K, Gurbuz F G. 2017. The Impact of social capital on market exploration and exploitation with mediating role of internal communication[J]. Pressacademia, 6(4):355-363.

Yuan C, Carboni I, Ehrlich K. 2010. The impact of affective relationships and awareness on expertise retrieval: A multilevel network perspective on transactive memory theory[C]//Academy of Management Proceedings. Briarcliff Manor, NY 10510: Academy of Management, 1: 1-6.

Yukl G. 2012. Effective leadership behavior: What we know and what questions need more attention[J]. Academy of Management Perspectives, 26(4): 66-85.

Zagzebski L. 2017.What is knowledge? [J]. The Blackwell Guide to Epistemology, 5:92-116.

Zahra S A, Filatotchev I. 2004. Governance of the entrepreneurial threshold firm: A knowledge - based perspective[J]. Journal of Management Studies, 41(5): 885-897.

Zahra S A, Nielsen A P, Bogner W C. 1999. Corporate entrepreneurship, knowledge, and competence development[J]. Entrepreneurship Theory and Practice, 23(3): 169-189.

Zhang H, Wu F, Cui A.2015. Balancing market exploration and market exploitation in product innovation[J]. International Journal of Research in Marketing, 32 (3) : 297-308.

Zhang X, Bartol K M. 2010. Linking empowering leadership and employee creativity: The influence of psychological empowerment, intrinsic motivation, and creative process engagement[J]. Academy of Management Journal, 53 (1) : 107-128.

Zhang Y, Zhang W. 2019. How does the team expertise heterogeneity improve entrepreneurial performance: Analysis from the perspective of academic social network[J]. Library Hi Tech, 38 (2) : 434-445.

Zhang Z X, Hempel P S, Han Y L, et al. 2007. Transactive memory system links work team characteristics and performance[J]. Journal of Applied Psychology, 92 (6) : 1722-1730.

Zhang Z, Lyles M, Wu C. 2020. The stock market performance of exploration-oriented and exploitation-oriented cross-border mergers and acquisitions: Evidence from emerging market enterprises[J]. International Business Review, 29 (4) : 1707-1723.

Zheng Y. 2012. Unlocking founding team prior shared experience: A transactive memory system perspective[J]. Journal of Business Venturing, 27 (5) : 577-591.

Zheng Y, Mai Y. 2013. A contextualized transactive memory system view on how founding teams respond to surprises: Evidence from China[J]. Strategic Entrepreneurship Journal, 7 (3) : 197-213.

Zhou W, Rosini E. 2015. Entrepreneurial team diversity and performance: Toward an integrated model[J]. Entrepreneurship Research Journal, 5 (1) : 31-60.

附 录

调研问卷一

尊敬的先生/女士：

您好！我们是重庆理工大学课题组，正在进行一项有关创业团队交互记忆系统的学术研究。我们真诚地希望您能参与我们的研究，让我们共同推动我国新创企业的健康发展，助力国家"创新创业"发展战略！

我们郑重地向您声明：本次问卷调查不会收集任何有关您个人及公司经营活动的信息和数据，也不涉及任何个人隐私和商业机密；所收集到的全部资料仅供学术研究使用，绝无任何商业用途；我们将对相关资料严格保密。恳请您大力支持，据实填写问卷。谢谢您的支持！祝愿您的事业蒸蒸日上！

重庆理工大学创新驱动创业协同研究中心

2020 年 12 月

Ⅰ.企业基本情况

1.贵公司的名称是＿＿＿＿＿＿＿＿＿＿＿＿＿＿＿（仅用于辨别同一数据源）。

2.贵公司成立年限（单项选择，请在正确答案前画"√"）。

□少于 42 个月　　□42 个月～5 年　　□6～8 年

3.截至目前，贵公司的正式员工人数为＿＿＿＿＿＿＿＿（请填写具体人数）。

□20 人以下　　□20～49 人　　□50 人及以上

4.贵公司属于（单项选择，请在正确答案前画"√"）：

□高新技术企业　　□非高新技术企业

Ⅱ.企业经营及管理活动评价

以下各项是对企业经营及管理活动的详细描述，请根据您公司（即"我们"）的实际情况逐一进行对比评价。"1"表示完全不同意（即完全不符合您公司的实际情况），"3"表示不确定，"5"表示完全同意（即完全符合您公司的实际情况）；

"1"至"5"之间表示您对本问项认同程度由低到高的变化，请您在认可的数字下面画"√"。

序号	题项	完全不同意	基本不同意	不确定	基本同意	完全同意
1	他在完成团队目标的过程中极力展示魄力与自信	1	2	3	4	5
2	他总是向团队成员表达对高绩效的热切期望	1	2	3	4	5
3	他总是充满激情地谈论需要完成的任务	1	2	3	4	5
4	他努力给团队描绘鼓舞人心的未来	1	2	3	4	5
5	他始终给团队传达一种使命感	1	2	3	4	5
6	当团队成员表现良好时，他会给予积极反馈和奖励	1	2	3	4	5
7	当团队成员工作效率高时，他会给予特别关注和赞扬	1	2	3	4	5
8	如果团队成员表现得很差，他会表示不满及批评	1	2	3	4	5
9	当团队成员工作效率没有达到目标时，他会立刻指出	1	2	3	4	5
10	成员拥有与工作任务有关的专业知识	1	2	3	4	5
11	成员拥有其他成员不了解的，与工作有关的知识	1	2	3	4	5
12	成员分别负责不同领域的专业知识或技能	1	2	3	4	5
13	成员具有的专门知识都是完成任务所需要的	1	2	3	4	5
14	成员知道其他成员在哪些特定领域有专长	1	2	3	4	5
15	愿意接受来自团队其他成员工作程序的建议	1	2	3	4	5
16	相信其他成员所掌握的与工作有关的知识	1	2	3	4	5
17	相信其他成员在讨论中提供的信息是可靠的	1	2	3	4	5
18	对其他成员提供的信息总想再检查一遍	1	2	3	4	5
19	相信其他成员的专长	1	2	3	4	5
20	团队成员在一起工作时协调得很好	1	2	3	4	5
21	团队成员对应该做什么很少产生误解	1	2	3	4	5
22	常需要对团队中已经做过的工作再做一次	1	2	3	4	5
23	顺利并有效率地完成团队任务	1	2	3	4	5
24	团队成员对于如何完成任务感到很困惑	1	2	3	4	5
25	行业中的政策及制度经常发生变化	1	2	3	4	5
26	行业规范及标准时常发生变化	1	2	3	4	5
27	行业中不断出台新的政策及规范	1	2	3	4	5
28	行业协会的主要负责人经常变动	1	2	3	4	5
29	企业预测市场需求非常困难	1	2	3	4	5
30	顾客的产品需求和偏好不断变化	1	2	3	4	5
31	顾客需求偏好类型的多样化程度比较高	1	2	3	4	5

序号	题项	完全 不同意	基本 不同意	不确定	基本 同意	完全 同意
32	团队成员教育背景及专业知识差异很大	1	2	3	4	5
33	团队成员有丰富的职业经历	1	2	3	4	5
34	团队成员行事风格差异大	1	2	3	4	5
35	团队成员思维方式差异大	1	2	3	4	5
36	团队经常调整目标来应对动态变化的环境	1	2	3	4	5
37	团队会经常探讨工作方法，以便高效完成工作	1	2	3	4	5
38	团队成员能分辨工作中的优势及需要改进之处	1	2	3	4	5
39	团队成员清晰地理解持续改善的重要意义	1	2	3	4	5
40	团队成员对改善工作的方式持开放态度	1	2	3	4	5

您已经完成了本问卷，再次感谢您的帮助！

调研问卷二

尊敬的先生/女士：

您好！我们是重庆理工大学课题组，正在进行一项有关创业团队交互记忆系统的学术研究。我们真诚地希望您能参与我们的研究，让我们共同推动我国新创企业的健康发展，助力国家"创新创业"发展战略！

我们郑重地向您声明：本次问卷调查不会收集任何有关您个人及公司经营活动的信息和数据，也不涉及任何个人隐私和商业机密；所收集到的全部资料仅供学术研究使用，绝无任何商业用途；我们将对相关资料严格保密。恳请您大力支持，据实填写问卷。谢谢您的支持！祝愿您的事业蒸蒸日上！

重庆理工大学创新驱动创业协同研究中心
2021 年 3 月

Ⅰ.企业基本情况

1.贵公司的名称是＿＿＿＿＿＿＿＿＿＿＿＿＿＿＿＿＿（仅用于辨别同一数据源）。

2.贵公司成立年限（单项选择，请在正确答案前画"√"）。

□少于 42 个月　　□42 个月～5 年　　□6～8 年

3.截至目前，贵公司的正式员工人数为＿＿＿＿＿＿＿＿＿（请填写具体人数）。

□20 人以下　　□20～49 人　　□50～99 人　　□100～149 人　　□150 人及以上

4.贵公司属于（单项选择，请在正确答案前画"√"）：

□高新技术企业　　□非高新技术企业

Ⅱ.企业经营及管理活动评价

以下各项是对企业经营及管理活动的详细描述，请根据您公司（即"我们"）的实际情况逐一进行对比评价。"1"表示完全不同意（即完全不符合您公司的实际情况），"3"表示不确定，"5"表示完全同意（即完全符合您公司的实际情况）；"1"至"5"之间表示您对本问项认同程度由低到高的变化，请您在认可的数字下面画"√"。

序号	题项	完全 不同意	基本 不同意	不确定	基本 同意	完全 同意
1	他在完成团队目标的过程中极力展示魅力与自信	1	2	3	4	5
2	他总是向团队成员表达对高绩效的热切期望	1	2	3	4	5
3	他总是充满激情地谈论需要完成的任务	1	2	3	4	5
4	他努力向团队描绘鼓舞人心的未来	1	2	3	4	5
5	当团队成员表现良好时，他会给予积极反馈和奖励	1	2	3	4	5
6	当团队成员工作效率高时，他会给予特别关注和赞扬	1	2	3	4	5
7	如果团队成员表现得很差，他会表示不满及批评	1	2	3	4	5
8	当团队成员工作效率没有达到目标时，他会立刻指出	1	2	3	4	5
9	团队成员拥有与工作任务相关的专业知识	1	2	3	4	5
10	团队成员分别负责不同领域的专业知识或技能	1	2	3	4	5
11	团队成员具有的专门知识都是完成任务所需要的	1	2	3	4	5
12	团队成员知道其他成员在哪些特定领域有专长	1	2	3	4	5
13	团队成员愿意接受来自其他成员的工作建议	1	2	3	4	5
14	相信其他成员所掌握的与工作有关的知识	1	2	3	4	5
15	相信其他成员在讨论中提供的信息是可靠的	1	2	3	4	5
16	对其他成员提供的信息总想再检查一遍	1	2	3	4	5
17	团队成员在一起工作时协调得很好	1	2	3	4	5
18	团队成员对应该做什么很少产生误解	1	2	3	4	5
19	团队成员对于如何完成任务感到很困惑	1	2	3	4	5
20	团队成员愿意在彼此交流时分享他们的问题或疑惑	1	2	3	4	5
21	团队成员会坦率指出其他成员的不足或错误	1	2	3	4	5
22	团队成员在具体任务上会存在不同意见	1	2	3	4	5
23	团队成员相互整合或交换资源和信息	1	2	3	4	5
24	企业所在行业的竞争十分激烈	1	2	3	4	5
25	本行业的企业经常开展价格战	1	2	3	4	5
26	本行业中新的企业进入比较容易	1	2	3	4	5
27	本行业的产品比较容易被竞争对手模仿	1	2	3	4	5
28	本行业技术变化迅速	1	2	3	4	5
29	本行业产品和服务的更新速度快	1	2	3	4	5
30	本行业新生产流程的创新速度快	1	2	3	4	5
31	团队成员非常乐意与其他成员保持良好的伙伴关系	1	2	3	4	5
32	团队成员不会因为一些物质利益去破坏良好的伙伴关系	1	2	3	4	5
33	团队成员努力维持团队内的伙伴关系	1	2	3	4	5
35	企业高管倾向于强调研发、技术领导和创新	1	2	3	4	5

续表

序号	题项	完全 不同意	基本 不同意	不确定	基本 同意	完全 同意
36	相较于主要竞争对手，企业产品或服务具有新颖性	1	2	3	4	5
37	在与竞争对手打交道时，企业常常先于竞争对手采取行动	1	2	3	4	5
38	企业通常是率先引进各类新产品、各类先进的技术等	1	2	3	4	5
39	企业倾向于先于竞争对手引入新的理念或产品	1	2	3	4	5
40	企业高管倾向于高风险且高回报可能性的项目	1	2	3	4	5
41	企业高管认为，为应对竞争必须采取大胆且广泛的行动	1	2	3	4	5
42	面对不确定性，企业会采取大胆且积极的姿态以把握机会	1	2	3	4	5

您已经完成了本问卷，再次感谢您的帮助！

调研问卷三

尊敬的先生/女士：

您好！我们是重庆理工大学课题组，正在进行一项有关创业团队交互记忆系统的学术研究。我们真诚地希望您能参与我们的研究，让我们共同推动我国新创企业的健康发展，助力国家"创新创业"发展战略！

我们郑重地向您声明：本次问卷调查不会收集任何有关您个人及公司经营活动的信息和数据，也不涉及任何个人隐私和商业机密；所收集到的全部资料仅供学术研究使用，绝无任何商业用途；我们将对相关资料严格保密。恳请您大力支持，据实填写问卷。谢谢您的支持！祝愿您的事业蒸蒸日上！

重庆理工大学创新驱动创业协同研究中心
2021 年 6 月

Ⅰ.企业基本情况

1.贵公司的名称是＿＿＿＿＿＿＿＿＿＿＿＿＿＿＿＿＿＿＿＿（仅用于辨别同一数据源）。

2.贵公司成立年限（单项选择，请在正确答案前画"√"）。

□少于 42 个月　　□42 个月～5 年　　□6～8 年

3.截至目前，贵公司的正式员工人数为＿＿＿＿＿＿＿＿＿（请填写具体人数）。

□20 人以下　　□20～49 人　　□50～99 人　　□100～149 人　　□150 人及以上

Ⅱ.企业经营及管理活动评价

以下各项是对企业经营及管理活动的详细描述，请根据您公司（即"我们"）的实际情况逐一进行对比评价。"1"表示完全不同意（即完全不符合您公司的实际情况），"3"表示不确定，"5"表示完全同意（即完全符合您公司的实际情况）；"1"至"5"之间表示您对本问项认同程度由低到高的变化，请您在认可的数字下面画"√"。

序号	题项	完全 不同意	基本 不同意	不确定	基本 同意	完全 同意
1	我们运用市场信息，通过市场测试提升产品或服务的消费体验	1	2	3	4	5
2	我们运用来自关键顾客的信息，使企业掌握市场新情况	1	2	3	4	5
3	在当前市场环境，使用新颖的产品或服务不一定能获得成功	1	2	3	4	5
4	我们充分利用包含实验和高风险的市场信息和想法	1	2	3	4	5
5	我们充分利用反映当前产品市场体验的市场信息	1	2	3	4	5
6	我们强调对当前顾客进行调研，以解决现有市场问题	1	2	3	4	5
7	我们充分利用有助于改进现有产品或服务的市场信息和想法	1	2	3	4	5
8	我们经常开展有助于强化现有产品或服务体验的营销活动	1	2	3	4	5
9	团队成员拥有与工作任务相关的专业知识	1	2	3	4	5
10	团队成员分别负责不同领域的专业知识或技能	1	2	3	4	5
11	团队成员具有的专门知识都是完成任务所需要的	1	2	3	4	5
12	团队成员知道其他成员在哪些特定领域有专长	1	2	3	4	5
13	团队成员愿意接受来自其他成员的工作建议	1	2	3	4	5
14	团队成员相信其他成员所掌握的与工作有关的知识	1	2	3	4	5
15	团队成员相信其他成员在讨论中提供的信息是可靠的	1	2	3	4	5
16	团队成员对其他成员提供的信息总想再检查一遍	1	2	3	4	5
17	团队成员在一起工作时协调得很好	1	2	3	4	5
18	团队成员对应该做什么很少产生误解	1	2	3	4	5
19	团队成员对于如何完成任务感到很困惑	1	2	3	4	5
20	团队成员愿意在彼此交流时分享他们的问题或疑惑	1	2	3	4	5
21	团队成员会坦率指出其他成员的不足或错误	1	2	3	4	5
22	团队成员在具体任务上会存在不同意见	1	2	3	4	5
23	团队成员相互整合或交换资源和信息	1	2	3	4	5
24	本行业中相关政策及制度经常发生变化	1	2	3	4	5
25	本行业中相关规范及标准时常发生变化	1	2	3	4	5
26	本行业在不断出台新的政策及规范	1	2	3	4	5
27	本行业中相关协会负责人经常变动	1	2	3	4	5
28	本行业的相关技术变化非常迅速	1	2	3	4	5
29	本行业中的技术变化创造了大量创业机会	1	2	3	4	5
30	本行业中的技术突破使很多创意变成新产品	1	2	3	4	5
31	团队成员教育背景及专业知识差异很大	1	2	3	4	5
32	团队成员有丰富的职业经历	1	2	3	4	5
33	团队成员行事风格差异大	1	2	3	4	5
34	团队成员思维方式差异大	1	2	3	4	5

续表

序号	题项	完全 不同意	基本 不同意	不确定	基本 同意	完全 同意
35	团队经常调整目标来应对动态变化的环境	1	2	3	4	5
36	团队会经常探讨工作方法，以便高效完成工作	1	2	3	4	5
37	团队成员能分辨工作中的优势及需要改进之处	1	2	3	4	5
38	团队成员清晰地理解持续改善的重要意义	1	2	3	4	5
39	团队成员对改善工作的方式持开放态度	1	2	3	4	5

您已经完成了本问卷，再次感谢您的帮助！

后　记

自 2014 年国家提出"大众创业、万众创新"发展战略以来，创新创业热潮便席卷神州大地。创业者从改革开放之初被大众贴上"投机者""冒险者"等标签的特殊人群，逐渐成为全社会认可甚至膜拜的"追梦者"和"开拓者"。从 20 世纪 90 年代的阿里巴巴、腾讯，到 21 世纪第二个十年的今日头条、拼多多，大量杰出创业者和成功创业企业的出现，使社会上开始流传着创业者的各种"神话"：创业者是赌徒、创业者喜欢单枪匹马、创业者主要受金钱刺激、创业者喜欢引起公众的注意……事实上，如今的创新创业早已走过"孤胆英雄"的牛仔时代，而进入了"团体作战"的创新驱动创业新纪元。

毫无疑问，团队对创业活动的展开具有极其重要的价值。无论是过去的携程"四君子"、阿里巴巴"十八罗汉"，腾讯"五兄弟"，还是饿了么"四人组"、美团"八大金刚"，这都充分证明了优秀团队与创业成功的事实关联。从知识管理的视角看，创业团队可以视为创业知识的集合体，而知识生成、分享和应用的水平深刻影响，甚至直接决定着创业企业的成长及发展，以及创业活动的最终成败。

"常制不可以待变化，一途不可以应无方，刻船不可以索遗剑"。面对充满不确定性的创业环境，创业者及创业企业需要及时感知环境变化，调整经营策略以应对激烈的市场竞争。在对江小白、忽米网、马上消费金融、立信数据等企业的调研过程中，我们切实地感受到创业者及其团队成员彰显着"人生万事须自为，跬步江山即寥廓"的人生境界和事业气概。事实上，志存高远、追求极致、善于进步，既是创业者及创业团队的典型特质，更是他们为现代商业文明注入的价值元素。对创业者们的近距离接触，让我们深刻地理解了创业维艰、筑梦不易。感谢那些给我们带来启迪和灵感的创业者及其团队，他们推动着中国创新创业浪潮，成为百年未有之大变局中的新时代弄潮儿。

本书由我和冯珠珠博士合作完成，我的硕士生李雨洋、谈丽艳、孙可可同学参与了前期文献资料的收集和整理工作；朱双、胡建华、杜超、刘乐意、郭侃、来怡飞、刘超阳等已毕业或在读 MBA 同学在调研问卷的发放工作中付出良多；重庆理工大学创新驱动创业协同研究中心的黄磊副教授、吴朝彦副教授、蔡春花博士、梅玫博士为本书的撰写和出版提出了诸多有益的意见。此外，重庆理工大学管理学院工商管理专业的杨偲誉、李雪杉和蒋书源同学参与了书稿的后期校勘工作。毫无疑问，本书是创新驱动创业协同研究团队的集体智慧结晶，感谢团队各位伙伴的紧密协作和艰辛付出。

本书是国家自然科学基金面上项目(71872024)的阶段成果，同时得到教育部人文社会科学研究青年项目(17YJC630066)、重庆市教委人文社会科学研究重点项目(21SKGH171)、重庆市教委科学技术研究青年项目(KJQN202101101)的大力支持。感谢南开大学商学院张玉利教授、田莉教授和胡望斌教授，重庆理工大学副校长廖林清教授，管理学院院长代应教授，MBA 教育中心主任邱冬阳教授一直以来对创新驱动创业协同研究中心的热切关注和无私支持，让我们在更加宽容和友好的氛围中开展研究。我们也努力化希冀为动力，仰望星空、踏实奋进，彰显重庆理工大学商科人的情怀与担当，并为"十四五"期间重庆理工大学工商管理重点学科的建设添砖加瓦。

最后，感谢科学出版社陈杰编辑对本书的认可，以及在图书编辑及出版过程中的辛勤付出，才能使本书顺利面世。人类的点滴进步都是站在巨人的肩上，我们自然也不例外。本书的撰写吸收、借鉴和引用了大量国内外研究者的研究成果和理论观点，我们都尽力在正文中准确地进行了标注。在此，我们向创新创业研究领域的各位开拓者和先行者表达最衷心的感谢和最诚挚的敬意。

2022 年是我在重庆理工大学工作的第十年，本书亦是我领衔出版的第十本书。凡是过往，皆为序章；以终为始，前路有光！

李 巍
2022 年 12 月于山城重庆